MANFRED HARTMANN

Die Bestimmungsgründe der Zentralbankgeldbeschaffung und der freien Liquiditätsreserven der Kreditinstitute

Untersuchungen über das Spar-, Giro- und Kreditwesen

Abteilung A: Wirtschaftswissenschaft

Schriften des Instituts für das Spar-, Giro- und Kreditwesen
an der Universität Bonn

Herausgegeben von Fritz Voigt

Band 104

Die Bestimmungsgründe der Zentralbank-geldbeschaffung und der freien Liquiditäts-reserven der Kreditinstitute

Von

Dr. Manfred Hartmann

DUNCKER & HUMBLOT / BERLIN

Redaktion: Dr. Hermann Witte

Gedruckt 1980 bei Buchdruckerei Bruno Luck, Berlin 65
Printed in Germany
ISBN 3 428 04492 4

Inhaltsverzeichnis

Dritter Teil

Tabellenverzeichnis

Abbildungsverzeichnis

Einleitung

Seit dem Jahr 1973 verwendet die Deutsche Bundesbank für ihre monetäre Analyse eine neue Präsentation ihrer Liquiditätsrechnung. Vielfach wurde hierin eine Hinwendung zu einer neuen geldpolitischen Konzeption gesehen: War früher die Politik der Bundesbank vornehmlich an der Entwicklung der freien Liquiditätsreserven orientiert, so lenkte man nun das Hauptaugenmerk auf die Zentralbankgeldmenge und die freien Liquiditätsreserven. Dabei wurde der Prämat der Zentralbankgeldmenge als geldpolitische Orientierungsvariable gegenüber den freien Liquiditätsreserven ausdrücklich hervorgehoben. Denn in ihren methodischen Erläuterungen der Liquiditätsanalyse betont die Bundesbank, daß eine simultane Betrachtung beider Größen nur deshalb erfolge, um die statistische Geschlossenheit des Liquiditätsschemas herbeizuführen, d. h., um den rechnerischen Zusammenhang mit den Bestimmungsfaktoren herzustellen. Die neuere Entwicklung in der Geldpolitik und die neuere Interpretation des Schemas läßt jedoch deutlich werden, daß die freien Liquiditätsreserven der Banken nicht die untergeordnete Bedeutung haben, wie es die Bundesbank anfangs bei der Einführung dieses Liquiditätsschemas zum Ausdruck gebracht hatte. Vielmehr läuft die Reinterpretation des Liquiditätsschemas darauf hinaus, zwischen Zentralbankgeldmenge als Indikator und Zwischenzielvariable und der Zentralbankgeldversorgung, als der Größe, die die Bundesbank mit ihrer Politik unmittelbar beeinflußt und die nichts anderes darstellt als entsprechende Veränderungen der Bankenliquidität, zu unterscheiden.

Die Notwendigkeit einer Konzeption der Liquiditätsrechnung wurde von seiten der Bundesbank dahingehend begründet, daß mit dem Übergang zu einem System flexibler Wechselkurse eine außenwirtschaftliche Absicherung der Geldpolitik gewährleistet sei und daß eine Veränderung des liquiditätspolitischen Verhaltens der Kreditinstitute die Effizienz der bisherigen Liquiditätspolitik der Bundesbank in Frage gestellt habe. Wesentlich für die kritische Würdigung einer solchen geldpolitischen Konzeption ist die Analyse der Bestimmungsgründe, die die Verhaltensweisen der Kreditinstitute hinsichtlich der Notwendigkeit und der Möglichkeiten ihrer Zentralbankgeldbeschaffung maßgeblich beeinflussen. Im wesentlichen kann das Problem der Zentralbankgeldbeschaffung und der freien Liquiditätsreserven auf vier Relationen zurückgeführt werden:

— Die Beeinflussung der Kreditinstitute durch die marktmäßigen Vorgänge,
— die Beeinflussung der Kreditinstitute durch die Bundesbankpolitik,
— die Inanspruchnahme der Notenbank durch die Kreditinstitute und
— die Beziehung der Kreditinstitute untereinander.

Vom Standpunkt der Kreditinstitute aus gesehen, können die ersten beiden Relationen als exogene Faktoren angesehen werden. Sie bestimmen den Bedarf an Zentralbankgeld und machen eine Anpassung der Kreditinstitute durch Variation ihrer freien Liquiditätsreserven erforderlich. Unter dem gleichen Blickwinkel sind die letzten beiden Relationen als endogen zu betrachten, da sie das Verhalten der Kreditinstitute hinsichtlich ihrer Anpassung an den Zentralbankgeldbedarf durch die Inanspruchnahme verschiedenartiger Refinanzierungsquellen determinieren.

Die Arbeit gliedert sich in vier Teile.

Im ersten Teil wird die Entwicklung der unterschiedlichen Liquiditätsschemata der Deutschen Bundesbank dargestellt. Dabei wird die jüngste Änderung in dem Liquiditätsschema eingehend analysiert sowie eine theoretische Standortbestimmung für die „neue“ Geldpolitik der Bundesbank vorgenommen.

Der zweite Teil beinhaltet die Wirkungen der exogenen Bestimmungsfaktoren auf den Zentralbankgeldbedarf und die freien Liquiditätsreserven.

Im dritten Teil erfolgt eine Analyse des Bankenverhaltens. Sie geht von dem Problem der Liquiditätsvorsorge in der Kreditwirtschaft aus und untersucht theoretisch wie empirisch die Inanspruchnahme der Zentralbank einerseits und des Interbankenmarktes andererseits.

Im vierten Teil sind die wesentlichen Untersuchungsergebnisse und Schlußfolgerungen für die Geldpolitik zusammengefaßt.

ERSTER TEIL

Die Änderung des Liquiditätsschemas der Deutschen Bundesbank

1. Die wirtschaftspolitische Bedeutung der Liquiditätsrechnung der Deutschen Bundesbank

Das Grundproblem einer optimalen Wirtschaftspolitik besteht darin, daß wirtschaftspolitische Entscheidungen nur unter Unsicherheit getroffen werden können. Denn der Einsatz wirtschaftspolitischer Instrumente kann lediglich bei unvollkommener Information des Entscheidungsträgers erfolgen, die sich sowohl

— auf die Diagnose und die kurzfristige Prognose der konjunkturellen Situation (und damit die Richtung des Instrumenteneinsatzes) als auch

— auf die Kenntnis der „wahren" Struktur des ökonomischen Systems als auch

— speziell im Bereich der Geldpolitik auf das Wissen um die Transmission der Maßnahmen auf die im realwirtschaftlichen Bereich liegenden Endziele

erstrecken kann.

Aus diesen Unsicherheiten leitet sich die Notwendigkeit ab, daß der geldpolitischen Entscheidungsinstanz eine Variable zur Verfügung steht, an deren Veränderungen sie sich im Hinblick auf ihre politischen Entscheidungen zu orientieren vermag. Dieser spezielle Aspekt der Geldpolitik erweckte erst vor geraumer Zeit, Ende der 60er, Anfang der 70er Jahre, das Interesse der Wissenschaft und ging als die Indikator- und Zwischenzielproblematik in die Literatur ein[1]. Nichtsdestoweniger wurde von den geldpolitischen Instanzen schon vor der wissenschaftlichen Diskussion diesem Problem mehr oder weniger bewußt Rechnung getragen. Denn schon immer richteten sich die geldpolitischen Entscheidungen an der Entwicklung bestimmter Orientierungsvariablen aus. Aber erst mit der wissenschaftlichen Betrachtung der Problemstellung erwuchs

---

[1] Vgl. zu dieser Problematik z. B. *Karl Brunner* (ed.): Targets and Indicators of Monetary Policy, San Francisco 1969; *Manfred J. M. Neumann:* „Zwischenziele und Indikatoren der Geldpolitik", in: Kredit und Kapital, 4. Jg. (1971), S. 398 - 420; *Thomas R. Saving:* „Monetary-Policy Targets and Indicators", in: Journal of Political Economy, Vol. 75 (1967), S. 446 - 456.

die Frage nach der Eignung verschiedenartiger Größen als Indikatoren der Geldpolitik[2], wobei die gegensätzlichen Auffassungen monetaristischer und keynesianischer Positionen über die Transmission monetärer Impulse auf den Realbereich die Diskussion stark beeinflußten. Während die einen die Bankenliquidität als den geeigneten monetären Indikator betrachten, bevorzugen die anderen die Zentralbankgeldmenge[3] (in verschiedenen Modifikationen).

Neben anderen noch möglichen Variablen wie dem Zins, dem Kreditschöpfungsspielraum oder der Geldmenge kommt der Analyse der Zentralbankgeldmenge und den freien Liquiditätsreserven als Ausdruck der Bankenliquidität die wirtschaftspolitische Bedeutung eines Indikators für die Geldpolitik zu.

Da die Deutsche Bundesbank bis zur Umgestaltung der statistischen Präsentation ihrer Liquiditätsrechnung im Jahre 1973 über die Wahl ihrer geldpolitischen Orientierungsvariablen keine unmittelbaren Aussagen getroffen hat, läßt sich Information über ihre Indikator- und Zwischenzielentscheidung lediglich auf indirekte Weise gewinnen. Als Informationsquellen hierfür kommen in Frage:

— die Interpretation der monetären Entwicklung durch die Bundesbank,

— die Art der statistischen Präsentation monetärer Größen und Äußerungen über monetäre Wirkungszusammenhänge,

— halboffizielle Darstellungen der Bundesbankpolitik und

— wissenschaftliche Analysen der deutschen Geldpolitik.

Alle vier Informationsquellen bestätigen, daß die Analyse der Bankenliquidität eine zentrale Rolle als Orientierungsvariable der Bundesbank spielte.

So legte die Bundesbank bei der Darstellung der monetären Entwicklung in ihren Monats- und Geschäftsberichten Gewicht auf die Analyse der Bankenliquidität, deren statistische Präsentation (und deren Veränderungen) auch entsprechend erläutert wird[4]. Die Analyse dieser Ausführungen zeigt, daß durch die Betrachtung von Bestimmungsfaktoren der Bankenliquidität die Unterstellung von Kausalzusammenhängen zu erkennen ist.

---

[2] Vgl. z. B. *Hans-Hermann Francke:* Bankenliquidität und Zins als Orientierungsvariable der Geldpolitik, Berlin 1975; *Gerhard Mussel:* Freie Liquiditätsreserven und Geldbasis als Indikatoren der Zentralbankpolitik, Diss. Hohenheim 1974. Einen Überblick über die Eignung denkbarer Indikatoren geben *Jürgen Siebke / Manfred Willms:* Theorie der Geldpolitik, Berlin, Heidelberg, New York 1974, S. 173 ff.

[3] Auf die ökonomischen Zusammenhänge wird noch einzugehen sein. Vgl. unten S. 26 f.

[4] Vgl. den folgenden Abschnitt 2.2. „Die Entwicklung der Liquiditätsanalyse in der Bundesrepublik Deutschland".

Als halboffizielle Darstellungen können Ausführungen charakterisiert werden, die zum einen von Vertretern der Bundesbank[5] stammen oder zum anderen im Rahmen internationaler Organisationen[6] erbracht wurden. Hier wird die Bedeutung der Bankenliquidität als Orientierungsvariable deutlich zum Ausdruck gebracht.

Diese entscheidende Rolle der Bankenliquidität wird auch von den Vertretern der Wissenschaft herausgestellt[7], die die Politik der Bundesbank einer geldtheoretischen Analyse unterzogen haben.

Während also in den früheren geldpolitischen Epochen der Bundesbank nur indirekt auf deren Orientierungsvariablen geschlossen werden konnte, ist mit der Umstellung des Liquiditätsschemas eine Größe bekannt, an der sich die Bundesbank orientiert, was noch durch die jährliche Bekanntgabe eines monetären Wachstumszieles unterstrichen wird.

2. Darstellung der Liquiditätsschemata

2.1. Grundschema der Liquiditätsanalyse

Kerngedanke der Liquiditätsanalyse ist, daß für Kreditinstitute ein Liquiditätsproblem auftritt, wenn Zahlungen mit einem Zahlungsmittel zu leisten sind, das sie selbst nicht schaffen können. In heutigen Kreditwirtschaften sind dies Zahlungen, die in Geld, das ausschließlich die Zentralbank zur Verfügung stellt, dem Zentralbankgeld, durchzuführen sind. Solche Zahlungen sind Bargeldzahlungen und Veränderungen der Zentralbankguthaben der Banken, zu denen auch „Zahlungen" zur Erfüllung der gesetzlichen Mindestreservehaltung zu zählen sind. Begegnen können die Institute diesem Liquiditätsproblem, indem sie Zentralbank-

[5] Vgl. z. B. *Otto Pfleiderer:* „Mindestreservepolitik", in: Handwörterbuch der Sozialwissenschaften, 7. Bd., Tübingen, Göttingen 1961, S. 349 - 359, S. 356 ff.; ders.: „Die Notenbank im System wirtschaftspolitischer Steuerung", in: Planung III, Mittel und Methoden planender Verwaltung, hrsg. von Joseph H. Kaiser, Baden-Baden 1968, S. 409 - 427; *Heinrich Irmler:* „The Deutsche Bundesbank's Concept of Monetary Theory and Policy", in: Proceedings of the First Konstanzer Seminar on Monetary Theory and Monetary Policy, ed. by Karl Brunner, Beihefte zu Kredit und Kapital, Heft 1, Berlin 1972, S. 137 - 164.

[6] Vgl. z. B. *Europäische Wirtschaftsgemeinschaft:* Die währungspolitischen Instrumentarien in den Mitgliedstaaten der Europäischen Wirtschaftsgemeinschaft, Brüssel 1962, S. 63 f.; *Europäische Gemeinschaften — Währungsausschuß:* Die Währungspolitik in den Ländern der Europäischen Wirtschaftsgemeinschaft. Institutionen und Instrumente, Brüssel 1972, S. 46 und 88 f.; OECD: Monetary Policy in Germany, Paris 1973, S. 39 ff.

[7] Vgl. z. B. *Manfred J. M. Neumann:* „Bank Liquidity and the Extended Monetary Base as Indicators of German Monetary Policy", in: Proceedings of the First Konstanzer Seminar on Monetary Theory and Monetary Polic, ed. by Karl Brunner, Beihefte zu Kredit und Kapital, Heft 1, Berlin 1972, S. 165 - 218. *Manfred Willms:* „An Evaluation of Monetary Indicators in Germany", in: ebd., S. 219 - 242.

geldbestände und/oder sonstige Aktiva halten, die kurzfristig ohne nennenswerten Verlust in Zentralbankgeld umzutauschen sind und somit für die Banken eine Liquiditätsreserve darstellen.

Da für das Bankensystem die Zentralbank die alleinige Quelle für Zentralbankgeld ist, kann das Grundschema einer Liquiditätsanalyse aus dem Bilanzschema der Notenbank, erweitert um die jederzeit in Zentralbankgeld umwandelbare Aktiva der Institute, gewonnen werden. Hierzu sei das vereinfachte Bilanzschema in Tabelle 1* angenommen.

Die statistisch-mathematischen Zusammenhänge zwischen der Zentralbankgeldmenge und den Liquiditätsreserven der Banken lassen sich aus der Umformung der Bilanzgleichung dieses Schemas der Notenbank ersehen:

$$E_B + (L - K_B) = W + (K_{NB} - E_{NB}) - B + L + (A - P)$$

In dieser Gleichung gibt die linke Seite an, wieviel Zentralbankgeld das Bankensystem hält (aktuelles Zentralbankgeld) und in welcher Höhe noch in Zentralbankgeld umwandelbare Aktiva in den Beständen der Banken sind. Die Summe beider Größen zuzüglich des Kassenbestandes der Banken wird auch als Liquiditätssaldo bezeichnet[8]. Da sich die Einlagen der Banken bei den Zentralbank (E_B) aus den gesetzlichen Mindestreserven (MR) und den Überschußguthaben ($ÜR$) zusammensetzen, läßt sich die linke Seite schreiben:

$$(MR + \ddot{U}R) + (L - K_B).$$

Vermindert um die Mindestreserven ergibt der Liquiditätssaldo die freien Liquiditätsreserven:

$$\ddot{U}R + (L - K_B).$$

Wird hingegen zu dem Liquiditätssaldo der Bargeldumlauf addiert, so ergeben sich die Zentralbankgeldmenge und die freien Liquiditätsreserven:

$$\underbrace{B + MR}_{\text{Zentralbankgeldmenge}^{9}} + \underbrace{\ddot{U}R + (L - K_B)}_{\text{freie Liquiditätsreserven}}$$

Diese Summe wird auch als „Liquiditätsbasis“[10] bezeichnet.

* Die Tabellen und Abbildungen befinden sich im Anhang.

[8] Vgl. z. B. *Claus Köhler:* Geldwirtschaft, 1. Bd., Geldversorgung und Kreditpolitik, Berlin 1970, S. 82 ff.; *Rüdiger Pohl:* „Geldbasis versus Liquiditätssaldo — Ein Vergleich zweier geldpolitischer Konzepte“, in: WSI-Mitteilungen, 25. Jg. (1972), S. 282 - 290, S. 286 f.

[9] Der Einfachheit halber wurde nicht der Begriff entsprechend der Bundesbankdefinition an dieser Stelle gewählt, der bekanntlich sich durch Konstanz der Reservesätze und der Ausklammerung der Reservehaltung auf Auslandsverbindlichkeiten unterscheidet. Vgl. auch unten S. 24.

[10] *Wolfgang M. Fautz:* „Geldbasis und Liquiditätsbasis“, in: Kredit und Kapital, 8. Jg. (1975), S. 245 - 270.

Für den Umfang der freien Liquiditätsreserven ist die Definition der Größe *L* von Bedeutung. Sie ist vorwiegend institutionell bedingt durch die Regelungen, die bestimmen, welche Aktiva kurzfristig in Zentralbankgeld umtauschbar sind. Diese Bedingungen können sich wandeln, indem z. B. neue Aktiva zentralbankfähig werden, so daß die in *L* enthaltenen Komponenten im Zeitablauf durchaus variabel sind.

Auf der rechten Seite der Gleichung befinden sich die Größen, die die Höhe der Liquiditätsreserven der Kreditinstitute beeinflussen: Die Gesamtwirkung von Änderungen dieser Faktoren schlagen sich in Veränderungen der Liquiditätsreserven nieder. Auch hier spielen Änderungen der Größe *L* als Beeinflussungsfaktor eine Rolle. Denn während die übrigen Faktoren überwiegend von dem Verhalten des Nichtbankensektors abhängig sind, gehen Änderungen von *L* auf Aktionen zwischen Banken und Zentralbank zurück.

2.2. Die Entwicklung der Liquiditätsanalyse in der Bundesrepublik Deutschland

2.2.1. Die Entwicklung bis 1964

Aufgrund der institutionellen Abhängigkeit und der zeitlichen Variabilität der Komponenten der Liquiditätsreserven soll kurz umrissen werden, wie sich die Liquiditätsanalyse in der Bundesrepublik entwickelt hat. Eine synoptische Übersicht der verschiedenen Schemata ist in Tabelle 2 und 3 enthalten.

Die Analyse der Bank deutscher Länder stellte zu Beginn der 50er Jahre ausschließlich auf die Betrachtung der Nettoverschuldung der Kreditinstitute bei der Notenbank ab. In dem Schema wurden die zentralbankgeldverändernden Faktoren der Zentralbankgeldverwendung und -beschaffung durch Refinanzierung gegenübergestellt, während eine Betrachtung der Liquiditätsreserven nicht erfolgte. Auch die 1952 eingeführten Rediskontkontingente blieben in diesem Schema unberücksichtigt. Im Jahre 1955 trat insofern eine Änderung des Liquiditätsschemas ein, als Operationen mit Offenmarkttiteln in den Kreis der Bestimmungsfaktoren aufgenommen bzw. explizit ausgewiesen wurden. Dies ist darauf zurückzuführen, daß infolge der Umtauschmöglichkeit von Ausgleichsforderungen gegen den Bund in Geldmarkttitel[11] Offenmarktgeschäfte an Bedeutung gewannen[12]. Die Rolle der Offenmarktoperationen wird in dem seit 1957 verwendeten Schema stärker hervorgehoben, indem diesen Geschäften — wohl aufgrund der notenbankpolitischen Bedeutung — eine eigene Rubrik neben den anderen Faktoren eingeräumt wird. Mit der Einführung der Konvertibilität wur-

[11] Im Mai 1955 in Höhe bis zu 2 Mrd. DM.

[12] Vgl. *Bank Deutscher Länder:* Geschäftsbericht 1955, S. 48.

de seit 1958 für die Kreditinstitute infolge der Möglichkeit der Zinsarbitrage die Anlage kurzfristiger Mittel im Ausland interessant. Eine Einbeziehung dieses Sachverhalts in das Liquiditätsschema erfolgte jedoch bis 1962 nicht, obwohl die ökonomische Bedeutung dieser Anlagen erkannt wurde und diesen in den deskriptiven und graphischen Darstellungen der monetären Entwicklung Rechnung getragen wurde[13]. In der Zeit der Ende 50er/Anfang 60er Jahre fällt auch — trotz der Beibehaltung des Schemas — eine stärkere Beachtung der Liquiditätsreserven der Kreditinstitute. Denn seitdem tritt in den Darstellungen der Liquiditätsbegriff verstärkt in Erscheinung. Zunächst wird vom „Liquiditätsspielraum"[14], mit dem die frei verfügbaren liquiden Mittel, also die freien Liquiditätsreserven, gemeint sind, dann von den „Liquiditätsreserven"[15], die zwar nicht abgegrenzt wurden, deren Komponenten sich jedoch aus den Graphiken erkennen lassen[16], und dann von „freien Liquiditätsreserven"[17] gesprochen, die folgendermaßen abgegrenzt werden: „Die Bestände der Banken an handelbaren Geldmarkttiteln, ihre kurzfristigen Auslandsanlagen sowie ihre unausgenutzten Rediskontkontingente nebst speziellen Refinanzierungsaussagen der Bundesbank[18]." Dennoch enthielt die statistische Präsentation der Liquiditätsanalyse keine dieser Abgrenzung entsprechenden Positionen[19]. 1962 erfolgte dann eine Umstellung auch des Liquiditätsschemas, bei dem die Betrachtung der Liquiditätsreserven in den Vordergrund rückte. Gegenüber den vorherigen Analysen enthielt dieses Schema neben nachrichtlichen Angaben zu den Beständen der verschiedenen Liquiditätsreservekomponenten auch explizit die liquiditätsmäßig relevanten Dispositionen der Kreditinstitute. Dieses Schema ist bis zum September 1963 beibehalten worden. Danach wurde erst im Jahresbericht 1964 (d. h. im April 1965) wieder eine statistische Liquiditätsrechnung präsentiert.

---

[13] Vgl. so *Deutsche Bundesbank:* Geschäftsbericht 1958, S. 35 f.

[14] *Deutsche Bundesbank:* Geschäftsbericht 1959, S. 36.

[15] *Deutsche Bundesbank:* Geschäftsbericht 1960, S. 37.

[16] Vgl. z. B. ebd., S. 42.

[17] Ebd., S. 41. Der Begriff der freien Liquiditätsreserven findet sich auch schon in früheren Monatsberichten. Vgl. „Neue liquiditätspolitische Maßnahmen", in: Monatsberichte, 12. Jg., Nr. 2 (Feb. 1961), S. 3 - 8, S. 6 f.; die begriffliche Unklarheit kommt auch zum Ausdruck, wenn von „potentiellen" Liquiditätsreserven gesprochen wird, die durch die Rediskontkontingentkürzung eingeschränkt werden. Vgl. „Die Wirtschaftslage des Bundesgebiets im Frühjahr 1960", in: Monatsberichte, 12. Jg., Nr. 4 (Apr. 1960), S. 3 - 41, S. 3.

[18] *Deutsche Bundesbank:* Geschäftsbericht 1960, S. 41, Fußnote 1.

[19] Das Argument war weiterhin auf die tatsächliche Zentralbankgeldbeschaffung bzw. Nettoverschuldung bei der Zentralbank gerichtet. Insbesondere Änderungen infolge von „Geldexporten bzw. -importen" waren nicht explizit aufgeführt, sondern unter dem Faktor Devisentransaktionen subsumiert. Vgl. die Tabelle „Zur Entwicklung der Bankenliquidität und der Inanspruchnahme des Zentralbankgeldkredits durch die Kreditinstitute", in: Geschäftsbericht 1960, S. 112, Anmerkung 3.

2.2.2. Die Entwicklung bis 1973

Erstmals erfolgte in diesem Zusammenhang auch eine eingehende Erläuterung des Liquiditätsschemas der Deutschen Bundesbank[20]. Entsprechend dem Grundschema der Liquiditätsanalyse wurde der Aufbau des Schemas aus dem Bundesbankausweis abgeleitet. Unterschieden wurde in die Bestimmungsfaktoren der Liquiditätsentwicklung (Veränderungen des Bargeldumlaufs, der Nettoguthaben öffentlicher Stellen, der Devisenreserven und kurzfristigen Auslandsanlagen der Institute, der Offenmarktgeschäfte, der schwebenden Verrechnungen und sonstiger Faktoren), deren Veränderungen als überwiegend marktmäßig bedingt zu sehen sind und in die Bindung liquider Mittel in Zentralbankguthaben aufgrund der Mindestreserveanforderungen. Diesen Veränderungen wurden die Liquiditätspositionen der Kreditinstitute gegenübergestellt, die aus Variationen der Komponenten der freien Liquiditätsreserven resultieren. Bei der Abgrenzung der Positionen, die die freien Liquiditätsreserven ausmachen, wurde davon ausgegangen, welche Quellen der Zentralbankgeldbeschaffung dem Bankensystem zur Verfügung stehen. Hierbei spielten jedoch nicht nur theoretisch-analytische Überlegungen, sondern auch pragmatische (z. B. statistisch kurzfristige Verfügbarkeit, umfangmäßige Bedeutung) eine Rolle. Als freie Liquiditätsreserven wurden angesehen (vgl. in diesem Zusammenhang auch die Tabellen 2 und 3):

— inländische Geldmarktpapiere,

— ausländische Geldmarktanlagen und kurzfristige Guthaben bei ausländischen Banken,

— unausgenutzte Rediskontkontingente.

Trotz ihres Liquiditätsreservencharakters blieben unberücksichtigt:

— die Bestände der Banken an Bargeld, da sie statistisch nur am Monatsende erfaßt wurden und

— die „Überschußreserve", die als vernachlässigbar angesehen wurde, da sie umfangmäßig gering war.

Seit 1967, erstmals im Monatsbericht für den Monat Oktober[21], erfolgte eine stärker differenzierte Betrachtung der Bestimmungsfaktoren der Liquiditätsentwicklung. Denn die liquiditätsbestimmenden Faktoren wurden in überwiegend marktmäßige und in kreditpolitische Veränderungen untergliedert. Konkret bedeutet dies, daß die Liquiditätseinflüsse von Mindestreservepolitik und Offenmarktoperationen mit Nicht-

[20] Vgl. *Deutsche Bundesbank:* „Methodische Erläuterungen zur Analyse der Bankenliquidität", in Monatsberichte, 17. Jg., Nr. 4 (Apr. 1965), S. 29 - 37.

[21] Vgl. *Deutsche Bundesbank:* „Die Wirtschaftslage im Herbst 1967", in: Monatsberichte, 19. Jg., Nr. 10 (Okt. 1967), S. 3 - 45, S. 14.

banken zu einem Faktorenkomplex zusammengefaßt wurden. Wenn auch diese Änderung unkommentiert durchgeführt wurde, so läßt sich vermuten, daß sie darauf beruhte, die notenbankpolitischen Einflüsse — insbesondere im Zusammenhang mit der damaligen expansiven Politik[22] — stärker sichtbar werden zu lassen. Dieses Liquiditätsschema wurde bis zum Beginn des Jahres 1970 beibehalten; im Geschäftsbericht für das Jahr 1969 wurde die statistische Präsentation geändert[23]. Während vorher sich die Analyse auf die Dispositionen der Institute, d. h. deren Ausgleichsoperationen zur Beschaffung aktuellen Zentralbankgeldes, richtete, wurde nun das Augenmerk direkt auf die freien Liquiditätsreserven gelenkt. Früher definierte die Bundesbank zwar die freien Liquiditätsreserven, berücksichtigte jedoch nur die Veränderungen, die die Zentralbankguthaben der Institute berührten, in der Analyse. Nun wurden die Veränderungen der freien Liquiditätsreserven in das Schema einbezogen[24]. Die unausgenutzten Rediskontkontingente wurden als Komponente der freien Liquiditätsreserven explizit aufgeführt, während die kreditpolitischen Bestimmungsfaktoren um die Variation der Kontingente erweitert wurden. Ebenfalls wurden nun die Überschußreserven bei der Analyse berücksichtigt, da die Entwicklung gezeigt hatte, daß deren Umfang doch nicht von vernachlässigbarer Bedeutung ist[25].

Einbezogen in das Schema wurden nunmehr auch die Lombardkredite, deren Inanspruchnahme sich verringernd auf die Höhe der freien Liquiditätsreserven auswirkt. Diese Modifikationen zeigen eine Annäherung der Liquiditätsrechnung an das Grundschema. Die dort als Größe L bezeichneten in Zentralbankgeld umwandelbaren Aktiva wurden im Laufe der Zeit immer präziser in der Liquiditätsrechnung erfaßt. Das Jahr 1973 brachte eine Aktualisierung der Abgrenzung der freien Liquiditätsreserven[26], durch die

— ausländische Geldmarktanlagen infolge des Übergangs zu flexiblen Wechselkursen und

— sog. N-Papiere, die nicht zentralbankfähig sind, bisher jedoch von untergeordneter Bedeutung waren,

[22] So schreibt die Bundesbank, daß bei den marktmäßigen Faktoren das „Gewicht, wie schon in den Frühjahrsmonaten, nicht sehr bedeutend (war)". *Deutsche Bundesbank:* „Die Wirtschaftslage im Sommer 1967", in: Monatsberichte, 19. Jg., Nr. 8 (Aug. 1967), S. 3 - 58, S. 8.

[23] *Deutsche Bundesbank:* Geschäftsbericht 1969, S. 50.

[24] Vgl. hierzu *Deutsche Bundesbank:* „Erläuterungen zur Liquiditätsanalyse der Bundesbank", in: Monatsberichte, 22. Jg., Nr. 7 (Juli 1970), S. 28 - 37.

[25] Vgl. ebd., S. 31.

[26] Vgl. *Deutsche Bundesbank:* „Neuabgrenzung der ‚freien Liquiditätsreserven' der Banken", in Monatsberichte, 25. Jg., Nr. 6 (Juni 1973), S. 47 - 48. Entsprechend der neuen Abgrenzung wurde auch das Schema im Geschäftsbericht 1972 (S. 43) präsentiert.

nicht mehr in den Begriff der freien Liquiditätsreserven einbezogen wurden;

demgegenüber konnte der nicht ausgenutzte Lombardspielraum seit der Einführung der „Warnmarke“ im Herbst 1970 quantifiziert und in den Begriff einbezogen werden[27].

2.2.3. Die Umstellung des Liquiditätsschemas 1974

Mitte des Jahres 1974 erfuhr die Liquiditätsrechnung der Bundesbank ihre bedeutsamste Änderung. Nicht mehr die freien Liquiditätsreserven sind seitdem zentrales Analyseobjekt, sondern die Zentralbankgeldmenge und die freien Liquiditätsreserven[28]. Diese Größe läßt sich aus dem Grundschema der Liquiditätsanalyse ermitteln, indem zu dem Liquiditätssaldo, der jedoch aus statistisch-technischen Gründen den Kassenbestand der Kreditinstitute nicht enthält, der Bargeldumlauf addiert wird[29]. Grundsätzlich rückt somit die Betrachtung der Änderungen der Liquiditätsbasis und deren Bestimmungsfaktoren in den Mittelpunkt der Liquiditätsrechnung der Bundesbank. Gegenüber diesem Schema weist jedoch die konkrete Ausgestaltung des Bundesbankschemas einige Modifikationen auf, die sich anhand der Ableitung aus dem Bundesbankstatus erkennen lassen.

Die Konkretisierung und Präzisierung des vereinfachten Grundschemas für die analytischen Zwecke der Bundesbank ist in Tabelle 4 dargestellt. Es läßt sich erkennen, daß die Größe L des Grundschemas sich in Form der Rediskontkontingente und dem Bestand der Banken an Geldmarktpapieren konkretisiert. Um diese Position wird der Bundesbankstatus erweitert, damit die Größen erfaßt werden, die den Kreditinstituten Zugang zu Zentralbankgeld verschaffen. Zur Vereinfachung sind im Grundschema die Positionen Bardepot, Float und Mobilisierungs- und Liquiditätspapieren nicht ausdrücklich aufgeführt.

Die Umgruppierung der Positionen führt zu dem Schema II in Tabelle 5. Daraus geht hervor, daß der Unterschied dieser Aufstellung zur Liquiditätsbasis darin besteht, daß das Mindestreserve-Soll auf Auslandsverbindlichkeiten und die Zentralbankguthaben zur Erfüllung der Bardepotpflicht nicht zur Zentralbankgeldmenge rechnen, sondern als Bestimmungsfaktoren angesehen werden. Die Begründung hierfür ist, daß

[27] Seit Juli 1974 steht den Kreditinstituten wieder Lombardkredit ohne Beschränkung zur Verfügung.

[28] Vgl. hierzu *Deutsche Bundesbank:* „Zentralbankgeldmenge und freie Liquiditätsreserven der Banken — Erläuterungen zur Liquiditätsrechnung der Bundesbank“, in: Monatsberichte, 26. Jg., Nr. 7 (Juli 1974), S. 14 - 23.

[29] Vgl. oben S. 18.

— die empirische Anwendung des Liquiditätskonzeptes sich auf die Zeit fester Wechselkurse bezieht, in der eine Bardepotpflicht noch nicht bestand[30], und daß

— die Ausländerguthaben bei deutschen Banken aus der Sicht der Bundesbank „primär der Finanzsphäre zuzurechnen sind", während nur „die Inlandsverbindlichkeiten Teil des Geldvolumens der Bundesrepublik (sind)"[31].

Die Betrachtung der Veränderungen der in dem Schema II angegebenen Positionen führt zu der heutigen statistischen Präsentation der Liquiditätsrechnung der Deutschen Bundesbank (Tab. 6).

Kennzeichnend für das neue Liquiditätsschema sind die beiden nachrichtlichen Positionen „Saisonbereinigte Veränderung der Zentralbankgeldmenge" und „Bestand an freien Liquiditätsreserven". Mit der ersten Position definiert die Bundesbank eine Orientierungsvariable, die infolge ihrer Bereinigung um saisonale Einflüsse und der Ausschaltung der Effekte von Mindestreservesatzänderungen als Grundlage der kreditpolitschen Beurteilung der monetären Expansion dienen kann. Die zweite nachrichtliche Position soll Aufschluß darüber geben, inwieweit bei einer Zunahme der Summe aus Zentralbankgeldmenge und freien Liquiditätsreserven, den Kreditinstituten eine monetäre Expansion möglich wird. Beide Größen sind also für die geldpolitische Beurteilung von unterschiedlichem Gewicht: „Die Größen, die im Schema der Analyse vor allem Beachtung verdienen, sind also in erster Linie die Zentralbankgeldmenge und in zweiter Linie die freien Liquiditätsreserven, aber nicht beide zusammen[32]." Hierin liegt konzeptionell der Unterschied zu dem Konzept der Liquiditätsbasis; denn in dem Schema der Bundesbank wird die Summe beider Größen nur betrachtet, „um den rechnerischen Zusammenhang mit den Bestimmungsfaktoren herzustellen"[33].

3. Die Gründe für die Veränderung des Liquiditätsschemas

Versucht man die Gründe für eine Änderung des Liquiditätsschemas und damit möglicherweise der konzeptionellen Strategie der Geldpolitik allgemein zu systematisieren, so ergeben sich verschiedene Möglich-

[30] Vgl. *Wolfgang M. Fautz:* „Geldbasis und Liquiditätsbasis", S. 260 f.; ders.: „Analyse einer geld- und kreditpolitischen Konzeption der Deutschen Bundesbank für die Jahre 1958 bis etwa 1970", in Kredit und Kapital, 8. Jg. (1975), S. 450 - 472. Dies wird auch darin deutlich, daß *Fautz* die Abgrenzung der freien Liquiditätsreserven von 1970 verwendet.

[31] *Deutsche Bundesbank:* „Zentralbankgeldmenge und freie Liquiditätsreserven", S. 19.

[32] Ebd., S. 19.

[33] Ebd., S. 19.

keiten, die eine solche Maßnahme notwendig erscheinen lassen. Als derartige allgemeingültige Ursachen können angesehen werden

— vermutete oder tatsächliche verbesserte Erkenntnisse über die „wahre“ Struktur des ökonomischen Systems,

— vermutete oder tatsächliche verbesserte Erkenntnisse über den Impulsweg monetärer Maßnahmen, und

— Anpassung an Änderungen der ökonomischen Umwelt im Zeitablauf, die

  — auf Datenkranzänderungen und

  — auf Verhaltensänderungen der Wirtschaftssubjekte zurückzuführen sein können.

Weiterhin kann

— die Einbeziehung von bisher als irrelevant oder nicht quantifizierbar betrachteten Faktoren

zu Veränderungen des Schemas führen.

In der Realität ist davon auszugehen, daß diese Ursachen nicht allein, sondern kombiniert in Erscheinung treten.

Betrachtet man die Entwicklung der Liquiditätsschemata der Deutschen Bundesbank, so läßt sich erkennen, daß die Modifikationen bis 1973 ausnahmslos auf Anpassungen im Rahmen des Liquiditätskonzeptes zurückzuführen sind, die primär auf Datenveränderungen beruhen. Beispielhaft sind hier die Mobilisierung der Ausgleichsforderungen zu erwähnen, die 1955 zu einer Ergänzung der Betrachtung der Zentralbankverschuldung durch die Einbeziehung der Offenmarktgeschäfte führte, oder der Übergang zur Konvertibilität 1958, der in dem System fester Wechselkurse den Auslandsanlagen der Kreditinstitute besondere Bedeutung zukommen ließ; der umgekehrte Vorgang ist bei der Neuabgrenzung der freien Liquiditätsreserven 1973 infolge des Übergangs zu flexiblen Wechselkursen festzustellen.

Demgegenüber ist die letzte Umstellung des Liquiditätsschemas nicht lediglich als eine Anpassungsmodifikation anzusehen, sondern sie läßt eine konzeptionelle Neuorientierung der Geldpolitik der Bundesbank vermuten. Denn die Vorrangstellung, die die Zentralbankgeldmenge in dem neuen Liquiditätsschema innehat, deutet darauf hin, daß die Bundesbank das Liquiditätskonzept zugunsten monetaristischer geldpolitischer Steuerung aufgegeben hat[34]. Dieser theoretischen Position scheint

[34] Schon Mitte 1973 schreibt H. Schlesinger von dem „inzwischen schon weitgehend verlassenen Konzept der Liquiditätssteuerung ...“. *Helmut Schlesinger:* „Die Geldpolitik als Mittel der Inflationsbekämpfung“, in: *Deutsche Bundesbank,* Auszüge aus Presseartikeln, Nr. 54 vom 19. Juli 1973, S. 1 - 8, S. 7. Die Steuerung der Zentralbankgeldmenge wird auch von dem Sachverständi-

jedoch die weitere Betrachtung der freien Liquiditätsreserven entgegen zu stehen.

Um zu beurteilen, inwieweit mit der Umstellung der Liquiditätsrechnung eine neue Geldpolitik beschritten wurde, ist es zweckmäßig, die alternativen Konzeptionen und deren Wirkungshypothesen kurz zu umreißen[35].

Ausgangspunkt des Liquiditätskonzepts ist die keynesianische Theorie, in der der Geldpolitik gegenüber der Fiskalpolitik eine untergeordnete Rolle zugesprochen wird. Die Bedeutung des monetären Bereichs wird vorwiegend in der Bereitstellung des Zahlungsvolumens zur Finanzierung der wirtschaftlichen Aktivitäten gesehen. Hierzu kann zum einen die schon vorhandene Geldmenge verwendet werden, zum anderen können die erforderlichen Zahlungsmittel auf dem Kreditwege beschafft werden. Für die Geldpolitik leitet sich aus dieser Hypothese die Konsequenz ab, die Kreditgewährung zu steuern. Da die liquiden Anlagen der Kreditinstitute als Quellen für die Kreditgewährung angesehen werden, impliziert dies eine Beeinflussung der Liquiditätsreserven durch die Notenbank. Für die Wirkungsweise wird dabei als Verhaltenshypothese unterstellt, daß die Kreditinstitute ihre Portefeuillestruktur an dem Ertragsmaximum orientieren und daß geldpolitische Maßnahmen entsprechende Umschichtungsprozesse auslösen. Gleichzeitig wird vorausgesetzt, daß die Institute zum Zwecke der Sicherung ihrer Zahlungsfähigkeit einen gewissen Mindestbetrag an liquiden Mitteln halten[36]. Als

genrat seit 1972 befürwortet, der bis dahin ebenfalls die Liquiditätspolitik vertrat. Vgl. *Sachverständigenrat zur Begutachtung der gesamtwirtschaftlichen Entwicklung:* Gleicher Rang für den Geldwert, Jahresgutachten 1972/73, Stuttgart, Mainz 1972, TZ 401. Das Liquiditätskonzept wurde nur noch in einem Minderheitsvotum von Claus Köhler vertreten. Vgl. ebd. TZ 430 - 436.

[35] Hierbei ist ein Eingehen auf die Einzelheiten der Kontroverse nicht nötig. Vgl. hierzu z. B.: *Karl Brunner, Manfred J. M. Neumann:* „Analyse monetärer Hypothesen des Sachverständigenrates zur Begutachtung der gesamtwirtschaftlichen Entwicklung" in: Kyklos, Vol. XXIV (1971), S. 223 - 239; dieselben: „Monetäre Analyse des Sachverständigengutachtens: Eine Antwort", in: Kyklos, Vol. XXV (1972), S. 128 - 132; *Gustav Dieckheuer:* Wirkung und Wirkungsprozeß der Geldpolitik, Berlin 1975, S. 15 ff.; *Harry G. Johnson:* „Die Keynesianische Revolution und die monetaristische Konterrevolution", in: Der neue Monetarismus, hrsg. von Peter Kalmbach, München 1973, S. 196 - 216; *Manfred J. M. Neumann:* „Theoretisch wenig fundiert, empirisch nicht belegt — Die geldtheoretischen Leitvorstellungen", in: Zehn Jahre Sachverständigenrat, hrsg. von Regina Molitor, Frankfurt a. M. 1973, S. 116 - 138; *Rüdiger Pohl:* „Monetäre Analyse des Sachverständigengutachtens: Ein Kommentar, in: Kyklos, Vol. XXV (1972), S. 119 - 127; *Jürgen Siebke, Manfred Willms:* Theorie der Geldpolitik, S. 1 ff. Einen guten Überblick über die Standpunkte der Konzeptionen finden sich in den Sammelwerken: *Karl Brunner, Hans G. Monissen, Manfred J. M. Neumann* (Hrsg.): Geldtheorie, Köln 1974; *Claus Köhler* (Hrsg.) Geldpolitik — kontrovers, Köln 1973.

[36] So implizieren expansive Maßnahmen eine Umstrukturierung zugunsten der Kreditgewährung und umgekehrt restriktive zugunsten der Liquiditätsanlagen. Daß die Bundesbank bei ihrem ursprünglichen Liquiditätskonzept von dieser Hypothese ausging, kommt in folgenden Ausführungen zum Aus-

geldpolitische Mittel kommen hierbei die direkte Beeinflussung der Liquiditätsreserven wie auch die indirekten mittels der Zinspolitik in Frage.

Ausgangspunkt der monetaristischen Position ist die Quantitätstheorie, die in ihrer modernen Variante durch die Einbeziehung vermögenstheoretischer Überlegung die Geldtheorie und Gleichgewichtstheorie integrierte. Hiernach sind die Wirtschaftssubjekte bestrebt, eine optimale Vermögensstruktur unter Berücksichtigung von Sach- und Finanzvermögen einschließlich dem Aktivum Geld und dem Humankapital zu realisieren. Zentrale Hypothese des Verhaltens der Wirtschaftssubjekte ist, daß sie bei der Strukturierung ihrer Vermögenszusammensetzung sich an den Relationen von Preisen und Erträgen der verschiedenen Komponenten orientieren, und Verschiebungen dieser Relationen Anpassungsprozesse auslösen. Gemäß der quantitätstheoretischen Vorstellungen besteht die Einflußmöglichkeit der Zentralbank darin, die Geldmenge zu variieren. Hierdurch erfolgt eine Störung der gleichgewichtigen Vermögensstruktur, so daß der Anpassungsmechanismus gemäß der Theorie der relativen Preise ausgelöst wird und sich ein neues Gleichgewicht einstellt. Da aus monetaristischer Sicht eine relativ stabile multiplikative Beziehung zwischen Geldvolumen und Zentralbankgeld[37], der Geldbasis, angenommen wird, postuliert diese Konzeption eine direkte Steuerung der Zentralbankgeldmenge. Denn die Schaffung von Zentralbankgeld unterliegt der direkten Kontrolle der Notenbank, sofern die außenwirtschaftliche Komponente der Zentralbankgeldschöpfung nicht wirksam werden kann. Da dies bei freien Wechselkursen der Fall ist, ist ein Währungssystem mit flexiblen Wechselkursen Bedingung für die Wirksamkeit dieses Mechanismus.

Für den Übergang in die Phase einer „neuen" Geldpolitik nennt die Bundesbank zwei Argumente:

— ein verändertes „Liquiditätsgefühl" der Kreditinstitute und

— die außenwirtschaftliche Absicherung infolge des Übergangs zum System flexibler Wechselkurse[38].

Die Änderung des Liquiditätsverhaltens wird darin gesehen, daß die Kreditinstitute nicht mehr einen gewissen Mindestumfang „als notwen-

---

druck: „Bei einer Zunahme des Bestandes an freien Liquiditätsreserven bei allen Banken müßte es also so lange zu einer Ausdehnung der Bankbilanzen kommen, bis bei allen einzelnen Banken wieder das unter den gegebenen Zinssätzen gewünschte Verhältnis von liquiden zu anderen Aktiva gegeben ist." *Deutsche Bundesbank:* „Erläuterungen zur Liquiditätsanalyse der Bundesbank", S. 35.

[37] Zwar werden in dem Multiplikator Verhaltensgrößen erfaßt, ihr Einfluß wird jedoch als vernachlässigbar gering angesehen.

[38] Vgl. hierzu *Deutsche Bundesbank:* Geschäftsbericht 1973, S. 3 ff.; dies.: „Zentralbankgeldmenge und freie Liquiditätsreserven", S. 14 f.

dige Reserve, sondern als unausgenutztes Expansionspotential"[39] betrachteten, wodurch entgegen der angestrebten Politik der Bundesbank eine Ausdehnung der Kreditgewährung stattfinden konnte.

Mit den Veränderungen im Weltwährungssystem wurde die Bundesbank von ihrer Interventionspflicht (mit Ausnahme des Floating-Blocks) befreit, so daß den Kreditinstituten eine bedeutende Quelle der Zentralbankgeldbeschaffung genommen war. Für die Übernahme eines geldpolitischen Konzeptes, das sich an den Wirkungsvorstellungen der Monetaristen orientiert, waren somit zwei Voraussetzungen gegeben. Die zentrale Verhaltenshypothese des Liquiditätskonzeptes erschien als nicht haltbar und das Postulat flexibler Wechselkurse war erfüllt.

Die mit der Änderung der statistischen Präsentation der Liquiditätsrechnung der Bundesbank angedeutete „neue" Geldpolitik wurde auch als Hinwendung zum monetaristischen Konzept der Notenbankpolitik interpretiert. „Damit war das Rad der geldpolitischen Geschichte in eine neue Bahn gesetzt[40]." Unterstrichen wurde dieser konzeptionelle Wandel in der Geldpolitik noch dadurch, daß die Bundesbank seit 1974, wie es der monetaristischen Konzeption der Geldpolitik entspricht, ein monetäres Wachstumsziel in Form der Zuwachsrate der Zentralbankgeldmenge bekanntgab[41].

Von der rein monetaristischen Konzeption der Geldpolitik unterscheidet sich das Konzept der Bundesbank jedoch in verschiedener Hinsicht:

1. Eine monetaristische Steuerung der Zentralbankgeldmenge sieht die Existenz freier Liquiditätsreserven nicht vor. Aus dieser Sicht weist das Konzept der Bundesbank einen Konstruktionsfehler auf, der auf den Unterschieden institutioneller Bedingungen im Gegensatz zu den US-amerikanischen Verhältnissen, für die das Konzept der Zentralbankgeldmengensteuerung ursprünglich entwickelt wurde, beruht. Denn in den USA sind freie Liquiditätsreserven, so wie sie in der Bundesrepublik institutionalisiert sind, weitgehend unbekannt. Während dort die Refinanzierung der Banken bei dem Zentralbanksystem ein Privileg darstellt, haben hier die Banken ein Recht auf Refinanzierung. Entsprechend diesem institutionellen Unterschied charakterisieren die „free reserves" der amerikanischen Banken lediglich die Nettogläubiger- bzw. -schuldnerposition der Kreditinstitute gegenüber dem Zen-

[39] *Deutsche Bundesbank:* Geschäftsbericht 1973, S. 3.

[40] *Manfred J. M. Neumann:* „Konstrukte der Zentralbankgeldmenge", in: Kredit und Kapital, 8. Jg. (1975), S. 317 - 345, S. 317.

[41] Vgl. z. B. *Manfred Willms:* „Recent Experience with Monetary Policy in Germany", in: Deutsche Bundesbank, Auszüge aus Presseartikeln, Nr. 34 vom 27. 5. 1975, S. 6 - 8; ders.: „Sind 8 % Geldmengenwachstum adäquat?", in: Wirtschaftsdienst, 56. Jg. (1976), S. 71 - 74.

tralbanksystem[42]. Die Folge der Existenz freier Liquiditätsreserven ist, daß bei einer Ausweitung der Zentralbankgeldmenge die Kreditinstitute möglicherweise freie Liquiditätsreserven derart bilden können, daß künftig die Zentralbank nicht mehr über das Monopol der Zentralbankgeldbeschaffung verfügt. Dies bedeutet, daß die Geldpolitik entsprechend dem Konzept der Bundesbank bei einem restriktiven Kurs erst nach Abbau der freien Liquiditätsreserven effizient ist, während ein expansiver Kurs zunächst zur Aufstockung der freien Liquiditätsreserven führen kann. Mit anderen Worten bedeutet dies, daß freie Liquiditätsreserven vom Umfang „nahe Null" nicht gleichbedeutend sind mit deren Nichtexistenz[43]. Diesem Kritikpunkt entsprechend wird gefordert, freie Liquiditätsreserven, wie sie in der Bundesrepublik institutionalisiert sind, abzuschaffen[44].

2. Von der reinen monetaristischen Position unterscheidet sich das Bundesbankkonzept auch in der Abgrenzung der Zentralbankgeldmenge. Während die Bundesbank lediglich den Bargeldumlauf in Händen des Publikums und das Mindestreservesoll der Kreditinstitute auf Inlandsverbindlichkeiten (Sicht-, Termin-, Spareinlagen) als Zentralbankgeldmenge definiert, enthält die Definition der Monetaristen das gesamte Zentralbankgeld in Händen der Banken. Andererseits bedeutet dies, geht man von der Geschlossenheit des Bundesbankstatus als Definitionsschema der Zentralbankgeldmenge aus, daß die Bundesbank Verwendungskomponenten des Zentralbankgeldes implizit als Entstehungskomponenten ansieht[45]. Hierbei handelt es sich um die Einbeziehung der Überschußreserven in die freien Liquiditätsreserven und um die Aussonderung der Mindestreserven auf Ausländerverbindlichkeiten aus der Zentralbankgeldmenge. Gegen die analytische Behandlung der Überschußreserven durch die Bundesbank wird vorgebracht, daß deren Bedeutung als aktuelles Zentralbankgeld nur solange gering ist, als den Banken noch die Möglichkeit gegeben ist, ihre Bestände an freien Liqui-

---

[42] Zu dem Unterschied zwischen „free reserves" der amerikanischen und der Liquiditätsreserven der deutschen Banken vgl. auch *Dieter Duwendag, Karl-Heinz Ketterer, Wim Kösters, Rüdiger Pohl, Diethard B. Simmert:* Geldtheorie und Geldpolitik, Köln 1974, S. 46 f.

[43] So schreibt *Fautz:* „Variable Bankenliquidität kann unendlich viele Werte annehmen, darunter auch den Wert Null oder ‚nahe Null' ", *Wolfgang M. Fautz:* „Eine Liquiditätshypothese der Deutschen Bundesbank für die Jahre 1970 bis 1975", in: Konjunkturpolitik, 22. Jg. (1976), S. 81 - 145, S. 100.

[44] Vgl. ebd., S. 100. Dieses Postulat kommt auch in den Ausführungen des DIW zum Ausdruck. Vgl. *Reinhard Pohl, Eirik Svindland:* „Bundesbankgesetz und aktuelle Geldpolitik", in: DIW-Wochenbericht, 40. Jg. (1973), S. 201 - 208, S. 208; *Reinhard Pohl:* „Zwischenbilanz der Geldpolitik", in: DIW-Wochenbericht, 43. Jg. (1976), S. 339 - 344, S. 344.

[45] Vgl. *Manfred J. M. Neumann:* „Konstrukte der Zentralbankgeldmenge", S. 330 f.

ditätsreserven aufzubauen[46]. In diesem Falle wäre auch die Überschußreservehaltung weniger produktiv als bei der Nichtexistenz freier Liquiditätsreserven[47]. Weiterhin wird argumentiert, daß bei gegebener Zentralbankgeldmenge in der Definition der Bundesbank durch Einlagenumschichtung durch das Verhalten der Nichtbanken der Expansionsspielraum der Kreditinstitute erweitert werden könnte[48].

Als Fazit aus den beiden bisherigen Kritikpunkten kann festgehalten werden, daß das geldpolitische Konzept der Bundesbank sich von der rein monetaristischen Konzeption dahingehend unterscheidet, daß das gewählte monetäre Aggregat keineswegs von der Zentralbank allein kontrolliert wird, sondern sowohl vom Verhalten der Kreditinstitute als auch von dem Verhalten der Nichtbanken abhängig ist.

3. Eine Hinwendung zu einer rein monetaristisch konzipierten Steuerung der Zentralbankgeldmenge würde eine entsprechende Modifikation des notenbankpolitischen Instrumentariums erforderlich machen. Dem entspräche eine Ausgestaltung der Offenmarktpolitik, bei der die Notenbank nicht als Preisfixierer, sondern als Mengenfixierer auftritt. Für eine solche mengenorientierte Offenmarktpolitik tritt der Sachverständigenrat seit geraumer Zeit ein[49]. In diesem Falle bestünde auch keine Notwendigkeit einer Mindestreservepolitik[50]. Diesem Postulat nach Veränderungen in ihrem instrumentalen Bereich kommt die Bundesbank nicht nach, denn sie unterstreicht ausdrücklich, daß sie sich darauf beschränkt, „von den bestehenden kreditpolitischen Regelungen veränderten Gebrauch zu machen, ohne die Regelungen als solche zu ändern“[51]. Anlaß zu der Vermutung, daß das Konzept der Bundesbank erheblich von der reinen monetaristischen Theorie abweicht, gibt die Interpretation des Liquiditätsschemas von Claus Köhler, die erstmals in einem Vortrag

---

[46] Vgl. *Sachverständigenrat zur Begutachtung der gesamtwirtschaftlichen Entwicklung:* Vollbeschäftigung für Morgen, Jahresgutachten 1974/75, Stuttgart, Mainz 1974, TZ 382. Der Sachverständigenrat hat sich bei seiner Konzeption der monetaristischen Vorstellung und damit Definition angeschlossen.

[47] Vgl. auch *Manfred J. M. Neumann:* „Konstrukte der Zentralbankgeldmenge“, S. 332.

[48] Vgl. ebd., S. 332.

[49] Vgl. *Sachverständigenrat zur Begutachtung der gesamtwirtschaftlichen Entwicklung:* Gleicher Rang für den Geldwert, Jahresgutachten 1972/73, TZ 401; ders.: Mut zur Stabilisierung, Jahresgutachten 1973/74, Stuttgart, Mainz 1973, TZ 171; ders.: Vollbeschäftigung für Morgen, Jahresgutachten 1974/75, TZ 384.

[50] Vgl. ebd., TZ 384; ebenso *Manfred J. M. Neumann:* „Stabilisierungspolitik in monetaristischer Sicht“, S. 92 ff. Vorteilhaft erwiese sich eine solche instrumentale Ausgestaltung auch im Hinblick auf die Indikatoreigenschaft der Größe: Konstruktionen zur Beseitigung der Einflüsse von Mindestreservesätzen wären überflüssig.

[51] *Deutsche Bundesbank:* „Zentralbankgeldmenge und freie Liquiditätsreserven“, S. 17.

knapp ein Jahr nach der Konzipierung der „neuen“ Geldpolitik enthalten ist[52]. Hiernach ist im Rahmen des neuen Liquiditätsschemas der Bundesbank zum einen in die Zentralbankgeldversorgung und zum anderen in die Zentralbankgeldmenge zu unterscheiden. Während die von der Bundesbank als Zentralbankgeldmenge definierte Größe als geldpolitischer Indikator die monetäre Expansion widerspiegelt, gibt die Zentralbankgeldversorgung die Bereitstellung von Zentralbankgeld durch die Bundesbank an. Eine erhöhte Zentralbankgeldversorgung kann sich sowohl in einer Vergrößerung der Zentralbankgeldmenge (in der Definition der Bundesbank) als auch in einer Erhöhung der freien Liquiditätsreserven der Banken niederschlagen. Letztendlich bedeutet diese Interpretation, daß das Ausmaß der monetären Expansion abhängig ist von dem Verhalten der Kreditinstitute, die darüber entscheiden, ob hinzufließendes Zentralbankgeld zur Aufstockung der freien Liquiditätsreserven oder aber zur Kreditexpansion verwendet wird, und dem Verhalten der Nichtbanken, deren Kreditnachfrage bestimmt, inwieweit zur Verfügung gestelltes Zentralbankgeld auch tatsächlich zu einer Erhöhung der Zentralbankgeldmenge (Definition der Bundesbank) beiträgt. Ist dieser Absorptionsprozeß unzureichend, bedeutet dies eine Zunahme der freien Liquiditätsreserven der Banken[53]. Eine derartige Auslegung kann als eine rein liquiditätstheoretisch orientierte Interpretation des Liquiditätsschemas der Bundesbank aufgefaßt werden. Sie ist auch nur möglich, wenn die freien Liquiditätsreserven institutionalisiert sind[54]. Die geldpolitische Entwicklung hat gezeigt, daß die Kreditinstitute ihre freien Liquiditätsreserven wieder erheblich aufstocken konnten. Wenn auch angeführt wird, daß diese Bestände „... falls erforderlich, rasch wieder abgebaut werden (können)“[55], wird dem entgegengehalten, „daß unter diesen Umständen eine radikale Kürzung der Rediskontkontingente zu erheblichen Erschütterungen des Bankensystems führen würde und mit der geldpolitischen Verstetigungsstrategie nicht vereinbar wäre“[56].

4. Während eine reine monetaristische geldpolitische Steuerung die Entwicklung der Zinssätze dem Markt überläßt[57], beinhaltet das neue Liquiditätsschema der Bundesbank auch den Einsatz der Zinspolitik.

---

[52] Vgl. *Claus Köhler:* „Probleme der Kreditpolitik“, in: Deutsche Bundesbank, Auszüge aus Presseartikeln, Nr. 7 vom 24. 1. 1975, S. 1 - 7.

[53] Vgl. ebd., S. 2 ff.; diese Vorstellungen legt *Claus Köhler* auch nieder in: Probleme der Zentralbankgeldmengensteuerung, Berlin 1976.

[54] Vgl. oben, S. 23 f.

[55] *Karl Klasen:* „Grenzen der Geldpolitik“, in: Deutsche Bundesbank, Auszüge aus Presseartikeln, Nr. 69 vom 2. 10. 1975, S. 1 - 3, S. 2.

[56] *Reinhard Pohl:* „Zwischenbilanz der Geldpolitik“, S. 344.

[57] Dies ist in dem Zusammenhang einer mengenorientierten Offenmarktpolitik zu sehen. Vgl. auch zu diesem Problem *Manfred J. M. Neumann:* „Stabilisierungspolitik in monetaristischer Sicht“, S. 89.

Zur Steuerung der Zentralbankgeldmenge dienen ihr „Als Instrumente ... Zinssätze, die sie selbst setzt, und die Liquiditätspolitik ...“[58].

Versucht man, die Änderung in der Konzeption der Bundesbank zu beurteilen, so ergeben sich, je nach eigenem theoretischen Standpunkt, zwei verschiedene Konsequenzen:

— Aus der Sicht der Anhänger des Konzepts der Geldbasissteuerung der Monetaristen folgt aus dem Gesagten, daß sich an dem Liquiditätskonzept der Bundesbank mit der Einführung des neuen Liquiditätsschemas im Grunde gar nichts geändert hat. Dann läßt sich schließen: „Die Bundesbank möchte uns — und vielleicht sich selbst durch die Verwendung von Begriffen aus einem anderen Konzept, dem Geldbasiskonzept, glauben machen, sie hätte ihr Konzept geändert[59].“

— Für Anhänger einer liquiditätstheoretisch orientierten geldpolitischen Konzeption stellt die „neue“ Geldpolitik der Bundesbank dennoch eine Hinwendung zu Postulaten der quantitätstheoretisch begründeten Geldpolitik dar. Im Vergleich zur früheren geldpolitischen Konzeption läßt sich die Änderung dahingehend charakterisieren: „Die Bundesbank hat sich folglich zwar im Grundsatz für eine Steuerung der Geldmenge über die Geldbasis entschieden, doch handelt es sich bei dem neuen Konzept nicht um die strenge Form einer geldmengenorientierten Politik ...[60].“

Geht man davon aus, daß mit den Gründen, die zu einer Neuformulierung des Liquiditätsschemas geführt haben, auch die Voraussetzungen für eine Zentralbankgeldmengensteuerung gegeben waren, so scheint doch aus der Rolle, die die freien Liquiditätsreserven innerhalb dieses Konzeptes noch spielen und aus den anderen genannten Unterscheidungsmerkmalen zu den theoretischen monetaristischen Postulaten einer Geldpolitik die Schlußfolgerung ableitbar zu sein, daß über die Wirksamkeit der Geldpolitik und die Transmission der monetären Impulse noch keineswegs vollkommene Klarheit herrscht. Vielmehr scheint sich die Vermutung zu bestätigen, daß die Bundesbank mit ihrer neuen Politik sich noch in einer Phase des Experimentierens befindet.

[58] *Karl Klasen:* „Probleme der Währungspolitik an der Jahreswende 1975/76. Die neue Geldpolitik der Bundesbank ist als ein Experiment zu verstehen“, in: Deutsche Bundesbank, Auszüge aus Presseartikeln, Nr. 1 vom 5. 1. 1976, S. 1 - 5, S. 4.

[59] *Wolfgang M. Fautz:* „Eine Liquiditätshypothese der Deutschen Bundesbank“, S. 99.

[60] *Norbert Kloten:* „Erfolg und Mißerfolg der Stabilisierungspolitik (1969 - 1974)“, in: Währung und Wirtschaft in Deutschland 1876 - 1975, hrsg. von der Deutschen Bundesbank, Frankfurt a. M. 1976, S. 643 - 690, S. 662.

ZWEITER TEIL

Exogene Bestimmungsgründe für den Zentralbankgeldbedarf und die Nachfrage nach freien Liquiditätsreserven

Aus den verschiedenen Liquiditätsschemata, die die Deutsche Bundesbank bislang präsentiert hat, lassen sich die Faktoren erkennen, die für die Kreditinstitute einen Bedarf an Zentralbankgeld begründen und dessen Ausgleich durch Veränderung der freien Liquiditätsreserven erfolgen kann. Diese Faktoren können für das Liquiditätsverhalten der Banken als exogen betrachtet werden. Zum wesentlichen handelt es sich um Einflüsse die vom Verhalten des Nichtbankensektors einerseits und von dem der Notenbank andererseits ausgehen. Entsprechend unterschied die Bundesbank in früheren Liquiditätsanalysen in überwiegend marktmäßigen und überwiegend kreditpolitischen Bestimmungsfaktoren.

1. Bargeldumlauf

Einen exogenen Bestimmungsfaktor für die freien Liquiditätsreserven und die Zentralbankgeldmenge stellt die Versorgung der privaten Nichtbanken mit Bargeld dar. Hierbei ergeben sich die Einflüsse als Resultat sich überlagernder Wirkungsfaktoren mit unterschiedlicher zeitlicher Länge. So sind langfristig institutionelle Gegebenheiten, mittelfristig konjunkturelle Veränderungen und mittel- bis kurzfristig saisonale Schwankungen von Bedeutung für den Bestimmungsfaktor Bargeldumlauf. Weiterhin bleibt die Bargeldhaltung von Umschichtungsprozessen der finanziellen Aktiva des Nichtbankensektors nicht unbeeinflußt.

Unterstellt man, daß die Kreditinstitute für die privaten Wirtschaftssubjekte die einzige Quelle der Bargeldbeschaffung darstellen, eine Annahme, die die Realität in der Bundesrepublik Deutschland zutreffend widerspiegelt, da direkte Geschäfte zwischen der Deutschen Bundesbank und privaten Wirtschaftssubjekten lediglich eine vernachlässigbare Größenordnung erreichen, ergibt sich für die Kreditinstitute bei einer Erhöhung des Bargeldumlaufs im Publikum

— eine Verringerung der Kassenbestände und/oder

— eine Verringerung der Überschußguthaben und/oder

— eine Umwandlung zentralbankfähiger Aktiva in Zentralbankgeld.

Umgekehrt bedeutet eine Verringerung des Bargeldumlaufs im Publikum eine Erhöhung der entsprechenden Aktivposition der Kreditinstitute. Da alle drei angesprochenen Positionen für die Kreditinstitute freie Liquiditätsreserven darstellen (ökonomisch gilt dies auch für die Kassenbestände), bewirken Veränderungen des Bargeldumlaufs der privaten Wirtschaftssubjekte einen Abbau bzw. eine Aufstockung der freien Liquiditätsreserven bei den Kreditinstituten.

Der Vorgang der Bargeldversorgung durch die Kreditinstitute kann jedoch nicht alleine von der Aktivseite der Institute her gesehen werden. Denn für den privaten Sektor kann die Bargeldbeschaffung lediglich in der Form eines Aktivtausches zustande kommen: Bestände an finanziellen Aktiva, wie Sicht-, Termin- oder Spareinlagen werden reduziert, während der Bestand an Bargeld erhöht wird. Für die Kreditinstitute bedeutet dies eine simultane Verringerung ihrer Passivbestände. Da die Mindestreserveverpflichtung der Institute an den Beständen der Passiva gemessen wird, bewirkt dieser Vorgang, der sich für die Kreditinstitute als Bilanzverkürzung erweist, eine Freisetzung von bisher gebundenen Mindestreserven. Dadurch ist der Umfang des Mindestreservefreisetzungseffektes infolge der Differenzierung der Mindestreserven davon abhängig, auf welche Einlagenart von dem Nichtbankensektor zur Bargeldbeschaffung zurückgegriffen wird. Um den Betrag der freigesetzten Mindestreserven ist die Beanspruchung der freien Liquiditätsreserven der Kreditinstitute geringer, als der Betrag des von den privaten Wirtschaftssubjekten zusätzlich nachgefragten Bargeldes:

(1) $$+\Delta B^P = -\Delta F + r \Delta E_i$$

F = freie Liquiditätsreserven
E_i = Einlageart i privater Nichtbanken
B^P = Bargeldumlauf
r_i = Mindestreservesatz der Einlageart i.

Die Versorgung der privaten Wirtschaftssubjekte mit Bargeld stellt nichts anderes dar als eine Umverteilung der vorhandenen Zentralbankgeldmenge zwischen dem Kreditinstitutssektor und den privaten Nichtbanken. Stehen den Bargeldabflüssen entsprechende Verringerungen der Kassenbestände bei den Kreditinstituten gegenüber, so ändert sich am Gesamtumfang der Zentralbankgeldmenge nichts. Werden von den Kreditinstituten jedoch freie Liquiditätsreserven aufgelöst, so bedeutet dies eine entsprechende Erhöhung der Zentralbankgeldmenge. Der Umfang der Zentralbankgeldmengenerhöhung entspricht dem zusätzlich angeforderten Bargeld, verringert um den Betrag der freigesetzten Mindestreserven, die schon Zentralbankgeld darstellen, also den Betrag an freien Liquiditätsreserven, dessen Reduzierung unter Berücksichtigung des Mindestreservenfreisetzungseffektes notwendig gewesen ist:

(2) $$+\Delta ZBGM = +\Delta B^P - r_i \cdot E_i = -\Delta F$$

$ZBGM$ = Zentralbankgeldmenge

Da nach der Abgrenzung der Deutschen Bundesbank die Überschußreserven der Kreditinstitute nicht zu der Zentralbankgeldmenge, sondern zu den freien Liquiditätsreserven gezählt werden, bedeutet eine Reduzierung der Überschußreserven eine Verringerung der freien Liquiditätsreserven und nicht eine Umschichtung innerhalb der Zentralbankgeldmenge. Dies würde jedoch bei einer Abgrenzung der Zentralbankgeldmenge entsprechend den Vorstellungen der Monetaristen zutreffen.

Nachdem gezeigt wurde, wie die Veränderung des Bargeldumlaufs auf die freien Liquiditätsreserven und die Zentralbankgeldmenge einwirkt, ist danach zu fragen, welche ökonomischen Verhaltensweisen Veränderungen des Bargeldumlaufs beim Publikum bewirken. Auszugehen hat eine Betrachtung der Nachfrage der privaten Nichtbanken nach Bargeld von den Funktionen, die das Geld — und hier insbesondere das Bargeld — in ökonomischer Hinsicht erfüllt. Die Möglichkeit mittels des Mediums Bargeld Transaktionen durchzuführen und Vermögenswerte aufzubewahren, sind auch die zentralen Aspekte der Nachfrage nach Bargeld[1].

Aus der Tauschmittelfunktion des Geldes leitet sich die Geldnachfrage aus dem Transaktionsmotiv ab. Geld wird von den Wirtschaftssubjekten nachgefragt, weil Ausgaben und Einnahmen zeitlich nicht synchronisiert sind. Der durchschnittlich nachgefragte Betrag an Geld ergibt sich in Abhängigkeit von den Zahlungsrhythmen und dem Transaktionsvolumen. Indirekt bedeutet dies, daß die Geldnachfrage abhängig vom Einkommen gesehen werden kann. Aufgrund dieser Zusammenhänge ist mit dem langfristigen Wachstum der Wirtschaft eine positive Entwicklung des Bargeldbestandes bei den privaten Nichtbanken gegeben. „Langfristig zeigt der Bargeldumlauf in einer wachsenden Wirtschaft, wie der der Bundesrepublik, einen starken Aufwärtstrend und belastet damit die Bankenliquidität permanent, ...[2]." Diese Aussage ist jedoch zu relativieren. Da die Überlegungen hinsichtlich der Geldnachfrage zu Transaktionszwecken sich auf alle Medien, die unmittelbar zu Zahlungszwekken verwendet werden können, beziehen, ist das Verhältnis der Bar-

[1] Zur Nachfrage der privaten Wirtschaftssubjekte nach Bargeld vgl. auch die Ausführungen bei *Phillip Cagan:* Determinants and Effects of Changes in the Stock of Money 1875 - 1960, S. 118 ff.; ders.: „The Demand for Currency Relative to Total Money Supply", in: Journal of Political Economy, Vol. LXVI (1958), S. 303 - 328; *Stephen M. Goldfeld:* Commercial Bank Behavior and Economic Activity, Amsterdam 1966, S. 72 ff.; *Hans-Joachim Jarchow:* Theorie und Politik des Geldes I. Geldtheorie, 3. Aufl., Göttingen 1976, S. 57 ff.

[2] *Deutsche Bundesbank:* „Methodische Erläuterungen zur Analyse der Bankenliquidität", S. 32.

geldnachfrage zu entsprechenden Substituten in der Betrachtung zu berücksichtigen. In seiner Tauschmittelfunktion steht das Bargeld in engster Substitutionsbeziehung zu den Sichteinlagen. Inwieweit sich Substitutionsprozesse zwischen beiden Zahlungsmittelarten vollzogen haben, läßt sich an dem Bargeldabflußkoeffizienten (currency ratio) erkennen. Dieser ist definiert als der Koeffizient

$$C = \frac{B^P}{B^P + D} = \frac{B^P}{M_1} \; .$$

Für eine bestimmte Zeitperiode gibt dieser Koeffizient an, wie durchschnittlich die vorhandene Geldmenge in ihrer Definition M_1 auf Bargeld und Sichtdepositen verteilt ist. Ein Ansteigen dieser Größe indiziert eine relativ stärkere Belastung der Bankenliquidität aufgrund des Bestimmungsfaktors Bargeldumlauf, während ein Absinken eine relative Entlastung darstellt[3]. Abbildung 1 gibt die Entwicklung des Bargeldabflußkoeffizienten für die Bundesrepublik Deutschland seit 1960 an.

Es ist zu erkennen, daß die trendmäßige Entwicklung einen starken Rückgang der relativen Bedeutung des Bargeldumlaufs erkennen läßt. Wurden 1960 noch durchschnittlich —,42 DM je 1,— DM der Geldmenge M_1 als Bargeld gehalten, so waren dies 1975 durchschnittlich nur noch —,33 DM. Für die Kreditinstitute bedeutet diese Entwicklung langfristig eine Verringerung der durchschnittlichen Beanspruchung freier Liquiditätsreserven zum Zwecke der Versorgung des privaten Wirtschaftssektors mit Bargeld. Die Tatsache, daß die Nachfrage nach Bargeld mit steigendem Einkommen zwar größer wird, die relative Bedeutung des Bargeldumlaufs jedoch sinkt, die Einkommenselastizität des Bargeldumlaufs also unter 1 liegt[4], läßt sich auf eine Reihe von Faktoren zurückführen, die zum Teil gerade in der beobachteten Zeitperiode zum Tragen gekommen sind. In diesem Zusammenhang sind vor allen Dingen die Änderungen der Zahlungssitten, die sich in einer stärkeren Verbreitung des bargeldlosen Zahlungsverkehrs infolge des Überganges zu bar-

---

[3] Nach *Cagan* erfüllt der Bargeldabflußkoeffizient eine duale Funktion; er gibt die Aufteilung von M_1 auf Bar- und Giralgeld an und er läßt die Verteilung der Zentralbankgeldmenge (high-powered money) zwischen Kreditwirtschaft und privaten Nichtbanken erkennen (*Phillip Cagan:* Determinants and Effects of Changes in the Stock of Money, S. 118). Dies ist allerdings nur zutreffend, wenn zur Zentralbankgeldmenge gehörende Mindestreserven ausschließlich auf Sichtguthaben gehalten werden oder Verschiebungen in der Einlagenstruktur der Kreditinstitute den durchschnittlichen Reservesatz unverändert ließen, was bei den institutionellen Regelungen der Bundesrepublik nicht zutrifft.

[4] $\frac{dB^P}{dy} \cdot \frac{y}{B^P} < 1.$

geldlosen Lohn- und Gehaltszahlungen[5] niederschlagen, zu nennen. In engem Zusammenhang hiermit steht die Verbesserung der monetären Infrastruktur, die sich vor allem in einer Ausweitung des Bankstellennetzes manifestiert[6]. All diese Faktoren sind in ihrer Wirkung langfristig, und es liegt auf der Hand, daß sie für die Geldpolitik mit kürzeren Stabilisierungszielen Daten darstellen. Doch sind ihre Wirkungen für die tendenzielle relative Belastung der Liquidität der Kreditinstitute nicht unerheblich.

Mittelfristig wird die Bargeldnachfrage von konjunkturellen Schwankungen beeinflußt. Infolge der Einkommensabhängigkeit der Bargeldnachfrage schwankt der Bargeldumlauf zyklisch. Dies bedeutet für die Kreditinstitute, daß deren Beanspruchung freier Liquiditätsreserven zur Versorgung der privaten Nichtbanken mit Bargeld in Expansionsphasen steigt, in Rezessionsphasen dagegen fällt. Diese Entwicklungsparallelität beider Variablen ist auch für die Bundesrepublik Deutschland gezeigt worden[7]. Empirische Beobachtungen haben auch erkennen lassen, daß im Konjunkturzyklus die Schwankungen des Bargeldumlaufs geringer sind als die des Einkommens, d. h. in Expansionsphasen der Bargeldumlauf weniger stark zunimmt als das Einkommen bzw. in Rezessionsphasen weniger stark abnimmt. Als Erklärungshypothese für dieses Phänomen wird von keynesianischer Seite vorgebracht, daß die Wirtschaftssubjekte ihre Kassenhaltung infolge gestiegener Zinssätze in Expansionsphasen ökonomisieren, von monetaristischer Seite hingegen, daß eine Orientierung an dem permanenten Einkommen erfolgt, aus der relativ stabile Zukunftserwartungen resultieren[8]. Die Unterschiede in den Veränderungen von Bargeldnachfrage und Einkommen im Konjunkturzyklus sagen nichts anderes aus, als daß die Einkommenselastizität der Bargeldnachfrage < 1 ist, denn

$$\text{aus } \frac{dB^p}{dy} \cdot \frac{y}{B^p} < 1 \text{ folgt } \frac{dB^p}{B^p} < \frac{ay}{y}\,^{9)} .$$

[5] Bargeldlose Lohn- und Gehaltszahlungen alleine sind nicht hinreichende Voraussetzung für einen Rückgang des Bargeldabflußkoeffizienten; sie könnten auch lediglich eine Umschichtung der Quellen der Bargeldbeschaffung für Private von den Kreditinstituten, die primär Arbeitgeberkonten führen, zu denen, bei denen vorwiegend Arbeitnehmer ihre Konten unterhalten, bewirken. Dennoch können bargeldlose Lohn- und Gehaltszahlungen einen Initialeffekt zur Änderung der Zahlungssitten verursachen, da hierdurch günstige Voraussetzungen für die Verwendung von Giralgeld geschaffen werden.

[6] Als ein weiterer Faktor wird noch die Urbanisierung genannt. (vgl. *Phillips Cagan:* Determinants and Effects of Changes in the Stock of Money, S. 126 ff.) Diese kann mit als Ursache für die Ausweitung des Bankstellennetzes angesehen werden.

[7] Vgl. *Deutsche Bundesbank:* Geschäftsbericht 1967, S. 49.

[8] Vgl. hierzu *Hans-Hermann Francke:* Bankenliquidität und Zins, S. 78.

Wenn die Bargeldnachfrage im Konjunkturanstieg unterproportional zum Einkommen steigt, fällt sie auch im Konjunkturabschwung unterproportional zum Einkommen. Hierfür kann — als dritte, aber recht plausible — Erklärungshypothese angeführt werden, daß die Zahlungsgewohnheiten der Wirtschaftssubjekte sich im Konjunkturverlauf nicht ändern, sondern daß der langfristige Aspekt das Verhalten der Wirtschaftssubjekte dominiert.

Kurzfristig wird die Bargeldnachfrage von saisonalen Schwankungen beeinflußt. Hier sind zunächst die jahresrhythmischen Bewegungen zu nennen. So ergibt sich eine besonders hohe Nachfrage nach Bargeld vor den Feiertagen (Weihnachten, Ostern) und in der Jahresmitte zur Hauptreisezeit[10]. Monatsrhythmische Schwankungen ergeben sich aus der Konzentration der Gehaltszahlung auf bestimmte Monatstage (Monatsende, Monatsmitte). Ähnliche Schwankungen treten im Wochenrhythmus, z. B. durch Einkäufe zum Wochenende usw., auf.

Die bisherigen Ausführungen betrachteten lediglich die Abhängigkeit der Nachfrage nach Bargeld von dem Einkommen. Abhängig erweist sich die Nachfrage nach Bargeld allerdings auch von alternativen ertragbringenden Anlagemöglichkeiten. Insofern ergeben sich aus der Bargeldhaltung Alternativkosten in Höhe der entgangenen Zinserträge aus anderen Finanzaktiva. Zinssätze für Alternativanlagen stellen somit eine weitere erklärende Variable für die Nachfrage nach Bargeld dar. Da bis auf Sichteinlagen andere Finanzaktiva, die einen Zinsertrag erbringen, einen Liquiditätsverzicht für die Wirtschaftssubjekte bedeuten, kommt in diesem Zusammenhang auch die Funktion des Geldes als Wertaufbewahrungsmittel zum Tragen. Denn auch nur die vorübergehende Anlage von Mitteln, deren primärer Zweck die Durchführung von Transaktionen darstellt, bedeutet die Ausnutzung ertragbringender Anlagemöglichkeiten des zu diesem Zeitpunkt nicht benötigten Geldbetrages. Die Hypohese, daß die Transaktionskasse von dem Zinssatz abhängig ist, ergaben sich aus den theoretischen Überlegungen *Baumols*[11] und *Tobins*[12], deren Analysen der Bestimmung der optimalen Transaktionskasse als

---

[9] Für Rezessionsphasen bedeutet dies

$$-\frac{dB^P}{B^P} > \frac{dy}{y} .$$

[10] Weitläufig haben somit auch die Ferienordnungen, insbesondere wenn bevölkerungsstarke Länder betroffen sind, Einfluß auf die geldpolitischen Variablen.

[11] *William J. Baumol:* „The Transactions Demand for Cash: An Inventory Theoretic Approach", in: Quarterly Journal of Economics, Vol. 66 (1952), S. 545 - 556.

[12] *James Tobin:* „The Interest-Elasticity of Transactions Demand for Cash", in: Review of Economics and Statistics, Vol. 38 (1956), S. 241 - 247.

das Lagerhaltungsmodell[13] der Nachfrage nach Transaktionskasse Eingang in die Literatur gefunden haben.

Empirische Untersuchungen haben allerdings deutlich werden lassen, daß ein Einfluß des Zinses auf die Bargeldnachfrage schwierig nachzuweisen ist[14].

Inwieweit Veränderungen des Bargeldumlaufs den Zentralbankgeldbedarf beeinflußte, ist aus Tabelle 7 zu entnehmen.

Es ist zu erkennen, daß die Liquiditätsbeanspruchung deutlichen saisonalen Schwankungen unterliegt, deren Gründe oben ausführlich dargestellt wurden.

2. Devisentransaktionen

Ein weiterer exogener Bestimmungsfaktor für die Zentralbankgeldmenge und die freien Liquiditätsreserven sind die Devisentransaktionen, die sich aus den außenwirtschaftlichen Beziehungen der Nichtbanken er-

---

[13] In Analogie zu der optimalen Lagerbestandshaltung ergibt sich der optimale durchschnittliche Bestand an Transaktionskasse als

$$\overline{K}_{opt} = \sqrt{\frac{a\,T}{2\,i}} .$$

T = Transaktionsvolumen
a = fixe (vom Betrag unabhängige) Umwandlungskosten
i = Zinssatz für Alternativanlagen

Hieraus ist zu sehen, daß die optimale durchschnittliche Nachfrage nach Transaktionskasse steigt, wenn die festen Umwandlungskosten sich erhöhen, das Transaktionsvolumen steigt oder der Zins für Alternativanlagen sinkt.

[14] In den meisten ökonometrischen Schätzungen sind die Regressionskoeffizienten der Zinsvariablen nicht oder nur schwach gesichert. Vgl. so z. B. *Artur Woll:* „Die Theorie der Geldnachfrage: Analytische Ansätze und statistische Ergebnisse für die Bundesrepublik Deutschland", in: Zeitschrift für die gesamte Staatswissenschaft, 125. Bd. (1969), S. 56 - 81, S. 76 ff. Hier wird eine Abhängigkeit von dem Diskontsatz getestet, wobei noch eine zu hohe Autokorrelation der Residuen den Aussagewert der Schätzungen beeinträchtigt. Als Alternativzins ist ökonomisch der Terminzinssatz oder der Spareinlagenzinssatz plausibler. Diesbezügliche Schätzungen wurden von *H. König, W. Gaab* und *J. Wolters* („An Econometric Model for the Financial Sector of the Federal Republic of Germany, Part I, Discussion Paper No 38, Mannheim 1973, S. 15 ff.) durchgeführt, wobei auch Zeitverzögerungen in den Zinsvariablen berücksichtigt wurden. Die Ergebnisse sprechen für einen gesicherten Einfluß des um eine Periode verzögerten Terminzinssatzes. Auch Schätzungen, die im Wintersemester 1975/76 in einem Seminar von Prof. Manfred Hieber im Institut für das Spar-, Giro- und Kreditwesen an der Universität Bonn und an dessen Gestaltung der Verfasser mitgewirkt hat, durchgeführt wurden, führten u. a. zu den Ergebnissen, daß der Einfluß der Terminzinsen statistisch höher gesichert ist als der des Spareinlagenzinses. Allerdings ist der Koeffizient auch niedriger. Beispielsweise ergaben die Schätzungen, daß die Erhöhung des Sparzinses um einen Punkt zu einer Verringerung des Bargeldumlaufs um rd. 312 Mill. DM führt (bei $r^2 = 0{,}998$), während eine entsprechende Erhöhung des Terminzinses den Bargeldumlauf um rd. 168 Mill. DM erniedrigt ($r^2 = 0{,}998$).

geben und alle Teilbilanzen der Zahlungsbilanz einer Volkswirtschaft betreffen können. Hierbei ergeben sich jedoch aus der organisatorischen Ausgestaltung des jeweiligen Wechselkurssystems erhebliche Unterschiede.

In einem System fester Wechselkurse, dessen Charakteristika freie Konvertibilität der Währungen und Interventionspflicht der Notenbanken (System von Bretton Woods) sind, führen außenwirtschaftliche Ungleichgewichtssituationen aufgrund von Nichtbankaktivitäten zur unmittelbaren Beeinflussung von Zentralbankgeld bzw. der freien Liquiditätsreserven. Tritt hier z. B. ein Zahlungsbilanzüberschuß auf, so bedeutet dies einen Devisenzustrom, der von den Nichtbanken an den Bankensektor weitergeleitet wird. Für die Banken ergibt sich nun die Alternative, diese Devisen an die Zentralbank abzugeben, die in einem solchen System zur uneingeschränkten Annahme verpflichtet ist, oder aber sie selbst in ihren eigenen Portefeuilles zu belassen. Die erste Möglichkeit bedeutet eine Erhöhung von aktuellem Zentralbankgeld in Form von Überschußreserven, die zweite eine Aufstockung der kurzfristigen Auslandsanlagen der Kreditinstitute. Da diese, aufgrund der organisatorischen Ausgestaltung des Währungssystems jederzeit in Zentralbankguthaben umwandelbar sind, bedeuten beide Möglichkeiten auf alle Fälle eine Erhöhung der freien Liquiditätsreserven der Kreditinstitute. Gleichzeitig bedeuten diese Transaktionen eine Veränderung der Beziehungen zwischen Bankensektor und Nichtbanken. Denn der Devisenzufluß kann — als Extremsituation betrachtet — entweder zu einer Einlagenerhöhung oder aber zu einer Kreditverringerung der Nichtbanken in Höhe des sich aus dem Wechselkurs ergebenden Äquivalents in Inlandswährung führen[15]. Es handelt sich also bei den Kreditinstituten einmal um eine Bilanzverlängerung, zum anderen aber um einen Aktivtausch. Je nachdem welche dieser beiden Möglichkeiten realisiert wird, ergeben sich in unterschiedlicher Höhe die Auswirkungen auf die Änderung von freien Liquiditätsreserven und Zentralbankgeldmenge. Erhöhen sich bei Konstanz der Kredite die Einlagen der Kreditinstitute, also der Fall der Bilanzverlängerung, so steigen gleichzeitig die Mindestreserveverpflichtungen der Kreditinstitute entsprechend der gestiegenen Einlagen. Dies bedeutet, daß gemäß der Definition der Deutschen Bundesbank die Zentralbankgeldmenge um die Erhöhung des Mindestreservesolls steigt, während die freien Liquiditätsreserven sich um den Restbetrag des Devisenzuflusses erhöhen:

$$\Delta F = (1 - r)\, \Delta W^{+}$$

W^{+} = Devisen (Währungsreserven + kurzfristige Auslandsforderungen der Kreditinstitute[16].

[15] Vgl. z. B. *Claus Köhler:* Geldwirtschaft, S. 89.

[16] Die Größe ΔW^{+} enthält die Veränderungen der kurzfristigen Forderungen des gesamten Bankensystems einschließlich der Notenbank. Zu dem verein-

Im Fall des Aktivtausches bleiben die Einlagen konstant, hingegen werden die Kredite der Nichtbanken verringert. In diesem Falle ändert sich das Mindestreservesoll nicht, die Zentralbankgeldmenge bleibt unverändert, und in der Höhe der zuströmenden Devisen können die freien Liquiditätsreserven aufgestockt werden:

$$\Delta F = \Delta W.$$

Somit ergibt sich, daß bei festen Wechselkursen nicht nur aufgrund der Veränderung der Auslandsposition der Nichtbanken ein Einfluß auf die Zentralbankgeldmenge und freie Liquiditätsreserven sich ergibt, sondern daß das Verhalten der Nichtbanken die Verteilung auf gebundenes Zentralbankgeld in Form von Mindestreserven und freie Liquiditätsreserven determiniert. Allerdings ist davon auszugehen, daß in der Realität diese beiden Fälle nicht in ihren Extremen realisiert werden, sondern daß sich beide Möglichkeiten überlagern, so daß insgesamt ein Nettoeffekt resultiert.

Diesem Ordnungssystem der monetären internationalen Beziehungen ist das System der flexiblen Wechselkurse gegenüberzustellen. Hierbei ist die Notenbank von ihrer Pflicht, Devisen beliebig aufzunehmen, entbunden. Daraus ergibt sich die Konsequenz, daß die kurzfristigen Auslandsanlagen der Kreditinstitute nicht mehr als Komponente der freien Liquiditätsreserven zu betrachten sind, da sie nicht mehr jederzeit in Zentralbankgeld umwandelbar sind und somit als Quelle der Zentralbankgeldbeschaffung entfallen. Weiterhin bedingt ein System flexibler Wechselkurse, daß definitionsgemäß Zahlungsbilanzsalden nicht mehr existieren; vielmehr führen Situationen, die bei festen Wechselkursen zu solchen Salden führen, zu Verschiebungen der Angebots- und Nachfragekonstellation auf dem Devisenmarkt mit entsprechender Wechselkursanpassung. Dennoch kann auch bei flexiblen Wechselkursen ein Einfluß auf freie Liquiditätsreserven und der Zentralbankgeldmenge nicht von vornherein ausgeschlossen werden. Abhängig ist dies davon, ob die in das Inland fließenden Devisen im Bankensystem verbleiben oder aber ob diese von Nichtbanken nachgefragt werden. Unabhängig davon, wer letztendlich Käufer der angebotenen Devisen ist, wird dem Anbieter das Äquivalent in Inlandswährung entsprechend des sich jeweils marktmäßig ergebenden Wechselkurses gutgeschrieben. Dies bedeutet eine Erhöhung seiner Einlagen bzw. Verringerung seiner Kredite. Bei einer Erhöhung seiner Einlagen ergibt sich gleichzeitig ein höheres Mindestreservesoll bei der kontoführenden Bank. Gehört der Devisennachfrager zu dem Sektor der Nichtbanken, so steht dem eine entsprechende Einlagen- und damit Mindestreservesollverringerung bei anderen Instituten gegen-

fachten Bilanzschema Tab. 2 entfallen auf W^+ sowohl Änderungen der Währungsreserven (W) als auch die Auslandskomponente der jederzeit in Zentralbankgeld umwandelbaren Aktiva L.

über. D. h. in diesem Falle wird die vorhandene Zentralbankgeldmenge innerhalb des Bankensystems umverteilt, während die freien Liquiditätsreserven unverändert bleiben. Wird jedoch von seiten der Nichtbanken der Bestand an Krediten bei den Kreditinstituten abgebaut, so folgt eine Freisetzung von Mindestreserven bei dem Institut des Devisennachfragers. Hieraus resultiert eine Erhöhung der freien Liquiditätsreserven. Anders verhält es sich hingegen, wenn die Devisen im Portefeuille der Banken bleiben. Bei einer Erhöhung der Einlagen entsprechend dem Äquivalent der Devisen in Inlandswährung erhöht sich die Zentralbankgeldmenge um den Anstieg des Mindestreservesolls. Die Folge ist, daß die Kreditinstitute einen Aktivtausch vornehmen müssen, indem sie freie Liquiditätsreserven abbauen, um den zusätzlichen Mindestreserveanforderungen nachzukommen. Werden hingegen Kredite getilgt, so verändert sich weder die Zentralbankgeldmenge noch die freien Liquiditätsreserven. In der folgenden Übersicht sind diese vier möglichen Extremfälle zusammengestellt[17].

Übersicht über die Wirkung von Devisenzuflüssen

Devisennachfrage	Nichtbankensektor		Bankensektor	
kommt aus dem	$+ \Delta W$			
Nichtbankensektor	$- \Delta W$		$+ \Delta W$	$+ \Delta D$
Fall 1: Aktiva-	$+ \Delta D$			
umschichtung	$+ \Delta W$		$- \Delta W$	$- \Delta D$
	$- \Delta D$			
Fall 2: Abbau	$+ \Delta W$			
von Krediten	$- \Delta W$	$- \Delta K$	$- \Delta K$	$- \Delta D$
	$+ \Delta W$		$+ \Delta W$	
	$- \Delta D$		$- \Delta W$	
			$- W \cdot \Delta D$	
			$+ \Delta F$	
Devisennachfrage	$+ \Delta W$			
kommt aus dem	$- \Delta W$		$+ \Delta W$	$+ \Delta D$
Bankensektor	$+ \Delta D$		$+ W \cdot \Delta D$	
Fall 3: Nichtbanken			$- \Delta F$	
erhöhen Sichteinlagen				
Fall 4: Abbau von	$+ \Delta W$			
Krediten	$- \Delta W$		$+ \Delta W$	
		$- \Delta K$	$- \Delta K$	

Die dem Devisenzustrom zugrundeliegenden Geschäfte wurden zur Vereinfachung der Bilanzen weggelassen.

W = Devisen
D = Sichteinlagen
K = Kredite
r = Mindestreservesatz
F = Freie Liquiditätsreserven
Es ist ΔD resp. $\Delta K = w \cdot \Delta W$ mit $w = w(\Delta W)$
w = Wechselkurs

Aus der Übersicht geht hervor, daß die Zentralbankgeldmenge und die freien Liquiditätsreserven in zwei der vier möglichen Fälle berührt werden. Zum einen dann, wenn die Devisen vom Nichtbankensektor wieder nachgefragt werden, und der Verkäufer seine Verbindlichkeiten gegenüber dem Bankensektor abbaut, zum anderen, wenn der Bankensektor die Devisen behält und der Nichtbankensektor seine Sichteinlagen erhöht.

Die Wirksamkeit der Wechselkursflexibilität kommt daher zum Tragen, da die Bewertungsrelation der verschiedenen Währungen sich durch Angebot und Nachfrage bestimmt. Dies bedeutet, daß mit einem zunehmenden Zustrom von Devisen der Wechselkurs sinkt und damit das Äquivalent in inländischen Währungseinheiten je Deviseneinheit verringert. Dies bedeutet, daß das inländische Äquivalent entsprechend dem Wechselkurs variabel ist, und die Auswirkungen für freie Liquiditätsreserven und Zentralbankgeldmenge in ihrer Höhe von der Entwicklung des Wechselkurses abhängig sind. Insbesondere ergeben sich in dem Entwicklungsprozeß des Wechselkurses feed-back-Prozesse, die in der Regel gegenläufige Tendenzen zur Folge haben. So führt unter normalen Umständen die Verteuerung der Exporte und die Verbilligung der Importe zu einer Verringerung des Devisenangebots resp. einer Erhöhung der Devisennachfrage, woraus sich ergibt, daß der Strom der zufließenden Devisen geringer wird und die mögliche Einflußnahme auf die freien Liquiditätsreserven und die Zentralbankgeldmenge entsprechend niedriger ausfällt. Insgesamt geht hiervon jedoch eine kursstabilisierende Tendenz aus.

Zusammenfassend läßt sich festhalten, daß also auch bei flexiblen Wechselkursen Zentralbankgeldmenge und freie Liquiditätsreserven nicht unter allen Umständen von Devisentransaktionen unberührt bleiben. Der Unterschied zu festen Wechselkursen ergibt sich aus zwei Sachverhalten:

— der Tatsache, daß die Notenbank kein Zentralbankgeld zu Ankäufen von Devisen abgeben muß, so daß die Banken, falls sie die Devisen in ihrem Portefeuille halten wollen, freie Liquiditätsreserven abbauen müssen, um zusätzliche Mindestreserveverpflichtungen infolge

[17] Aus den obigen Ausführungen geht hervor, daß die Darstellung bei *Mussel* nicht richtig ist, wenn er schreibt: „Zufließende internationale Zahlungsmittel verbleiben im Bankensystem und bedeuten eine Kreditgewährung der Geschäftsbanken an das Ausland. In gleicher Höhe wird den Nichtbanken der sich nach den jeweiligen Devisenkursen ergebende Gegenwert gutgeschrieben, wodurch deren Einlagen steigen oder bestehende Kreditverpflichtungen getilgt werden. Entsprechendes gilt mutatis mutandis für einen Abfluß von Devisen. Die freien Liquiditätsreserven der Banken bleiben bei Existenz freier Währungsparitäten von Zahlungsbilanzsalden unberührt." (*Gerhard Mussel:* Freie Liquiditätsreserven und Geldbasis ..., S. 29.) Gerade der hier dargestellte Fall impliziert eine Veränderung der freien Liquiditätsreserven.

der Erhöhung der Verbindlichkeiten gegenüber Nichtbanken zu erfüllen resp. wenn die Devisen im Nichtbankensektor verbleiben, jedoch die Nichtbanken ihre Kredite bei den Kreditinstituten abbauen; und

— aus der Beweglichkeit der Wechselkurse, die mögliche Auswirkungen auf freie Liquiditätsreserven und die Zentralbankgeldmenge umfangmäßig relativiert.

Als Ursache für Fremdwährungstransaktionen zwischen inländischen Nichtbanken und dem Ausland sind verschiedene Faktoren zu unterscheiden:

— Devisentransaktionen infolge von Außenhandelsaktivitäten und

— Devisentransaktionen infolge von zwischenstaatlichen Kapitalbewegungen.

Charakterisiert nach ihren Auslösungsmotiven[18] sind diese Kapitalbewegungen zu unterscheiden in:

— risikoinduzierte Transaktionen (Kapitalflucht),

— zinsinduzierte Arbitragetransaktionen und

— spekulationsinduzierte Devisentransaktionen.

Die Gründe für Devisenbewegungen infolge von Außenhandelsbeziehungen sind nicht im monetären, sondern im realwirtschaftlichen Bereich zu finden. Sie sind ausschließlich der monetäre Reflex des Austausches international handelbarer Güter. Abhängig ist dieser Austausch vorwiegend von Faktoren wie die Struktur der Nachfrage nach derartigen Gütern, der internationalen Verteilung von Rohstoffen, von internationalen Preisdivergenzen und international unterschiedlicher Produktivität der Produktionsfaktoren, durch die die internationale Arbeitsteilung in hohem Ausmaße bestimmt wird. Treten bei festen Wechselkursen Ungleichgewichte zwischen Exporten und Importen auf, so ergeben sich Salden, die die Zentralbankgeldmenge und die freien Liquiditätsreserven in entsprechender Richtung beeinflussen. Im System flexibler Wechselkurse führt dies zu entsprechender Veränderung der Währungsrelation und damit des Wechselkurses. Bei festen Wechselkursen kann sich auf die freien Liquiditätsreserven und die Zentralbankgeldmenge ein noch verstärkender Effekt daraus ergeben, daß Paritätsänderungserwartungen veränderte terms of payments mit sich bringen: So führt z. B. eine Aufwertung zu vorzeitigen Zahlungen durch ausländische Importeure („lead") und einer so weit wie möglichen Herauszögerung der Zahlungen inländischer Im-

[18] Vgl. zu dieser Klassifikation *Hermann-Josef Dudler:* Kurzfristige internationale Kapitalbewegungen, Frankfurt/M. 1966, S. 129 ff.; *Hermann Priester:* Kurzfristige zwischenstaatliche Kapitalbewegungen in der Bundesrepublik Deutschland 1960 - 70, Eine theoretische und empirische Analyse, Berlin 1972, S. 20 ff.

porteure („lag"), um durch die erwartete Paritätsänderung noch einen Gewinn zu realisieren. Dieses Wechselkurssystem beinhaltet somit auch im Außenhandelsbereich ein spekulatives Element. Dies kommt zum Tragen, wenn Änderungen der Parität erwartet werden, spielt jedoch keine Rolle bei Kursschwankungen innerhalb der Bandbreiten[19]. Deshalb wird diese Erscheinung auch bezeichnet als Spekulation im weiteren Sinne oder auch kommerzielle Spekulation[20].

Die Ursachen für Kapitalbewegungen, die risikoinduziert sind und somit als Kapitalflucht charakterisiert werden können, liegen überwiegend im nicht-ökonomischen Bereich. Vielmehr kommen sie dann zustande, wenn in dem jeweiligen Heimatland Unsicherheiten herrschen, die sowohl politische Ursachen, wie beispielsweise Rechtsunsicherheit, Tendenzen zur Verstaatlichung u. ä. als auch wirtschaftliche Ursachen, wie z. B. Devisenbewirtschaftung haben können. Im Vergleich zu Kapitalbewegungen, deren Resultat Devisentransaktionen zur kurzfristigen Gewinnrealisierung ist, orientierte sich die Kapitalflucht weder an Zinssatzdifferenzen noch an Wechselkursänderungen, sondern stellt eine langfristige Strategie zur Erhaltung der Verfügungsmacht über wirtschaftliches Vermögenspotential dar. Gegenüber den ersten beiden Faktoren für das Zustandekommen von Devisentransaktionen stellen zins- und spekulationsinduzierte Kapitalbewegungen ein überwiegend monetäres Phänomen dar. Träger derartiger Transaktionen sind vornehmlich Geschäftsbanken. Insoweit handelt es sich lediglich um ein Problem der Strukturierung der freien Liquiditätsreserven des Bankensektors und ist somit als endogener Faktor zu betrachten. Aber auch Nichtbanken, insbesondere Großunternehmen, die Zugang zu internationalen Geldmärkten haben, können Träger derartiger Kapitalbewegungen sein. Dann handelt es sich für freie Liquiditätsreserven und Zentralbankgeldmenge um einen exogenen Faktor, auch wenn die gleichen Motive zugrunde liegen wie bei den Aktionen der Kreditinstitute.

Kapitalbewegungen, denen das Motiv der Zinsarbitrage zugrunde liegt, zielen darauf ab, Zinsdifferenzen zwischen verschiedenen Währungsgebieten auszunutzen, um auf diese Weise einen Gewinn zu erzielen. Kennzeichnend für reine Zinsarbitragegeschäfte ist, daß entsprechend große Sicherungsgeschäfte vorgenommen werden. Die ökonomische Orientierungsgröße ist entsprechend der um den Swapsatz bereinigte Zinsdifferenz. Werden hingegen keine Kurssicherungsgeschäfte abgeschlossen, so enthalten diese Kapitalbewegungen ein spekulatives Element. Der Übergang zu spekulativen Kapitalbewegungen wird fließend. Vor allem

---

[19] Diese Erfahrung bezieht sich vorwiegend auf die Bandbreite von ± 1 %. Die Zeit der erweiterten Bandbreite nach dem Washingtoner Realignment dürfte zu kurz gewesen sein, um eine entsprechende Aussage zu treffen.

[20] Vgl. *Hermann-Josef Dudler:* Kurzfristige internationale Kapitalbewegungen, S. 133.

gilt dies in einem System flexibler Wechselkurse, da bei festen Wechselkursen die Kursschwankungen innerhalb der festgesetzten Bandbreiten bleiben.

Spekulationsinduzierte Kapitalbewegungen liegen dann vor, wenn speziell Mittel eingesetzt werden, um aus Wechselkursänderungen Gewinne zu erzielen. Dies ist der Fall der Spekulation im engeren Sinne oder auch die sog. professionelle Spekulation, bei der durch das bewußte Halten offener Devisenpositionen Währungsänderungsrisiken in Kauf genommen werden. In einem System fester Wechselkurse beinhaltet der Begriff Währungsänderungsrisiko zwei Komponenten: Zum einen die Kursänderung innerhalb der möglichen Bandbreiten, zum anderen die Möglichkeiten der Paritätsänderung. Zwar zielt die professionelle Spekulation auch darauf ab, Kursänderungen innerhalb der Interventionspunkte auszunutzen, sie wird aber erst dann bedeutungsvoll, wenn Paritätsänderungen erwartet werden. Denn während in „normalen" Zeiten die spekulativen Bewegungen stabilisierend wirken, führen Paritätsänderungserwartungen zu einseitigen spekulativen Bewegungen. Bei flexiblen Wechselkursen werden spekulativen internationalen Kapitalbewegungen kursstabilisierende Auswirkungen zugeschrieben[21]. Die Zeit flexibler Wechselkurse hat anfangs gezeigt, daß spekulative Bewegungen zurückgegangen und die theoretisch erwarteten Auswirkungen ausgeblieben sind. Als Ursache hierfür kann angesehen werden, daß mögliche Verlustrealisationen, die vorher die Notenbank getragen hat, in den privaten Bereich verlagert wurden, und als Folge davon institutionelle Regelungen zur Beschränkung des Währungsänderungsrisikos getroffen wurden[22]. Aber auch bei flexiblen Kursen können die Erwartungen einseitige Kapitalbewegungen hervorrufen.

Für die Realität in der Bundesrepublik Deutschland sind beide Wechselkurssysteme von Relevanz. So war die Zeit bis 1971 durch feste Wechselkurse gekennzeichnet, am 9. Mai 1971 wurde erstmals der Wechselkurs der DM freigegeben, das Washingtoner Realignment vom 18. Dezember 1971 brachte wiederum ein System fester Wechselkurse mit er-

---

[21] Vgl. hierzu: *Wolfgang Cezanne:* Gleichgewichtstheorie und Wechselkurse, Meisenheim/Glan 1974, S. 130 ff. und die dort angegebene Literatur; *Helmut Hochgesand:* Theorie der Devisenspekulation, Berlin 1974, S. 100 ff.; *Harry G. Johnson:* Beiträge zur Geldtheorie und Währungspolitik, Berlin 1976, S. 200; *Egon Sohmen:* Wechselkurs und Währungsordnung, Tübingen 1973, S. 61 ff.

[22] Vgl. hierzu die Ausführungen über die bisherigen Erfahrungen seit der Wechselkursfreigabe von *Ronald I. McKinnon:* „Floating Foreign Exchange Rates 1973 - 74: The Emperor's New Clothes", und die Kommentare von *Peter B. Kenen:* „Assessing Experience with Floating Exchange Rates: A Comment" und *Michael Mussa:* „Our Recent Experience with Fixed and Flexible Exchange Rates: A Comment", in: Institutional Arrangements and the Inflation Problem, Carnegie-Rochester Conference Series in Public Policy, A supplementary series to the Journal of Monetary Economics, ed. by Karl Brunner and Allan H. Meltzer, Amsterdam, New York, Oxford 1976, S. 79 - 142.

weiterten Bandbreiten und am 19. März 1973 wurde endgültig zu flexiblen Wechselkursen gegenüber dem Dollar übergegangen. Die Deutsche Bundesbank ist hiermit jedoch auch im System flexibler Wechselkurse nicht vollkommen von ihrer Interventionspflicht entbunden, da innerhalb des Europäischen Währungsverbundes, dem Floating-Block, Kursstützungsaktionen durchzuführen sind. Den Änderungen im Weltwährungssystem entsprechend wurde in der Neudefinition der freien Liquiditätsreserven die Beschränkung der Kreditinstitute bei der Zentralbankgeldbeschaffung auf inländische Quellen Rechnung getragen. Im Juni 1973 wurde die Ausgliederung der Auslandsanlagen der Kreditinstitute aus den freien Liquiditätsreserven vorgenommen[23]. Vom ökonomischen Datenkranz her gesehen, hätte eine derartige Abgrenzung auch für die Floating-Periode im Jahr 1971 ihre Gültigkeit gehabt. Durch die Existenz des Floating-Blocks jedoch ist auch im System flexibler Wechselkurse den Kreditinstituten nicht die Möglichkeit genommen, sich durch die Auslandskomponente Liquidität zu beschaffen. Daneben besteht die Möglichkeit der Versorgung mit Zentralbankgeld dadurch, daß die Notenbank trotz flexibler Wechselkurse die Wechselkursentwicklung nicht dem freien Spiel der Marktkräfte überläßt, sondern durch Interventionen die Kursbildung zu beeinflussen versucht[24].

Seit der Änderung der Präsentation der Liquiditätsrechnung der Deutschen Bundesbank im Juli 1974 gehen die außenwirtschaftlichen Einflüsse in zwei Positionen des Liquiditätsschemas ein: den Veränderungen der Netto-Währungsreserven und den Veränderungen des Auslandsreservesolls, die beide als Entstehungskomponenten der Zentralbankgeldmenge und der freien Liquiditätsreserven betrachtet werden. Dies ist hinsichtlich der Mindestreserven auf Ausländereinlagen problematisch. Denn zufließende Devisen, die sich in einer Erhöhung der Einlagen bei den Kreditinstituten niederschlagen, führen zu einer Erhöhung der Zentralbankgeldmenge, wenn Inländereinlagen gebildet werden; bilden sich jedoch Ausländereinlagen, so bedeutet dies bei gegebenem Bargeldumlauf und gegebenem Inlandsreservesoll eine Verringerung der freien Liquiditätsreserven. Erfolgen Verlagerungen von Ausländereinlagen auf Inländereinlagen, z. B. durch Zahlungsvorgänge, so bedeutet dies eine Zunahme der Zentralbankgeldmenge. Diese Überlegungen zeigen, daß

---

[23] Vgl. *Deutsche Bundesbank*: „Neuabgrenzung der ‚freien Liquiditätsreserven' der Banken“, S. 47. Auch bei festen Wechselkursen war eine eindeutige Abgrenzung der Auslandsaktiva der Kreditinstitute als freie Liquiditätsreserven nicht unproblematisch. Dies gilt vor allem für die täglich fälligen Aktiva, die bis etwa 1969 den freien Liquiditätsreserven zugerechnet, seitdem jedoch als „working balances“ betrachtet und ausgeklammert wurden.

[24] Veränderungen der Währungsreserven bei einem System flexibler Wechselkurse infolge von Interventionen der Notenbank stellen im Gegensatz zum festen Wechselkurssystem nicht Reflex auf die Entwicklung, sondern die bewußte Aktion der Notenbank dar.

das Mindestreservesoll auf Auslandsverbindlichkeiten nichts anderes als eine Verwendung von Zentralbankgeld und keine Entstehungskomponente ist. Die Logik ist die gleiche, unabhängig davon, ob die Einlagen von Ausländern oder von Inländern gehalten werden.

In Tabelle 8 ist der Einfluß der außenwirtschaftlichen Komponente als Bestimmungsfaktor für freie Liquiditätsreserven und Zentralbankgeld abzulesen. Um den unterschiedlichen institutionellen Abgrenzungen der freien Liquiditätsreserven Rechnung zu tragen, sind unter a entsprechend der früheren Definition Geldmarktanlagen der Banken im Ausland und die Währungsreserven bei der Bundesbank zusammengefaßt, während unter b lediglich die Währungsreserveänderungen gemäß der heutigen Abgrenzung ausgewiesen sind. Da die Neudefinition Mitte 1973 eingeführt wurde, wurde die Zahlenreihe a bis zur Wechselkursfreigabe im März angeführt, obwohl in den heutigen Statistiken der Bundesbank die Neuabgrenzung bis Mai 1971 zurückgerechnet wird, als die erste Floatingperiode begann. Aus der Tabelle ist erkennbar, daß die außenwirtschaftliche Komponente starken zeitlichen Schwankungen unterlegen hat. Hierin spiegelt sich die Krisenerscheinung im internationalen Währungssystem wider, die sich in den Devisenzuflüssen in die Bundesrepublik äußerten. Dies gilt sowohl für das Jahr 1969, in dem eine DM-Aufwertung stattfand, als auch für die Zeit vor der Wechselkursfreigabe 1971 und Anfang 1973. In diesen Perioden läßt sich eine extrem hohe Zentralbankgeldversorgung aufgrund der außenwirtschaftlichen Beziehungen feststellen. Aber auch die Zeit flexibler Wechselkurse zeigt, daß von dieser Komponente im Jahr 1976 ein relativ starker Einfluß ausging, was zum einen für Interventionen im Rahmen des Block-Floatings, zum anderen auf politische Motive zurückzuführen ist.

3. Transaktionen der Notenbank mit Nichtbanken

Ein weiterer, die freien Liquiditätsreserven und die Zentralbankgeldbeschaffung der Kreditinstitute berührender exogener Faktor sind die Transaktionen von Nichtbanken mit der Zentralbank, bei denen solche Zahlungen durchgeführt werden, die die Einlagen der Kreditinstitute tangieren. Derartige Transaktionen kommen in der Änderung der Nettoguthaben der Nichtbanken bei der Notenbank zum Ausdruck. Solche Änderungen können prinzipiell auf zwei Wegen zustande kommen: Die Ein- oder Auszahlungsbewegungen auf den Guthabenkonten bei der Notenbank zugunsten bzw. zu Lasten von Konten der Kreditinstitute und die Veränderung der Schuldenposition von Nichtbanken bei der Notenbank. Eine Erhöhung der Nettoguthaben, resultierend aus Zahlungen an die Notenbank zur Aufstockung der Guthaben und/oder der Schuldentilgung, bedeutet für das gesamte Bankensystem einen Abzug von Zentralbankgeld mit der entsprechenden Auflösung freier Liquiditätsreserven. Deren Umfang ergibt sich aus dem Volumen der Transaktion, verringert um die hiermit verbundene Freisetzung von Mindestreserven:

$$+ \Delta T - r \cdot \Delta E = - \Delta FLR$$

T = Nettoguthaben der Nichtbanken bei der Notenbank.

Im Ausmaß der Verringerung des Mindestreservesolls, die mit der Transaktion verbunden ist, verringert sich die Zentralbankgeldmenge.

Entsprechend umgekehrte Liquiditätswirkungen gehen von einer Verringerung der Nettoguthaben der Nichtbanken bei der Notenbank aus. Solche Veränderungen können ausgelöst werden zum einen durch eine Kreditaufnahme bei der Notenbank, zum anderen durch die Abwicklung von Auszahlungen über Notenbankkonten.

Konten bei der Bundesbank werden sowohl von privaten Nichtbanken als auch von der öffentlichen Hand unterhalten. Die Zentralbankguthaben der inländischen Unternehmen und Privatpersonen spielen für die Zentralbankgeldbeschaffung und die freien Liquiditätsreserven eine untergeordnete Rolle. Ihr Bestand bewegte sich in den vergangenen Jahren durchschnittlich zwischen 400 und 500 Mill. DM[25]. Dies ist vor allem darauf zurückzuführen, daß Zentralbankeinlagen unverzinslich sind, und diese Einlagen deshalb den Charakter von „working balances" haben. In dem Liquiditätsschema der deutschen Bundesbank werden jedoch die Bewegungen auf den Konten der inlänischen Unternehmen und Privatpersonen nicht differenziert betrachtet. Dies ist vor allem deshalb von Bedeutung, weil in dieser Position Änderungen auf Konten der Deutschen Bundespost mit erfaßt sind. Hierauf ist weiter unten noch ausführlicher einzugehen.

Die Guthaben der öffentlichen Hand bei der Deutschen Bundesbank stellen die monetäre Seite der öffentlichen Finanzwirtschaft dar. So bestimmt § 17 BBankG, daß der Bund, die Sondervermögen des Bundes (Lastenausgleichsfonds, ERP-Sondervermögen) und die Länder ihre flüssigen Mittel als Einlagen auf Bundesbankkonten zu unterhalten haben. Eine Einschränkung ergibt sich für die Länder, deren Interesse an der Erhaltung ihrer Staats- und Landesbanken zu berücksichtigen ist, was in der Regel dadurch erfolgt, daß ihnen gewisse Globalkontingente — im Ermessen der Bundesbank — hierzu gewährt werden[26]. Dagegen sind die Gemeinden und Gemeindeverbände in diese Verpflichtung nicht einbezogen. Somit werden die freien Liquiditätsreserven und die Zentralbankgeldbeschaffung der Kreditinstitute maßgeblich von den Zu- und

[25] Vgl. z. B. *Deutsche Bundesbank:* Monatsbericht, 28. Jg., Nr. 10 (Okt. 1976), S. 9* (Aktiva und Passive der Deutschen Bundesbank).

[26] Vgl. *Joachim Spindler, Willy Becker, O.-Ernst Starke:* Die Deutsche Bundesbank, 4. Aufl., Stuttgart, Berlin, Köln, Mainz 1973, S. 364 f.

Abgängen auf den Konten der im Gesetz genannten öffentlichen Verwaltungen und damit deren Einnahmen und Ausgaben bestimmt. Für das Bankensystem und dessen Liquiditätssituation ist von Bedeutung, daß zwischen den Einnahmen und den Ausgaben der öffentlichen Hand im Zeitablauf Diskrepanzen bestehen. Maßgeblicher Bestimmungsfaktor für die Bewegungen der Einnahmen der öffentlichen Hand sind die institutionellen Gegebenheiten des Steuereinzugs. Diese bedingt einen rhythmisch wiederkehrenden Entzug von Zentralbankgeld bei den Kreditinstituten. Zu einem regelmäßigen Zentralbankgeldentzug kommt es in der zweiten Dekade eines jeden Monats infolge der monatlich fälligen Steuern (Umsatz-, Lohn-, Verbrauchssteuern). Überlagert wird dieser Monatsrhythmus von dem Vierteljahresrhythmus, der sich aus den Vorauszahlungen für die veranlagte Einkommen- und Körperschaftssteuer in der zweiten Dekade der Monate März, Juni, September und Dezember ergibt[27]. Der Entzug von Zentralbankgeld erreicht an diesen Terminen das Zwei- bis Dreifache desjenigen der übrigen Monate. Für die tatsächliche Änderung von freien Liquiditätsreserven und Zentralbankgeld der Kreditinstitute ist allerdings auch die Ausgabenseite der genannten öffentlichen Verwaltungen mitbestimmend, wodurch sich entsprechende Veränderungen der Guthaben ergeben. Für deren Verteilung im Zeitablauf sind jedoch schwieriger Aussagen zu treffen. Dennoch ist auch hier ein gewisser Rhythmus festzustellen, der sich aus den Gehaltszahlungen an Beamte (Monatsende) und Angestellte (Monatsmitte) ergibt. Im Jahresverlauf ist festzustellen, daß sich gegen Jahresende die Ausgaben deutlich vom Jahresdurchschnitt abheben. Zurückzuführen ist dies auf den Haushaltsabschluß am Jahresende. Die Liquiditäts- und Zentralbankgeldwirkungen für das Bankensystem ergeben sich als Nettoeffekt von Ausgaben- und Einnahmenveränderungen, die sich als Kontenbestandsänderungen der öffentlichen Stellen bei der Zentralbank niederschlagen.

Auf der anderen Seite sind als Bestimmungsfaktor für die Nettoguthaben der öffentlichen Stellen deren Kreditaufnahme bei der Notenbank bzw. die Kredittilgung von Bedeutung. Derartige Kredite werden jedoch ausschließlich als Kassenkredite zur Überbrückung kurzfristigen Geldbedarfs gewährt und sind nach § 20 BBankG nach oben hin begrenzt[28].

[27] Fälligkeitstermin für die Steuer ist der 10. des jeweiligen Monats. Für die Zahlungen wird jedoch eine 5tägige Frist eingeräumt, so daß bis zum 20. die Zahlungen i. d. R. erfolgt sind. Im Wochenausweis der Bundesbank kommt dies am 23. des jeweiligen Monats (Stichtag) zum Tragen.

[28] „Die Höchstgrenze ... beträgt bei

a) dem Bund sechs Milliarden Deutsche Mark,

d) dem Ausgleichsfonds zweihundert Millionen Mark,

e) dem ERP-Sondervermögen fünfzig Millionen Mark,

f) den Ländern vierzig Deutsche Mark je Einwohner ..." (Stadtstaaten 80 DM je Einwohner). § 20 BBankG.

Eine besondere Stellung nimmt in diesem Zusammenhang die Deutsche Bundespost ein. Mit ihren Postsparkassen und Postscheckämtern ist sie zwar Träger von Bankleistungen, stellt jedoch nach dem Kreditwesengesetz (§ 2) kein Kreditinstitut dar. Aus Wettbewerbsgründen ist sie dennoch verpflichtet Mindestreserven auf die bei ihr unterhaltenen Einlagen zu halten. Allerdings sind diese Guthaben infolge der Einführung der fakultativen zentralen Mindestreservehaltung am 1. 5. 1958 nicht von den anderen Einlagen der Bundespost zu trennen. Aus diesem Grund werden die Geldinstitute der Deutschen Bundespost in dem Liquiditätsschema der Deutschen Bundesbank als Nichtbanken behandelt. Da ökonomisch sich Sicht- und Spareinlagen bei der Post nicht von denen bei anderen Kreditinstituten unterscheiden, wären für eine korrekte Abgrenzung der Zentralbankgeldmenge die Einbeziehung des Mindestreservesolls der Deutschen Bundespost angebracht. Denn diese stellen eine Art der Verwendung und nicht eine Komponente der Entstehung von Zentralbankgeld dar. Zum Tragen kommen könnte dies, wenn aus Wettbewerbsgründen Strukturverschiebungen zwischen den Marktanteilen der Postinstitute und der übrigen Kreditinstitute stattfinden würden. Ein Ansteigen des Marktanteils der Post würde ein Sinken der Zentralbankgeldmenge zur Folge haben (und umgekehrt), obwohl sich gesamtwirtschaftlich keine Änderungen ergeben haben. Unter dieser Konstruktion des Liquiditätsschemas führen auch Bargeldeinzahlungen bei der Bundespost zu entsprechender Verringerung der Zentralbankgeldmenge. Allerdings kann davon ausgegangen werden, daß derartige Einflüsse von vernachlässigbarer Größenordnung sind. Denn zum einen ist der Anteil der Bundespost an den reservepflichtigen Verbindlichkeiten relativ gering, zum anderen kann er nur langfristig mit einer strukturellen Änderung zu regeln sein[29].

[29] So belief sich der Anteil der Bundespost an den reservepflichtigen Verbindlichkeiten und am Reserve-Soll in den vergangenen Jahren (Januar) entsprechend der folgenden Übersicht:

	Reservepflichtige Verbindlichkeiten %	Reserve-Soll %
1971	4,3	4,6
1972	4,3	4,3
1973	4,6	4,5
1974	4,6	4,7
1975	4,8	4,8
1976	4,8	5,0

Quelle: Deutsche Bundesbank: Monatsberichte, versch. Jgg., Tabelle 14: Mindestreservestatistik, 3. Reservehaltung, b) Aufgliederung nach Bankengruppen und Reserveklassen.

Aus dieser Übersicht geht hervor, daß der Einfluß auf die Zentralbankgeldmenge äußerst gering ist. Allerdings deutet die gelegentliche Diskrepanz zwischen Anteil an den reservepflichtigen und dem des Reserve-Solls auf Verschiebungen in der Einlagenstruktur hin.

Den Einfluß, den die Transaktionen der Notenbank mit dem Nichtbankensektor auf die Liquidität der Banken und damit auf deren Zentralbankgeldversorgung bzw. -bedarf hatte, kann man aus Tabelle 9 ersehen. Dabei wurden die Zahlenangaben differenziert nach den Kontenveränderungen des gesamten Nichtbankensektors (Zahlenreihe a) und den Veränderungen, die sich auf den Konten der öffentlichen Hand abspielen (Zahlenreihe b). Es kommt deutlich zum Ausdruck, daß die privaten Nichtbanken für die Zentralbankgeldzu- und -abflüsse im Geschäftsbankensystem nur eine untergeordnete Rolle spielen, die Transaktionen mit dem öffentlichen Sektor also dominieren. Ebenfalls lassen sich die Schwankungen aufgrund der rhythmischen Bewegungen der Kassentransaktionen der öffentlichen Hand unmittelbar aus der tabellarischen Darstellung entnehmen.

4. Einlagenstruktur

Neben der Entscheidung der Wirtschaftssubjekte über die Nachfrage nach Bargeld oder Sichteinlagen ist für die freien Liquiditätsreserven und die Zentralbankgeldmenge als weiterer exogener Bestimmungsfaktor die Disposition der Wirtschaftssubjekte über die Struktur der Einlagen von Bedeutung. Denn entsprechend der Mindestreservesatzdifferenzierung gehen die verschiedenen Einlagearten mit unterschiedlichem Gewicht in die Zentralbankgeldmenge ein. Bei einem konstanten Gesamteinlagevolumen wird die Mindestreservebelastung um so geringer (höher), je stärker die Wirtschaftssubjekte so disponieren, daß sich die Einlagenstruktur zugunsten der Einlagen verschiebt, die mit niedrigeren (höheren) Mindestreservesätzen verbunden sind. Für die Kreditinstitute ergibt sich aus einer solchen Umschichtung eine Freisetzung (Bindung) von freien Liquiditätsreserven, die zu einer entsprechenden Verringerung (Erhöhung) der Zentralbankgeldmenge führt[30]. Der Umfang der Veränderung der freien Liquiditätsreserven bzw. der Zentralbankgeldmenge ergibt sich aus dem Betrag der Umschichtung und der Differenz zwischen den Mindestreservesätzen:

$$\Delta F = (r_i - r_j)\,\Delta E_{ij} = -\Delta ZBGM, \text{ mit } r_i > r_j$$

ΔE_{ij} = Umschichtungsbetrag von Einlageart i zu Art j.

Generell läßt sich sagen, daß die Möglichkeit der Veränderung von freien Liquiditätsreserven und Zentralbankgeldmenge mit der Anzahl der Kriterien steigt, nach denen die Mindestreservesätze differenziert

[30] Grundsätzlich ist dies Problem in seiner Auswirkung auf die freien Liquiditätsreserven und die Zentralbankgeldmenge analog dem der Disposition über Bargeld oder Sichteinlagen, wo Bargeld mit dem Gewicht Eins und Sichteinlagen mit dem Mindestreservesatz als Gewichtungsfaktor in die Zentralbankgeldmenge eingehen.

sind. Hierbei können ohne weiteres sich gegenseitig kompensierende Effekte ergeben. Aufgrund der institutionellen Ausgestaltung des Mindestreservesystems ergeben sich Auswirkungen infolge der Differenzierung der Mindestreservesätze nach

— Sicht-, Termin- und Spareinlagen,

— der Höhe der reservepflichtigen Verbindlichkeiten,

— der geographischen Lage (Bankplätze — Nebenplätze)[31].

Somit spielen für den Bedarf an freien Liquiditätsreserven von Zentralbankgeld die von den Nichtbanken gewünschte Struktur ihres finanziellen Vermögengs, die strukturellen Unterschiede innerhalb des Bankensystems, die eine unterschiedliche Einlagenkonzentration bedingen, und die geographische Verteilung der Kreditinstitute über den Wirtschaftsraum eine Rolle. Aufgrund der räumlichen Strukturierung der Volkswirtschaft kann davon ausgegangen werden, daß die räumliche Konzentration wirtschaftlicher Aktivitäten eine entsprechende Einlagenkonzentration bedingt, woraus sich eine gewisse Kongruenz der beiden letztgenannten Bestimmungsfaktoren für freie Liquiditätsreserven und Zentralbankgeldmenge vermuten läßt. Die Effekte beider Faktoren sind nur langfristig wirksam. Hinzu kommt, daß sie aufgrund der räumlich unzureichenden Differenzierung der Statistik nur äußerst schwierig zu charakterisieren sind. Allerdings kann angenommen werden, daß Veränderungen von freien Liquiditätsreserven und Zentralbankgeldmenge aufgrund der Änderung dieser Faktoren nur von untergeordneter Bedeutung sind.

Von größerer Relevanz für die Kreditinstitute im Hinblick auf die Beschaffung von Zentralbankgeld und die Disposition über freie Liquiditätsreserven sind Verschiebungen der Struktur der Einlagen bei den Kreditinstituten. Derartige Verschiebungen sind das Resultat von Nachfrageschwankungen nach den verschiedenen Einlagearten seitens der Wirtschaftssubjekte. Zur Erklärung der die freien Liquiditätsreserven und die Zentralbankgeldmenge tangierenden Veränderungen ist nach den die Nachfrage nach den entsprechenden finanziellen Aktiva[32] bestimmenden Motiven zu fragen. Hierbei spielen Unterschiede in den ver-

---

[31] Vgl. hierzu § 16 Bundesbankgesetz (*Joachim von Spindler, Willy Becker, O.-Ernst Starke:* Die Deutsche Bundesbank, 4. Aufl., Stuttgart, Berlin, Köln, Mainz 1973, S. 326 f.) und die „Anweisung der Deutschen Bundesbank über Mindestreserven (AMR" vom 11. November 1968, in: Deutsche Bundesbank, Geschäftsbericht 1974, S. 79 - 85 und die dazugehörige tabellarische Übersicht über die Mindestreservesätze (S. 86 - 88). Seit dem 1. März 1977 wurde das Differenzierungssystem der Mindestreserven grundlegend verändert.

[32] Diese finanziellen Aktiva bilden das monetäre Aggregat M_3 (Sichteinlagen + Termineinlagen bis 4 Jahre + Spareinlagen mit gesetzlicher Kündigungsfrist).

schiedenen Nachfragergruppen[33] wie auch institutionelle Regelungen für die ökonomischen Verhaltensweisen der Wirtschaftssubjekte eine erhebliche Rolle. Dies äußert sich darin, daß die einzelnen Komponenten keineswegs vollwertige Alternativen sind, die gegeneinander substituiert werden können, so daß das einfache Modell des Zinsmechanismus als Erklärung der Einlagenstruktur nicht ausreicht.

Dem Unternehmenssektor stehen von den relevanten Aktiva ausschließlich Sicht- und Termineinlagen als Anlagealternativen für ihre liquidnen Mittel zur Auswahl. Die Anlage dieser Mittel als Spareinlagen ist ihnen gesetzlich verwehrt[34]. Bei Einlagen auf Sparkonten aus diesem Nachfragerkreis bedarf es der expliziten schriftlichen Erklärung, daß es sich um Mittel zur Anlage bzw. Bildung von Vermögen handelt. Diese sind auch im Vergleich zu dem gesamten Spareinlagenbestand von vernachlässigbarer Bedeutung[35]. Als Bestimmungsgründe der Nachfrage nach Termineinlagen seitens des Unternehmenssektors sind im wesentlichen drei Motive zu nennen:

— das Kassenhaltungsmotiv zu Transaktionszwecken,

— das Motiv der Anlage liquider Reserven und

— das Motiv der Anlage von Mitteln zu Spekulationszwecken[36].

Zu einer sofortigen Änderung der Einlagenstruktur führt das zuerst genannte Motiv. Denn hier ist der Kassenhaltungszweck unverändert, die Termineinlagen werden lediglich als Substitut zur Kassenhaltung in Form von Sichteinlagen gesehen. Veranlaßt werden derartige Verschiebungen zwischen den Einlagearten durch die Bewegungen der Zinsen, wobei die Unternehmen bei einem Zinsanstieg bestrebt sind, „nichtzinstragende Liquidität in Form von Sichteinlagen in zinstragende Quasi-Geldbestände in Form von Termineinlagen umzuwandeln und so die

[33] So könnten die „Aussagen über die erwartete Gesamtgeldnachfrage einer Volkswirtschaft präziser werden, wenn sie auf nach Sektoren getrennte Untersuchungen der die Geldnachfrage bestimmenden Faktoren aufbauen und nicht nur von einer einzigen hochaggregierten Geldnachfragefunktion ausgehen“; *Peter J. Kracht:* Die Geldnachfrage der Produktionsunternehmen, Meisenheim a. Glan 1975, S. 19.

[34] § 21 Abs. 2 KWG bestimmt: „Als Spareinlagen dürfen nur Geldbeträge angenommen werden, die der Ansammlung oder Anlage von Vermögen dienen; Geldbeträge, die zur Verwendung im Geschäftsbetrieb oder für den Zahlungsverkehr bestimmt sind, erfüllen diese Voraussetzung nicht ...“

[35] So lag der Anteil der Spareinlagen von Unternehmen an dem gesamten Spareinlagenbestand 1963 bei 2,2 % und ist bis Ende 1975 auf 1,3 % gesunken. Vgl. hierzu die statistischen Angaben zu den Spareinlagen, in: Deutsche Bundesbank, Monatsberichte, 28. Jg., Nr. 10 (Okt. 1976), S. 38*.

[36] Vgl. in diesem Zusammenhang auch die Ausführungen über die verschiedenen Ziele der betriebswirtschaftlichen Finanzplanung bei *Peter J. Kracht*, S. 210 - 236. Im Prinzip handelt es sich auch hierbei um die in der allgemeinen Geldnachfragetheorie formulierten Erklärungsfaktoren.

Geldhaltung zu ‚ökonomisieren' "[37]. Überlagert wird dieser Nachfrageeffekt, der auf die Berücksichtigung von Opportunitätskosten in Form von Alternativzinsen bei der Kassenhaltung als Bestimmungsgrund des ökonomischen Verhaltens zurückzuführen ist, von Nachfrageschwankungen nach Termineinlagen im Konjunkturverlauf, die somit ebenfalls zu Verschiebungen in der Einlagenstruktur führen können. So ließ sich im Laufe der Konjunkturentwicklung erkennen, daß in Zeiten der Konjunkturabschwächung die Nachfrage nach Termineinlagen seitens der Unternehmen gestiegen ist. Zu begründen ist dieses Phänomen dadurch, daß die Unternehmer ihre liquiden Reserven aufstocken, da die erwarteten Erträge aus einer Investition in Realkapitel zu niedrig sind[38]. Im Konjunkturverlauf wird somit die Nachfrage nach Termineinlagen von den erwarteten Opportunitätskosten in Form von Ertragseinbußen bei der Realkapitalverzinsung bestimmt. Das spekulative Element in der Nachfrage nach Termineinlagen kommt darin zum Ausdruck, daß diese Einlagen eine Alternative zu Anlagen auf dem Kapitalmarkt darstellen. Hierbei wird die Nachfrage maßgeblich von der Entwicklung der Effektivzinssätze der Wertpapiere beeinflußt[39].

Für den Sektor der privaten Haushalte bietet sich das gesamte Spektrum von Sicht-, Termin- und Spareinlagen als alternative Anlagemöglichkeit an. Allerdings ist ihr ökonomisches Verhalten durch bestimmte Beharrungsmuster gekennzeichnet. So stellen für die privaten Haushalte noch immer die Spareinlagen das primär nachgefragte finanzielle Aktivum dar. Zum Teil läßt sich das dadurch erklären, daß Mindestbeträge, für die als befristete Einlage eine höhere Verzinsung möglich war, sich für die privaten Haushalte als Barriere zugunsten der Spareinlagen erwiesen. Seit der Zinsliberalisierung ist das Nachfrageverhalten der privaten Haushalte bezüglich der Termineinlagen zinsreagibler geworden. Denn ein Ansteigen des Zinssatzes für Termineinlagen über den für Spareinlagen mit gesetzlicher Kündigungsfrist hat im Jahre 1973 zu erheblichen Umschichtungen zwischen Spareinlagen und Termineinlagen geführt. Es war erstmalig, daß von dieser Gruppe eine Nachfrage nach Termineinlagen ausging[40]. Weiterhin ist für die ökonomische Er-

---

[37] *Deutsche Bundesbank:* „Die Wirtschaftslage im Frühjahr 1968", in: Monatsberichte, 20. Jg., Nr. 5 (Mai 1968), S. 3 - 51, S. 6.

[38] Die Bundesbank unterstellt folgenden Zusammenhang: „Offenbar werden bei schwacher Konjunktur Betriebserlöse, insbesondere Finanzierungsmittel aus Abschreibungen, nicht immer sofort reinvestiert, sondern — soweit... nicht Bankkredite abgedeckt werden — vorerst den finanziellen Rücklagen zugeführt" und: „in der Ansammlung finanzieller Reserven spiegelt sich die abwartende Haltung gegenüber Neuinvestitionen wider ...", *Deutsche Bundesbank:* Geschäftsbericht 1966, S. 53 und dies.: Geschäftsbericht 1967, S. 64.

[39] Vgl. im einzelnen *Uwe Westphal:* Theoretische und empirische Untersuchungen zur Geldnachfrage und zum Geldangebot, Tübingen 1970, S. 75.

[40] Vgl. *Deutsche Bundesbank:* Geschäftsbericht 1975, S. 17.

klärung der Einlagenstruktur bei den Kreditinstituten in diesem Zusammenhang die Verteilung des finanziellen Vermögens innerhalb des Sektors der privaten Haushalte von Bedeutung. Denn hierdurch ergibt sich ein weiteres verzögerndes Moment im Hinblick auf die Anpassung bei Zinssatzänderungen, da derartige Umstrukturierungsprozesse erst dann möglich sind, wenn eine ausreichende disponible finanzielle Vermögensmasse vorhanden ist.

Ökonometrische Untersuchungen unterstützen die Zinsabhängigkeit der Nachfrage nach den unterschiedlichen Einlagearten, wenngleich infolge der Multikollinearität der Zinssätze, die geschätzten Regressionskoeffizienten meist sehr schwach gesichert sind[41]. Bei den Termineinlagen kommt noch die Schwierigkeit hinzu, daß eine Vermischung von Nachfragemotiven (Initiative geht von Nichtbanken aus) und Angebotsmotiven (Initiative geht von Banken aus) dadurch gegeben ist, daß nicht zwischen Einlagen und aufgenommenen Geldern unterschieden werden kann.

Weiterhin kann ein Grund für die unbefriedigenden Ergebnisse der vorliegenden ökonometrischen Schätzungen darin liegen, daß bis zur Zinsfreigabe am 1. 4. 1967 eine Reihe von Zinssätzen an den Diskontsatz gebunden waren, während andererseits sog. „graue Habenzinsen" gezahlt wurden, so daß das Marktverhalten in den Schätzungen nicht richtig erfaßt werden kann.

Der Zusammenhang zwischen Zinsentwicklung bzw. -struktur und der Einlagenzusammensetzung bei den Nichtbanken ist in der Abbildung 2 zu erkennen. In dieser Abbildung werden für den Zeitraum 1971 bis 1976 die Anteile der drei Einlagearten (kumulativ) der Entwicklung von Spar- und Terminzins gegenübergestellt. Hierbei zeigt sich, daß in der Periode eines extremen Anstiegs des Termingeldzinses sowohl Spareinlagen wie auch Sichteinlagen abgebaut wurden. Für den Zentralbankgeldbedarf kann geschlossen werden, daß die Freisetzungseffekte aus der Verminderung des Sichteinlagenbestandes und den Bindungseffekten infolge des Abbaus der Spareinlagen sich in etwa kompensierten. Zwar wurden die Spareinlagen stärker reduziert als die Sichteinlagen. Für den Zentralbankgeldbedarf ist jedoch von Relevanz, daß für die Mindestreservesatzdifferenz in dieser Zeit gilt:

$$r_d - r_t > r_t - r_s, \text{ und zwar}$$
$$r_d - r_t \sim 2\,(r_t - r_s)^{42}.$$

d = Sichteinlagen
t = Termineinlagen
s = Spareinlagen.

[41] Vgl. *H. König, W. Gaab, J. Wolters*, S. 21 ff. *Jörn Martiensen:* Ein ökonometrisches Vierteljahresmodell des Geld- und Kreditsektors für die Bundesrepublik Deutschland, Meisenheim/Glan 1975, S. 288 ff.

Seit Ende 1973 sank die Zinsdifferenz und seit Anfang (März) 1975 unterschritt der Termingeldzins sogar den Spareinlagenzins. Die Folge dieser Entwicklung war, daß Termineinlagen abgebaut wurden und den durchschnittlichen Anteil von 1971/72 unterschritten. Hieraus läßt sich schließen, daß vorwiegend private Nichtbanken ihre Geldvermögensstruktur änderten, da Unternehmen i. d. R. nur die Sichteinlagen als Alternative offen sind. Aus diesem Prozeß läßt sich für den Zentralbankgeldbedarf schließen, daß ceteris paribus eine Freisetzung erfolgte, was wohl auch in der Entwicklung der freien Liquiditätsreserven zum Ausdruck kam.

5. Notenbankpolitische Entscheidungen

Einen weiteren Faktor, der exogen für die Zentralbankgeldmenge und die freien Liquiditätsreserven der Kreditinstitute determinierend ist, stellen die Entscheidungen der Notenbank über den Einsatz der geldpolitischen Instrumente dar. Denn das Liquiditätsschema leitet sich aus der Notenbankbilanz ab, und die Bilanzpositionen spiegeln zum Teil das Verhalten der Notenbank wider, so daß sich geldpolitische Aktivitäten in Veränderungen der Bilanzstruktur der Zentralbank und damit auch in den Positionen des Liquiditätsschemas niederschlagen. Relevant sind in diesem Zusammenhang allerdings nicht nur die Möglichkeiten der Beeinflussung der Zentralbankgeldmenge und der freien Liquiditätsreserven, die der Bundesbank aufgrund der Bestimmungen des Bundesbankgesetzes gegeben sind, sondern darüber hinaus auch Regelungen, die in dem Stabilitätsgesetz und dem Außenwirtschaftsgesetz niedergelegt sind.

Unter dem Aspekt des Einflusses auf die freien Liquiditätsreserven und die Zentralbankgeldbeschaffung der Kreditinstitute lassen sich die Instrumente der Notenbankpolitik einteilen in solche Mittel, die direkt die Höhe der freien Liquiditätsreserven bestimmen, und in solche, die auf die Nachfragestruktur der Kreditinstitute nach freien Liquiditätsreserven einwirken[43]. Die prinzipielle Wirkungsweise der Instrumente,

[42] So war beispielsweise in der Zeit vom 1. 3. - 1. 11. 1973 die Differenz r_d—r_t mit 6-%-Punkten doppelt so hoch wie r_t—r_s (berechnet als Durchschnitt der 4 Reserveklassen für Bankplätze). Dieses Verhältnis gilt in etwa auch für die späteren Mindestreservesätze. Vgl. die Mindestreservestatistik in: *Deutsche Bundesbank:* Monatsberichte, 26. Jg., Nr. 12 (Dez. 1974), S. 42* f.

[43] In diesem Zusammenhang kann darauf verzichtet werden, auf Einzelheiten der Ausgestaltung und Wirkungsweise der Notenbankpolitik einzugehen. Derartige Darstellungen finden sich in der geldpolitischen Standard- und Lehrbuchliteratur; vgl. z. B. *Hans-Joachim Jarchow:* Politik und Theorie des Geldes, II. Bd., S. 71 ff.; *Dietrich Dickertmann, Axel Siedenberg:* Geldpolitische Lenkungsinstrumente in der BRD, 2. Aufl., Tübingen, Düsseldorf 1975; *Claus Köhler:* Geldwirtschaft, S. 255 ff.; *Eberhart Ketzel, Reinhard Köser, Hans Pfisterer:* Die Notenbank, Zentralbankpolitik und Weltwährungsorganisation, 2. Aufl., Stuttgart 1976; *Jürgen Siebke, Manfred Willms:* Theorie der Geldpolitik, S. 145 ff.

die unmittelbar die Höhe der freien Liquiditätsreserve beeinflussen, liegt darin, den Kreditinstituten volumensmäßig die Beschaffung und Verfügung von Zentralbankgeld auszuweiten oder einzuschränken. Die Einwirkungen dieser Instrumente sind aus dem Liquiditätsschema der Bundesbank unmittelbar zu erkennen, da ihnen entsprechende Positionen der Bestimmungsfaktoren der Zentralbankgeldmenge und freien Liquiditätsreserven zukommen. Von dem notenbankpolitischen Instrumentarium gehören zu diesen Mitteln

— die Mindestreservepolitik (§ 16 BBankG). Die Beeinflussung erfolgt über die Variation des Reservesatzes im Rahmen der gesetzlich fixierten Grenzen, durch die bewirkt wird, daß freie Liquiditätsreserven in Zentralbankgeld umgewandelt werden und umgekehrt. Da in dem Liquiditätsschema die Zentralbankgeldmenge zu konstanten Reservesätzen (Januar 1974) berechnet wird, schlägt sich dieser Vorgang in einer Reduzierung der freien Liquiditätsreserven nieder mit analoger Veränderung des Bestimmungsfaktors „Änderung des Mindestreservesolls infolge von Reservesatzänderungen". Interpretiert man jedoch die freien Liquiditätsreserven als potentielles, die Einlagen der Kreditinstitute bei der Zentralbank als aktuelles Zentralbankgeld, so hat sich die Gesamtsumme aus beidem jedoch nicht verändert.

— Die Refinanzierungskontingentpolitik (§ 15 BBankG)[44]. Werden diese Kontingente gekürzt oder heraufgesetzt, so bedeutet dies eine simultane Reduzierung bzw. Aufstockung der freien Liquiditätsreserven. Eine Kontingentierung der Zentralbankgeldbeschaffung durch Refinanzierungskredite setzt zum einen bei der Beschränkung des Rediskont- und zum anderen bei der Beschränkung der Lombardkredite an. Daneben besteht noch die Möglichkeit der Festlegung eines bestimmten Ausnutzungsgrades innerhalb der gegebenen Kontingente. Während die deutsche Notenbank die Festsetzung von Rediskontkontingenten schon seit 1951 betreibt, wurde eine Limitierung der Lombardkredite erstmals im August 1970 durch die Einführung der sog. Warnmarke (20 % des Rediskontkontingents im Tagesdurchschnitt eines Monats) vorgenommen. Zur Einschränkung der freien Liquiditätsreserven wurde ebenfalls in der Vergangenheit im Rahmen der Rediskontkontingente eine Grenze der Inanspruchnahme festgelegt, wobei der Auslastungsgrad für ein Institut maximal 60 % des Kontingents betrug. Von besonderem Charakter sind auch die sog. Sonderlombardkredite. Sie wurden von der Bundesbank gewährt zu der Zeit, als aus kreditpolitischen Gründen die Gewährung „normaler" Lombardkredite ausgestzt war, was ökonomisch nichts anderes

[44] Die Kontingentfestsetzung durch die Bundesbank erfolgt im Rahmen der Bestimmung der Grundsätze für ihre Kreditpolitik (§ 15 BBankG).

bedeutet, als daß das Kontingent auf Null festgesetzt wurde. Die Inanspruchnahme solcher kurzfristiger Sonderlombardkredite bedeutet für die Kreditinstitute eine entsprechende Zentralbankgeldbeschaffung, die in dem Liquiditätsschema als besondere Position ausgewiesen wird.

— Die Einlagenpolitik (§ 17 BBankG). Da die Nettoguthaben des Staates bei der Deutschen Bundesbank Bestimmungsfaktor für die freien Liquiditätsreserven und die Zentralbankgeldmenge sind, können durch kreditpolitische Manipulation an dieser Bilanzposition nur solche Kreditinstitute mit Zentralbankgeld beeinflußt werden. Erfolgen kann dies dadurch, daß die Bundesbank bei der Verlagerung dieser Mittel in das Geschäftsbankensystem zustimmt[45]. Dieses Mittel der Kreditpolitik wurde jedoch relativ selten eingesetzt. Den gleichen Effekt auf die Bankenliquidität wie die Einlagenpolitik hat die Auflösung und Bildung von Sonderguthaben bei der Bundesbank, wie sie nach den Bestimmungen des Stabilitätsgesetzes möglich sind. Hierzu zählen die obligatorische (1969/70) und freiwillige (1971/72) Konjunkturausgleichsrücklage, der Stabilitätszuschlag, die Investitionssteuer, die Stillegung von Steuereinnahmen (1973), die Stabilitätsanleihe und der Konjunkturzuschlag zur Einkommensteuer.

— Die Offenmarktpolitik mit Nichtbanken bzw. mit nicht in Zentralbankgeld umtauschbaren Titel (§ 21 BBankG). Offenmarkttransaktionen mit Nichtbanken haben den gleichen Liquiditätseffekt wie auch andere Transaktionen, zwischen Notenbank und Nichtbanken. Ebenso stellen Geschäfte in Papieren, die nicht in Zentralbankgeld zurückgetauscht werden können, keinerlei Liquiditätsreserve dar. Praktiziert wird das Offenmarktgeschäft mit Nichtbanken von der Bundesbank seit 1969, als erstmals Geschäfte mit den gesetzliche Rentenversicherungen der Arbeitslosenversicherung durchgeführt wurden. Erst seit 1971 ist der Kreis der Beteiligungen am Offenmarktgeschäft auf alle Nichtbanken ausgedehnt worden[46]. Seitdem betreibt die Bundesbank auch das Geschäft mit nicht in die Geldmarktregulierung einbezogenen Papieren (N-Papiere). Eine Erweiterung zur Feinsteuerung im Rahmen der Offenmarktpolitik ist der seit März 1973 praktizierte Kauf von Inlandswechseln mit Rückkaufverpflichtung der Kreditinstitute.

---

[45] Für die öffentliche Hand ergibt sich hieraus noch insofern ein Vorteil, als die Zentralbankguthaben unverzinslich sind.

[46] Als Hindernis für einen früheren Einsatz — insbesondere zur Zentralbankgeldabschöpfung im Boom — wird die Zinsverordnung angeführt, da Situationen denkbar sind, daß die Bundesbank ihre Verzinsung in Widerspruch zu der Verordnung hätte festsetzen müssen. Vgl. *Joachim v. Spindler, Willy Becker, O.-Ernst Starke:* Die Deutsche Bundesbank, 4. Aufl., S. 444.

— Das Bardepot (§ 6 a AWG). Zur Abwehr von Kapitalzuflüssen aus dem Ausland wurde 1971 das Bardepotgesetz erlassen, das bestimmte, daß für im Ausland aufgenommene Kredite ein bestimmter Prozentsatz des Kreditbetrages als Zentralbankguthaben gehalten werden muß. Entsprechend erscheint diese währungspolitische Maßnahme in dem Liquiditätsschema als Bestimmungsfaktor. Obwohl schon seit deraumer Zeit diese Maßnahme ausgesetzt wurde, werden noch immer bei der Bundesbank derartige Guthaben mit entsprechender Wirkung der freien Liquiditätsreserven und Zentralbankgeldmenge gehalten.

Demgegenüber sind die Notenbankinstrumente, die die Struktur der Nachfrage der Kreditinstitute nach freien Liquiditätsreserven beeinflussen, in dem neuen Liquiditätsschema der Deutschen Bundesbank nicht mehr zu erkennen. Ihr Einsatz wirkt sich auf die Zusammensetzung der einzelnen Komponenten der freien Liquiditätsreserven aus, und ihr zentraler Ansatzpunkt ist die Variation der Kosten der Zentralbankgeldbeschaffung der Kreditinstitute. Somit ist ihre Zielrichtung mehr als ein Einwirken auf die Verhaltensweisen der Kreditinstitute zu charakterisieren, von deren Reaktionen die Wirksamkeit der exogen von der Bundesbank eingesetzten Mittel abhängt. Auf die Nachfragestruktur abzielende Notenbankinstrumente sind

— die Diskontsatz- und Lombardsatzpolitik (§ 15 BBankG),

— die Offenmarktpolitik mit Banken (§ 21 BBankG) und

— die Swapsatzpolitik (§ 19 BBankG)

bei einem System fester Wechselkurse, die ökonomisch nichts anderes darstellen als eine Privatisierung der Haltung zentraler Währungsreserven.

Da diese kreditpolitischen Entscheidungen im wesentlichen das Verhalten der Kreditinstitute beeinflussen, ist hierauf noch in anderem Zusammenhang ausführlicher einzugehen.

Im Hinblick auf die Erstellung einer geschlossenen, in sich konsistenten Zeitreihe der quantitativen Auswirkungen kreditpolitischer Entscheidungen auf Zentralbankgeldbeschaffung und freie Liquiditätsreserven ergeben sich einige Schwierigkeiten. Sie beruhen im wesentlichen darauf, daß bei der quantitativen Präsentation in den Liquiditätsschemata der Bundesbank Änderungen eingetreten sind, aufgrund derer die Daten verschiedener Periodenabschnitte nicht miteinander vergleichbar sind. Aus diesem Grunde erstrecken sich die quantitativen Angaben im folgenden auf den Zeitraum, der durch das jüngste Liquiditätsschema der Bundesbank aufgedeckt ist.

Bei den Mindestreserven sind zwei Einflußeffekte auf Zentralbankgeldbedarf zu unterscheiden: der Bedarf infolge der Expansion der reservepflichtigen Verbindlichkeiten und der aufgrund von Reservesatzvariationen. Während früher beide Effekte in dem Liquiditätsschema nicht getrennt wurden, enthält die heutige Tabelle „Zentralbankgeldbeschaffung und Freie Liquiditätsreserven der Banken" eine Trennung des marktmäßigen Effektes von den Liquiditätswirkungen der kreditpolitischen Änderung der Mindestreserven. Der Bedarf und die Freisetzung von Zentralbankgeld durch das notenbankpolitische Instrument der Reservesatzvariation ist in der Tabelle 10 zusammengestellt.

Auch die Beeinflussung der Freien Liquiditätsreserven durch Änderung der Rediskontkontingente ist auf zwei Effekte zurückzuführen: den kreditpolitisch motivierten Variationen des Multiplikators für die Normkontingente und den Änderungen der Normkontingente selbst infolge von Schwankungen des haftenden Eigenkapitals als Bemessungsgrundlage[47]. Bei der statistischen Präsentation der Liquiditätseinflüsse werden allerdings heute beide Effekte gegenüber früher nicht mehr getrennt[48].

Die quantitativen Auswirkungen der Kontingentsänderungen einschließlich der Lombardwarnmarke bis Juni 1973 auf die Freien Liquiditätsreserven sind der Tabelle 11 zu entnehmen.

Trotz der Zusammenfassung beider Effekte kann aus der Übersicht die Liquiditätswirkung der Kontingentänderungen entnommen werden, da der Effekt infolge von Eigenkapitaländerung durchweg in unbedeutenden Größenordnungen liegt. Deutlich kommt dies durch die Kennzeichnung der notenbankpolitischen Maßnahmen hinsichtlich der Beeinflussung der Freien Liquiditätsreserven der Kreditinstitute durch Änderungen der Kontingente in der Tabelle zum Ausdruck.

Inwieweit für die Kreditinstitute infolge der Bardepotpflicht ein Bedarf an Zentralbankgeld entstand, ist in Tabelle 12 dargestellt. Das Bardepotgesetz wurde zum 1. 2. 1972 wirksam und blieb bis zum 15. 9. 1974 in Kraft[49]. Auffallend ist jedoch, daß noch immer Bardepotbeträge stillgelegt werden, was einen entsprechenden Zentralbankgeldbedarf für die Institute induziert. Die Gründe hierfür sind darin zu sehen, daß Bardepotbeträge „nachgehalten" werden müssen.

Die quantitativen Auswirkungen der Offenmarktoperationen der Deutschen Bundesbank mit Nichtbanken und mit Papieren, die sie von der

[47] Zu den bisherigen Grundsätzen der Kontingentsbemessung vgl. *Deutsche Bundesbank:* „Regelungen für die Bemessung von Rediskont-Kontingenten", in: Monatsberichte, 27. Jg., Nr. 4 (April 1975), S. 21 - 28.

[48] Bei den früheren Liquiditätsschemata dürfte der „Normkontingentsänderungseffekt" wohl unter den „sonstigen Faktoren" subsumiert worden sein.

[49] Vgl. im einzelnen *Wolfgang Riedel:* „Die Bardepotpflicht — Erfahrungen mit einem Instrument zur außenwirtschaftlichen Absicherung", in: Probleme der Wirtschaftspolitik, Beiträge zu einer erklärungsrelevanten Ökonomie, hrsg. von S. Jokl, M. Schönemann, F. Walcher, Berlin 1975, S. 229 - 255, S. 239.

Geldmarktregulierung ausgeschlossen hat und die damit kein Instrument der Zentralbankgeldbeschaffung der Kreditinstitute darstellen, sind der Tabelle 13 zu entnehmen.

6. Sonstige Bestimmungsfaktoren

In dem Liquiditätsschema der Bundesbank sind die übrigen Positionen des Wochenausweises, aus dem sich das Schema ableitet, zusammengefaßt. „Ihre Veränderungen sind nicht so erheblich, daß eine weitere Aufspaltung die Aussagekraft der Tabelle erhöhen würde[50]." Daneben ist noch auf den besonderen Faktor der schwebenden Verrechnung („float") hinzuweisen. Dieser liquiditätsbeeinflussende Faktor ergibt sich auch daraus, daß ein Großteil der bargeldlosen Zahlungen zwischen den Kreditinstituten über die Bundesbank abgewickelt wird. Sein Einfluß ist jedoch nicht ökonomisch, sondern ausschließlich technisch bedingt.

[50] *Deutsche Bundesbank:* „Zentralbankgeldmenge und freie Liquiditätsreserven der Banken", S. 23.

DRITTER TEIL

Das Bankenverhalten als endogener Bestimmungsfaktor für Zentralbankgeld und freie Liquiditätsreserven

1. Das Problem der Liquiditätsvorsorge in der Kreditwirtschaft

Die bisherigen Ausführungen haben gezeigt, daß die Kreditinstitute immer dann vor ein Liquiditätsproblem gestellt sind, wenn Abflüsse von Zentralbankgeld auftreten. Derartige Zahlungen hat eine einzelne Bank zu leisten

— an die Zentralbank,

— an den Nichtbankensektor und

— an andere Kreditinstitute.

Aus diesem Grunde kristallisiert sich die Sorge für eine jederzeitige Zahlungsbereitschaft für die einzelnen Kreditinstitute als ein zentrales Problem bankpolitischen Verhaltens heraus. Dabei ist die Lösung des Liquiditätsproblems um so einfacher, je regelmäßiger und kalkulierbarer Zentralbankzu- und -abflüsse sind und sich durchschnittlich im Zeitablauf ausgleichen; die Lösung ist jedoch um so schwieriger, je größer die Unsicherheit darüber ist

— zu welchem Zeitpunkt und

— in welcher Höhe

mit Zentralbankzu- bzw. -abflüssen zu rechnen ist. Am deutlichsten tritt diese Problematik im Zusammenhang mit der Fristentransformationsfunktion der Banken zutage. In der Tatsache der Unsicherheit liegt somit die Existenz von Liquiditätsreserven begründet[1]. Für die einzelne Bank ergibt sich hieraus die Konsequenz, daß ihr ausreichende Quellen für Zentralbankgeld zur Verfügung stehen, um den Zustand der Zahlungsunfähigkeit zu vermeiden[2]. Zur Lösung des Liquiditätsproblems wurden

---

[1] Vgl. auch *Stephen M. Goldfeld:* Commercial Bank Behavior and Economic Acitvity, Amsterdam 1966, S. 7 ff.

[2] Dabei dürfte unter normalen Umständen davon auszugehen sein, daß eine Beschaffung von Zentralbankgeld auf dem Weg der Kündigung von Krediten

im Laufe der Zeit von der Goldenen Bankregel über die Bodensatztheorie bis hin zur Maximalbelastungstheorie bankpolitische Verhaltensnormen entwickelt[3], die darauf abzielten, je nach unterstelltem Belastungsfall — d. h. je nach maximal erwarteter Zentralbankgeldabforderung — entsprechend Finanzierungsquellen zur Verfügung zu haben.

Primär handelt es sich bei dieser Liquiditätssicherung um ein ordnungspolitisches Problem, das auch seinen Niederschlag in den rechtlichen Rahmenbedingungen für die Kreditwirtschaft findet. Trotz früherer Bemühungen gelang eine normative Festlegung erst mit der Schaffung des Kreditwesengesetzes 1934. Hiernach wurde gefordert, daß die Kreditinstitute einen bestimmten Prozentsatz ihrer Verbindlichkeiten in Liquidität ersten Grades (Barreserve) und einen weiteren Prozentsatz in Liquidität zweiten Grades (leicht verwertbare Papiere) anzulegen hätten[4]. Die heutigen vom Gesetzgeber postulierten Mindestnormen finden sich in den Grundsätzen des Bundesaufsichtsamtes für das Kreditwesen entsprechend der Liquiditätssicherungsforderung des Kreditwesensgesetzes von 1961. Relevant für die Liquiditätspolitik der Kreditinstitute sind die Grundsätze II und III. Aus einer Kombination von Goldener Bankregel und Bodensatztheorie fordern diese Grundsätze, daß die Summe bestimmter Aktivpositionen bzw. Anteile davon in ihrer Fristigkeit der Summe bestimmter Passivpositionen bzw. Anteilen davon entsprechen. So ergeben sich indirekte Aussagen über die Liquiditätsanforderungen aufgrund der anteiligen Anrechnung der Verbindlichkeiten in beiden Grundsätzen. Nach den heute gültigen Grundsätzen[5] errechnet sich das Minimum der von einem Kreditinstitut zu haltenden liquiden Mitteln entsprechend der folgenden Mindestanteile der genannten Passivpositionen, die liquide anzulegen sind:

---

oder dem Wertpapierverkauf aus Standinggesichtspunkten und Kursverlustrealisationsmöglichkeiten ausscheidet.

[3] Aus der Fülle der Literatur über die bankpolitischen Dispositionsregeln sei z. B. verwiesen auf *Hans-Jacob Krümmel:* „Liquiditätssicherung im Bankwesen (I)“, in: Kredit und Kapital, 1. Jg. (1968), S. 247 - 307; *Ludwig Mülhaupt, Hermann Küllmer:* „Probleme der Entscheidungsfindung im Bankbetrieb“, in: Kredit und Kapital, 4. Jg. (1971), S. 171 - 194; *Wolfgang Stützel:* „Ist die ‚Goldene Bankregel‘ eine geeignete Richtschnur für die Geschäftspolitik der Kreditinstitute?“, in: Vorträge für Sparkassenprüfer, Kiel, 8. - 11. Sept. 1959, Stuttgart 1959, S. 34 - 51; *Horst Hoffmann:* Dispositionsregeln zur Solvenzsicherung von Depositenbanken, Diss. Saarbrücken 1967.

[4] Diese Blankettvorschriften wurden jedoch niemals ausgefüllt. Vgl. z. B. *Manfred Hartmann:* Ökonomische Aspekte der Reform des KWG, Stuttgart 1977, S. 34.

[5] Vgl. den Wortlaut z. B. in *Inge Lore Bähre, Manfred Schneider:* KWG-Kommentar, 2. neubearb. Aufl., München 1976, S. 142 ff. Zur Begründung der Änderung des Grundsatzes III vgl. *Deutsche Bundesbank:* „Die Neufassung des Grundsatzes III über die Liquidität der Kreditinstitute gemäß § 11 des Gesetzes über das Kreditwesen“, in: Monatsberichte, 25. Jg., Nr. 4 (April 1973), S. 11 - 15.

— 90 % der Interbankverbindlichkeiten mit einer Laufzeit bis 3 Monate[6],
— 50 % der Interbankverbindlichkeiten mit einer Laufzeit bis zu 4 Jahren[6],
— 20 % der Interbankverbindlichkeiten aus von der Kundschaft bei Dritten benutzten Krediten mit bis zu 4jähriger Laufzeit,
— 20 % der Spareinlagen,
— 30 % der sonstigen Verbindlichkeiten gegenüber Nichtbanken mit einer Laufzeit bis zu 4 Jahren,
— 20 % der Verpflichtung aus Warengeschäft und aufgenommenen Warenkrediten,
— 20 % der Schuldverschreibungen mit einer Laufzeit bis zu 4 Jahren,
— 20 % der im Umlauf befindlichen Eigenakzepte und Solawechsel, von Kreditnehmern ausgestellte Solawechsel und Debitorenziehungen und
— 40 % der Pensionsrückstellungen.

Aus den Grundsätzen ergibt sich auch indirekt, welche Anlagen als liquide anzusehen sind. Dies sind die in den Grundsätzen nicht genannten Aktivpositionen:

— Kasse,
— Bundesbankguthaben,
— Postscheckguthaben,
— Interbankaktiva mit bis zu 3 Monaten Laufzeit,
— 80 % der Interbankaktiva mit einer Laufzeit bis zu 4 Jahren,
— Schecks und Wechsel außer Debitorenziehungen und bestimmten Solawechseln,
— Schatzwechsel und unverzinsliche Schatzanweisungen,
— börsengängige festverzinsliche Wertpapiere und
— Ausgleichs- und Deckungsforderungen.

Da die durch die Grundsätze festgelegten Grenzen als Mindestnormen zu betrachten sind, haben die Kreditinstitute bis zu diesen Grenzen einen freien Dispositionsspielraum. Dieser drückt sich in variierenden Auslastungsgraden der Grundsätze aus, so daß ein Rückgang der liquiden Mittel ceteris paribus zu einer höheren Auslastung führt.

Betrachtet man die Komponenten der nach den Grundsätzen möglichen liquiden Anlagen, so ist zu erkennen, daß für die einzelne Bank alle denkbaren Quellen der Zentralbankgeldbeschaffung erfaßt sind. Dabei bleibt unberücksichtigt, ob diese Anlagen gegebenenfalls gebunden sind oder nicht, wie dies z. B. bei den Zentralbankguthaben zum Zwecke der

[6] Ausgenommen Verbindlichkeiten aus von der Kundschaft bei Dritten benutzten Krediten.

Mindestreservenerfüllung der Fall ist. In kurzfristiger Betrachtung ist dies auch richtig, da über die Mindestreserven, die ja nur im Monatsdurchschnitt zu erfüllen sind, kurzfristig disponiert werden kann. Bei den Anlagen, die nicht von vornherein Zentralbankgeld darstellen, bestehen Unterschiede im Hinblick auf ihre Bedeutung im Rahmen der Beschaffung von Zentralbankgeld. Hierfür sind die Positionen von Relevanz, die auch gegenüber der Bundesbank einen Anspruch auf Zentralbankgeld begründen.

Werden die liquiden Anlagen der Kreditinstitute in einer konsolidierten Bilanz aggregiert, so kommt man von den einzelwirtschaftlichen Liquiditätsreserven zu den gesamtwirtschaftlichen Liquiditätsreserven. Dabei fallen für das gesamte Bankensystem die Liquiditätsanlagen weg, die durch Interbankverflechtungen begründet sind. Aber auch von den verbleibenden Anlagen sind nicht alle Positionen Liquiditätsreserven im Sinne des Liquiditätsschemas der Bundesbank. Hier kommt es darauf an,

— ob die Papiere zentralbankfähig sind also die Bundesbank gegen Übernahme dieser Papiere Zentralbankgeld abgibt) und

— in welchem Umfang die Bundesbank bereit ist, Zentralbankgeld abzugeben.

Unter diesem Aspekt bleiben von den aggregierten liquiden Mitteln, die sich aus den Grundsätzen II und III ergeben, nur die liquiden Mittel übrig, die auch im Rahmen der Liquiditätsanalyse von der Bundesbank als Liquiditätsreserven bezeichnet werden. Entsprechend kommt man zu den freien Liquiditätsreserven, indem das Mindestreservesoll aller Kreditinstitute abgezogen wird.

Der Katalog der liquiden Mittel der Kreditinstitute enthält Aktivkomponenten, die den Zugang zu Zentralbankgeld auf zweierlei Wegen begründen:

— den Zugang über einen Aktivtausch und

— den Zugang über eine kreditäre Bilanzverlängerung.

Die Frage, welche dieser Quellen in Anspruch genommen wird, hängt im wesentlichen von den von der Notenbank gesetzten Daten und dem daraus resultierenden Verhalten der Kreditinstitute ab.

Hieraus ergibt sich die Konsequenz zu untersuchen, welche Motive die Kreditinstitute veranlassen,

— liquide Mittel zu halten, die ihnen zur Beschaffung von Zentralbankgeld den Zugang zur Notenbank offen halten,

— tatsächlich eine Verschuldung bei der Zentralbank einzugehen und

— durch gegenseitige Kreditgewährung eine interbankmäßige Umverteilung vorzunehmen.

Das erste beinhaltet die Analyse der Nachfrage nach Liquiditätsanlagen, das zweite die des Refinanzierungsverhaltens und das dritte die Betrachtung der Geldmarktaktivitäten.

2. Die Zentralbank als Quelle für die Zentralbankgeldbeschaffung

2.1. Motive der Nachfrage nach Liquiditätsanlagen

Die Antwort auf die Frage, welche Größen die Höhe der Liquiditätsanlagen der Kreditinstitute determinieren, liegt in der Analyse des rationalen Verhaltens der Banken im Hinblick auf die Entscheidung ihrer Anlagenstruktur, die unter Berücksichtigung der Unsicherheit optimal sein soll. Zur theoretischen Erfassung dieses Problems wurden Modelle des Bankenverhaltens entwickelt, deren Wurzeln aus zwei unterschiedlichen Richtungen kommen.

Aus der Richtung der Portfolio-Selection-Theorie[7] kommen diejenigen Ansätze, bei denen sich die Höhe der Liquiditätsanlagen aus der Bestimmung der optimalen Portfolio-Zusammensetzung ergibt. Grundgedanke dieses Ansatzes ist die Frage, weshalb ein Wirtschaftssubjekt, das sich gewinnmaximierend verhält, seine Vermögenswerte nicht in ein einziges Aktivum, nämlich das mit dem höchsten Ertrag, anlegt. Hierauf gibt die Portfolio-Selection-Theorie die Antwort, daß die Erträge nicht mit Sicherheit eintreten. Vielmehr sind Abweichungen von dem erwarteten Ertrag möglich, die als das Risiko der Anlage zu interpretieren sind. Dieses Risiko wächst mit zunehmendem Anteil einer bestimmten Aktivposition überproportional, so daß durch Diversifizierung eine Risikoverringerung möglich ist. Dies erklärt, warum nicht nur ein Aktivum gehalten wird, sondern sich verschiedene Aktiva mit unterschiedlichen Ertragsaussichten im Portefeuille eines Wirtschaftssubjektes befinden. Von den denkbaren Portfolio-Strukturen ergibt sich die optimale unter Berücksichtigung der Einstellung des Wirtschaftssubjektes zu dem Risiko[8]. Dieser Ansatz impliziert, daß die Höhe der Liquiditätsanlagen der Kreditinstitute aus dem diversifizierenden Verhalten bei der Entscheidung über die Anlagestruktur resultiert. Dies bedeutet auch andererseits, daß keine explizite Nachfrageerklärung für Liquiditätsanlagen vorliegt. Damit ist einem konstitutivem Element der Nachfrage nach Liquiditäts-

---

[7] Zur Theorie der Portfolio-Selection vgl. *Harry M. Markowitz:* „Portfolio-Selection", in: Journal of Finance, Vol. 7 (1952), S. 77 - 91.

[8] Ein Wirtschaftssubjekt kann risikoavers-, -neutral oder -freudig sein. In der Regel ist risikoaverses Verhalten unterstellt; eine Zunahme des Risikos wird nur bei einer überproportionalen Zunahme der Ertragserwartung hingenommen. Formal ergibt sich das optimale Portefeuille aufgrund der Annahme nutzenmaximierenden Verhaltens als dem Tangentialpunkt der Nutzenindifferenzkurvenschar mit der Kurve effizienter Portefeuilles (Opportunitätskurve).

anlagen nicht Rechnung getragen. Dies würde eine explizite Berücksichtigung der Wahrscheinlichkeit von Zentralbankgeldabflüssen erfordern. Da der Portfolio-Selection-Ansatz davon ausgeht, einen gegebenen Bestand an Mitteln auf verschiedene Aktiva aufzuteilen, wird auch nicht ausdrücklich berücksichtigt, daß die Höhe der Depositen variabel ist, und diese auch wiederum von der Höhe und Struktur der Aktivseite abhängig sein kann. Vielmehr beschränkt sich die Fragestellung auf die optimale Verteilung eines gegebenen Depositenbestandes (evtl. vermindert um die Mindestreserven) auf die verschiedenen Anlagemöglichkeiten eines Kreditinstituts[9]. Diese Punkte könnte man allenfalls implizit berücksichtigt sehen, indem man annimmt, daß sie das Risiko eines Portefeuilles erhöhen[10]. Die Begründung für diese Kritikpunkte liegt darin, daß die Theorie des Portfolio-Selection ursprünglich für die Bestimmung optimaler Wertpapier-Portefeuilles konzipiert wurde.

Die andere Richtung der Bestimmung der Höhe der Liquiditätsanlagen nimmt ihren Ursprung in der Funktion dieser Mittel zur Begegnung von Zentralbankgeldabflüssen[11]. Dieser Ansatz stellt eine Übertragung der in der Betriebswirtschaft entwickelten Lagerhaltungstheorie auf Bankgeschäfte dar und ähnelt somit den Überlegungen zur Bestimmung einer optimalen Transaktionskasse[12] oder unter Einbeziehung des stochastischen Elements der Bestimmung der optimalen Vorsichtskasse[13]. Für die Modelle des Bankverhaltens dieser Richtung ist charakteristisch, daß über die Variabilität der Deposition und den damit verbundenen Zentralbankgeldabflüssen bei den Entscheidungsträgern bestimmte Erwartungen unterstellt werden[14]. Darüber hinaus müssen die Kreditinstitute auch

[9] Vgl. z. B. das Modell von *Jarchow. Hans-Joachim Jarchow:* „Der Bankkredit in einer Theorie der ‚Portefolio-Selection'", in: Weltwirtschaftliches Archiv, Bd. 104/1970 I, S. 189 - 210.

[10] Die Wahrscheinlichkeit eines Depositenabzuges könnte in der Wahrscheinlichkeitsverteilung für die Ertragserwartung Eingang finden. Da evtl. werbende Anlagen aufgelöst werden müßten, bedeutet dies eine Abweichung vom erwarteten Ertrag.

[11] Dieser Ansatz geht zurück auf *Francis Y. Edgeworth* („The Mathematical Theory of Banking", in: Journal of the Royal Statistical Society, Vol. 51 [1888], S. 113 - 127) und hat gewisse gedankliche Parallelitäten zur Bodensatztheorie.

[12] Vgl. *William J. Baumol:* „The Transactions Demand for Cash: An Inventory Theoretic Approach", in: Quarterly Journal of Economics, Vol. 66 (1952), S. 545 - 556; *James Tobin:* „The Interest Elasticity of Transactions Demand for Cash", in: Review of Economics and Statistics, Vol. 38 (1956), S. 241 - 247.

[13] *Edward L. Whalen:* „A Rationalization of the Precautionary Demand for Cash", in: Quarterly Journal of Economics, Vol. 80 (1966), S. 314 - 324.

[14] Die verschiedenen Modelle unterscheiden sich hinsichtlich der Annahmen über diese Abflüsse. Während beispielsweise *George R. Morrison* (Liquidity Preference of Commercial Banks, Chicago 1966) annimmt, die Institute richten sich nach dem Unterschied zwischen „permanenten" und „transitorischen" Depositenvolumen, unterstellt *Richard C. Porter* („A Model of Bank Portfolio Selection", in: Yale Economic Essays, Vol. 1 [1961], S. 323 - 359, reprint in: Financial Markets and Economic Activity, ed. by Donald D. Hester and James

mit möglichen plötzlichen Zentralbankgeldabflüssen rechnen, wenn sie durch bestehende Kundenbeziehungen — z. B. im Rahmen gegebener Kreditlinien — ihr Kreditvolumen zu erhöhen gezwungen sind[15]. Um diesen potentiellen Abflüssen begegnen zu können, fragen die Kreditinstitute liquide Mittel nach, die „auf Lager" gehalten werden. Im Verhältnis zu den anderen Aktiva erfüllen sie somit eine Art „buffer stock"-Funktion[16], die bei Abflüssen von Zentralbankgeld zuerst aufgelöst werden.

Da das Halten von liquiden Mitteln im Vergleich zu anderen Aktiva zu Ertragsverlusten führt, jedoch andererseits sich das Risiko der Illiquidität und damit möglicherweise deren Kosten mit zunehmendem Anteil der anderen Aktiva erhöht, läßt sich der lagerhaltungstheoretische Ansatz in den portfoliotheoretischen integrieren[17]. Dementsprechend ist die Grundlage für die Bestimmung der Höhe der Liquiditätsanlagen ein Optimierungskalkül, bei dem die folgenden Kosten- und Ertragsgüterlegungen eine Rolle spielen:

Kostenelemente der Liquiditätshaltung sind

— Opportunitätskosten, die der Höhe des Zinssatzes für alternative Anlagemöglichkeiten entsprechen, falls die Liquiditätsanlagen unverzinslich sind, oder aber der Zinsdifferenz zu Alternativanlagen, falls die Liquiditätsanlagen verzinst werden.

— Transaktions- und Umwandlungskosten, die bei der Umwandlung von liquiden Mitteln in Zentralbankgeld und umgekehrt anfallen.

— Refinanzierungskosten, die vermieden werden, wenn anstelle einer Refinanzierung anderer Art Liquiditätsanlagen aufgelöst werden können.

Tobin, New York, London, Sidney 1967, S. 12 - 54) die Depositen würden einen bestimmten Minimumstand („deposit low") nicht unterschreiten. *Daniel Orr* und *W. G. Mellon* („Stochastic Reserve Losses and Exkansion of Bank Credit", in: American Economic Review, Vol. 51 [1961], S. 614 - 623) hingegen gehen davon aus, daß den Banken Wahrscheinlichkeitsverteilungen über die Liquiditätsbeanspruchung vorlägen. Zu einer Übersicht über eine Reihe von Liquiditätsnachfragemodellen vgl. *Frank Rühl:* Zur Nachfrage der Schweizer Banken nach Liquiditätsreserven 1959 - 1970, Zürich 1974, S. 38 ff.

15 Vgl. hierzu beispielsweise *Heino Faßbender:* „Ein Beitrag zur Theorie des Anlageverhaltens von Banken", in: Probleme der Wirtschaftspolitik, Beiträge zu einer erklärungsrelevanten Ökonomie, hrsg. von S. Jokl, M. Schönemann, F. Walcher, Berlin 1975, S. 209 - 228; *Manfred Hieber:* Die zentralbankpolitische Kontrolle der Geldmenge in der Bundesrepublik Deutschland, Habil. Hamburg 1971 (unveröffentlicht), S. 64 ff.

16 So auch *James L. Pierce:* „Commercial Bank Liquidity", in: Federal Reserve Bulletin, Vol. 52 (1966), S. 1093 - 1101.

17 Beispiele sind hierfür die Modelle von *Richard C. Porter* („A Model of Bank Portfolio Selection") und *James L. Pierce* („Commercial Bank Liquidity"). Vgl. auch von *Pierce:* „An Empirical Model of Commercial Bank Portfolio Management", in: Studies of Portfolio Behavior, ed. by Donald D. Hester and James Tobin, New York, London, Sidney 1967, S. 171 - 190.

Als Ertragselemente sind anzusehen

— der Zinsertrag für die liquiden Anlagen und

— der Nutzenertrag, der aus dem Liquidesein gezogen wird.

In das Risikokalkül sind einzubeziehen

— das Risiko aus einer potentiellen Zahlungsunfähigkeit und

— das Risiko aus der Strukturierung der Anlagen (möglicherweise mangelnde Diversifizierung der Aktivastruktur).

Aus diesen Überlegungen ergibt sich, daß die Nachfrage nach Liquiditätsanlagen steigt (sinkt), wenn

— der Alternativzins sinkt (steigt),

— der Ertrag für die Liquiditätsanlagen steigt (sinkt),

— die Refinanzierungskosten steigen (sinken) und

— die Umwandlungskosten sinken (steigen) und

— die Erwartung von Zentralbankgeldabflüssen steigt (sinkt).

Es gilt somit folgende Abhängigkeit

$$LA = f\,(Z_A, Z_L, r, k_t, e\,(Z)),$$

wobei zu erwarten ist

$$\frac{\delta f}{\delta Z_A} < 0; \quad \frac{\delta f}{\delta Z_L} < 0; \quad \frac{\delta f}{\delta r} > 0; \quad \frac{\delta f}{\delta k_t} < 0 \text{ und } \frac{\delta f}{\delta e} > 0.$$

Aus diesen Überlegungen ist zu folgern, daß die Kreditinstitute ihre Liquiditätsanlagen solange zugunsten anderer, ertragreicherer Aktiva abbauen, bis der zusätzliche Ertrag die zusätzlichen Risiken und Kosten ausgleicht. Dieser Prozeß dürfte um so leichter in Gang kommen, wenn durch einen Liquiditätszufluß der Anteil der liquiden Mittel erhöht wird, und ein Kreditinstitut sich in seinem Portfoliogleichgewicht gestört sieht.

Andererseits ist die Haltung von Liquiditätsanlagen nicht unabhängig von der Nachfrage der Nichtbanken nach Krediten. In der Realität ist es durchaus möglich, daß die marktausgleichende Anpassung des Zinssatzes für Alternativanlagen, vor allem des Kreditzinses, im Zeitablauf unflexibel erfolgt, so daß die Nachfrager mit Mengenreaktionen reagieren. Diese Situation ist z. B. dann gegeben, wenn zeitliche Verzögerungen in der Anpassung von Zinssätzen, die Aktionsparameter der Institute darstellen, auftreten. In einer solchen Situation ist den Kreditinstituten keine andere Möglichkeit gegeben, als eine Mittelverwendung in Form liquider Anlagen.

Zusammenfassend läßt sich somit festhalten, daß die Nachfrage nach Liquiditätsanlagen auf dem Motiv der Gewinnerzielung beruht, wobei es gilt, bei Vermeidung von Illiquiditätskosten Erträge zu erzielen.

Neben der Höhe der Liquiditätsanlagen, deren Bestimmung Mittelpunkt der bisherigen Betrachtung gewesen ist, spielt auch die Frage nach der Struktur der Liquiditätsanlagen, die zu verwirklichen ist, für die Kreditinstitute eine bedeutsame Rolle. Prinzipiell kann dieses Problem portfoliotheoretisch aufgefaßt werden, so daß hier die gleichen Überlegungen gelten wie bei der Strukturierung der gesamten Aktivstruktur: Ein gegebener Betrag an liquiden Mitteln wird bei gegebenem Risiko so angelegt, daß der Ertrag maximal wird. Analog zu den Ergebnissen der Portfoliotheorie bestimmt sich nach diesen Überlegungen der Umfang jeder einzelnen Komponente der Liquiditätsreserven nach Ertrag, Kosten, Opportunitätskosten und Risiko der Ertragsrealisation. Änderungen dieser Parameter führen theoretisch zu entsprechender Variation der Struktur der Liquiditätsreserven.

Für eine realitätsbezogene Betrachtung der Liquiditätsanlagen der Kreditinstitute ist von den institutionellen Gegebenheien auszugehen, d. h. von der Abgrenzung der Mittel im Portefeuille der Kreditinstitute, gegen die die Zentralbank bereit ist, Zentralbankgeld abzugeben. Denn hierbei können sich qualitätsmäßige Unterschiede in den Komponenten der Liquiditätsanlagen ergeben, die zu unterschiedlicher Gewichtung verschiedener Papiere in dem Portefeuille der Institute führen können. Von den freien Liquiditätsreserven im Sinne der Bundesbank weisen folgende Komponenten Liquiditätsanlagencharakter auf: Die Überschußreserven und die inländischen Geldmarktpapiere.

Überschußreserven sind definiert als die Differenz aus Zentralbankguthaben der Kreditinstitute und deren Mindestreservesoll. Somit stellen sie schon aktuelles Zentralbankgeld dar, auch wenn sie nicht in die Zentralbankgeldmengendefinition der Bundesbank einbezogen sind. Da die Überschußreserven unverzinslich sind, also keinen Ertrag abwerfen, ihre Funktion der Liquiditätssicherung jedoch auch von anderen ertragbringenden Aktiva fast vollkommen erfüllt werden kann, ist diese Komponente für die Kreditinstitute mehr oder weniger bedeutungslos. Sie ist somit unproduktiv[18], so daß die Kreditinstitute geneigt sind, den Bestand dieser Komponente so gering wie nur möglich zu halten. Dafür, daß liquide Mittel in dieser Form existieren, lassen sich zwei Gründe anführen:

---

[18] Vgl. *Manfred J. M. Neumann:* „Konstrukte der Zentralbankgeldmenge", S. 332.

1. Weil die Erfüllung der Mindestreserveverpflichtungen der Kreditinstitute nur im Monatsdurchschnitt zu erfüllen ist, entstehen dispositionsbedingte technische Überschreitungen des Mindestreservesolls, die zu entsprechenden Überschußreserven führen.

2. Ganz kurzfristig auftretende, marktmäßig bedingte Zentralbankgeldzuflüsse, mit deren unmittelbaren Abzug wieder gerechnet wird, können zu einer entsprechenden Aufstockung gerade der Komponente Überschußreserven führen. Hierfür kann als Beispiel der Februar 1973 angeführt werden, als kurzfristig immense Devisenzuflüsse dazu führten, daß sich die Überschußreserven der Kreditinstitute ausweiteten, die übrigen Komponenten der Liquiditätsreserven hiervon jedoch unberührt blieben.

Liquiditätsanlagen stellen auch die inländischen Geldmarktpapiere dar, die bei der Bundesbank in Zentralbankgeld getauscht werden können. Im einzelnen handelt es sich bei dieser Komponente der Liquiditätsreserven um

— geldmarktregulierte Mobilisierungs- und Liquiditätspapiere, Schatzwechsel und Kassenobligationen öffentlicher Emittenten, soweit sie in die Geldmarktregulierung einbezogen sind. So gelten seit Ende 1972 Kassenobligationen nicht mehr als Liquiditätsreserven.

— Privatdiskonten,

— Plafond-B-Wechsel der AKA-Ausfuhrkreditgesellschaft und Plafond-II-Wechsel der Gesellschaft zur Finanzierung von Industrieanlagen und Vorratsstellenwechsel der Einfuhr- und Vorratsstellen. Diese jedoch seit dem 1. 1. 1977 nicht mehr in die Geldmarktregulierung der Bundesbank einbezogen[19].

Der Bestand an solchen Papieren ist als eigentliche Liquiditätsanlage der Kreditinstitute anzusehen, da er jederzeit in aktuelles Zentralbankgeld umgetauscht werden kann. Die Papiere erfüllen somit die Funktion der Liquiditätssicherung und werfen gleichzeitig einen Ertrag ab.

Somit können also als Einflußfaktoren auf die Struktur der Liquiditätsanlagen der Kreditinstitute

— die vorwiegend dispositionsbedingte Existenz von Überschußguthaben und

— die Existenz zinstragenden potentiellen Zentralbankgeldes

angesehen werden, wobei allerdings zu berücksichtigen ist, daß dieser Faktor durch Änderung der institutionellen Gegebenheiten beeinflußt werden kann.

---

[19] Vgl. *Deutsche Bundesbank:* „Die Wirtschaftslage um die Jahreswende 1976/77“, in: Monatsbericht, 29. Jg., Nr. 2 (Febr. 1977), S. 5 - 40, S. 12, Anm. 2.

Indirekt wird die Struktur der Liquiditätsanlagen auch durch die Möglichkeiten beeinflußt, die den Kreditinstituten zu Zentralbankgeldbeschaffung auf anderem Wege gegeben sind. Für das Bankensystem als ganzes ist dies vor allem die Verschuldung bei der Zentralbank, für die Einzelbanken die Möglichkeit der Beschaffung von Zentralbankgeld von anderen Kreditinstituten. In der Abgrenzung der freien Liquiditätsreserven der Bundesbank wird dem Verschuldungsaspekt bei der Notenbank dadurch Rechnung getragen, daß die noch nicht ausgenutzten Rediskontkontingente den Liquiditätsreserven zugerechnet werden. Sie stellen zwar kein Aktivum dar und sind somit auch keine Komponente der Liquiditätsanlagen, geben jedoch an, inwieweit noch Zentralbankgeld beschafft werden kann. Bei der Aggregation der Bilanzen der einzelnen Kreditinstitute zu der konsolidierten Bilanz des Bankensystems fallen die Interbankaktiva und -passiva heraus. Aber gerade die Interbankaktiva stellen für die einzelnen Kreditinstitute eine bedeutende Komponente liquider Mittel dar, so daß auch insgesamt die Struktur der Liquiditätsanlagen hierdurch indirekt beeinflußt sein dürfte.

2.2. Motive der Nachfrage nach Zentralbankkrediten

Die andere Möglichkeit der Beschaffung von Zentralbankgeld ist für die Kreditinstitute eine Verschuldung bei der Notenbank. Die Motive, die Kreditinstitute veranlassen, sich bei der Zentralbank zu verschulden, waren schon lange Gegenstand ökonomischer Analyse. Dabei geht die Diskussion zurück bis in die 20er Jahre und stellte infolge der Gründung des Federal Reserve Systems in Amerika einen dominierenden Bestandteil der monetären angelsächsischen Literatur dar.

Aus der Diskussion kristallisierten sich im Laufe der Zeit folgende Hypothesen heraus[20]:

— Die Kreditinstitute verschulden sich bei der Zentralbank nur, wenn ein Bedarf an Zentralbankgeld entsteht (Bedarfsmotiv).

— Die Kreditinstitute verschulden sich aufgrund ihres Verhaltens als Gewinnmaximierer dann, wenn sie durch die Verschuldung einen Gewinn erzielen können (Gewinnmotiv).

[20] In einem Überblick über die Motive vgl. z. B. *Karl Brunner, Allan H. Meltzer:* „Genesis and Development of the Free Reserve Conception of Monetary Processes", in: Readings in Money, National Income, and Stabilization Policy, ed. by Warren L. Smith and Ronald L. Teigen, Homewood (Ill.) 1965, S. 197 - 210; *Phillip Cagan:* „Interest Rates and Bank Reserves — A Reinterpretation of the Statistical Association", in: Essays in Interest Rates, Vol. I, ed. by Jack M. Guttentag and Phillip Cagan, New York 1969, S. 223 - 268, S. 223 ff.; *Horst Degen:* Die Nachfrage der Banken nach Zentralbankkrediten (Theoretische Überlegungen für die BRD), Diss. Bochum 1974, S. 8 ff.; *Manfred Neldner,* S. 93 ff.; *Vincenz Timmermann:* „Zur Refinanzierung der Banken beim Zentralbanksystem. Eine empirische Analyse für die Bundesrepublik Deutschland, 1955 - 1968", in: Zeitschrift für Nationalökonomie und Statistik, Bd. 185 (1971), S. 328 - 344, S. 328 ff.

— Die Kreditinstitute verschulden sich, wenn sie einen Gewinn erzielen können. Mit steigender Zentralbankgeldverschuldung sinkt jedoch die Verschuldungsbereitschaft (Integrationsthese von Gewinn- und Bedarfsmotiv, „reluctance"-These).

Am Rande ist noch das sog. Erwartungsmotiv zu erwähnen, bei dem schon eine Verbindung zwischen Bedarf und Gewinnmotiv angestrebt wurde[21]. Aufgrund seiner theoretischen und empirischen Bedeutung kommt diesem Motiv jedoch kein besonderes Gewicht zu.

Die These des Bedarfsmotivs[22] postuliert, daß die Kreditinstitute eine Verschuldung bei der Notenbank nur dann eingehen, wenn ein Notfall eintritt, d. h. unerwartet Zentralbankgeldabflüsse auftreten und hieraus ein Reservebedarf entsteht, der anderweitig nicht gedeckt werden kann. Veranlaßt werden kann ein solcher Fall dadurch, daß beispielsweise ein Reservebedarf durch unvorhergesehene Clearing-Salden entsteht oder aber auch gute Kunden mit Kreditbegehren an die Institute herantreten. Die Begründung für das Verhalten der Kreditinstitute wird darin gesehen, daß die Banken eine traditionell bedingte Aversion gegen eine Kreditaufnahme sowohl bei anderen Banken als auch speziell bei den Federal Reserve Banken aufweisen. Dieses Phänomen fand Eingang in die Literatur als „tradition against borrowing", die nur dann überwunden wird, wenn ein Bedarf tatsächlich eingetreten ist. Konsequenterweise führt das Bedarfsmotiv zu einer Rückzahlung eines Zentralbankkredites sobald wie möglich.

Das Gewinnmotiv[23] entwickelte sich als Alternative, da die Bedarfsthese nicht immer eine befriedigende Erklärung der Realität ergab. Diese Hypothese unterstellt, daß die Zentralbankverschuldung der Kreditinstitute dadurch determiniert wird, daß die Kreditinstitute eine Gewinnchance zu realisieren trachten, wenn

---

[21] Im wesentlichen stellt dieses Motiv auf die Signalwirkung von Diskontsatzänderungen ab, die zu Verhaltensänderungen in der Kreditwirtschaft führen.

[22] Vertreter dieses Motivs sind *W. Randolph Burgess:* Die Reserve Banken und der Geldmarkt in den Vereinigten Staaten, Berlin o. J. (1927); *Winfield W. Riefler:* Money Rates and Money Markets in the United States, New York 1930; *Charles O. Hardy:* Credit Policies of the Federal Reserve System, Washington 1932; *Lauchlin Currie:* „Member Bank Indebtness and Net Deposits in the Federal Reserve System", in: Quarterly Journal of Economics, Bd. 46 (1931/32), S. 509 - 524; ders.: The Supply and Control of Money in the United States, Cambridge, Mass. 1934. Von den beiden letztgenannten Autoren wurde schon auf die Zinsabhängigkeit der Zentralbankverschuldung hingewiesen, wenn auch der Bedarf als zentraler Bestimmungsgrund galt. Der Zusammenhang wurde vor allem darüber hergestellt, daß zu klären versucht wurde, inwieweit im Konjunkturverlauf unterschiedliche Verhaltensweisen in der Bereitschaft der Kreditinstitute, sich bei der Zentralbank zu verschulden, auftreten.

[23] Diese Auffassung wurde in die Diskussion gebracht von *Robert C. Turner:* Member Bank Borrowing, Colombus 1938.

— die Erträge aus einer Kreditvergabe die Refinanzierungskosten bei der Notenbank übersteigen und/oder

— der Diskontsatz niedriger ist als alternative Refinanzierungskosten, insbesondere auf dem Geldmarkt.

Derartige Zinssatzdifferenzen werden von den Kreditinstituten zu Arbitrage- oder Leverage-Transaktionen[24] genutzt. Somit wird die Nachfrage nach Zentralbankkrediten in Abhängigkeit von dem „profit spread", also dem Unterschied zwischen einem repräsentativen Ertragssatz und den Refinanzierungskosten, gesehen.

In der Verbindung der beiden Grundmotive Bedarf und Gewinn sieht die reluctance-Theorie die erklärungsrelevante Verhaltenshypothese[25]. Hiernach hängt die Nachfrage nach Zentralbankkrediten davon ab, daß

— die Verschuldungsbereitschaft der Kreditinstitute bei der Notenbank mit höheren Gewinnerwartungen, ausgedrückt durch eine zunehmende Zinsdifferenz, steigt, und andererseits

— eine Verschuldung bei der Zentralbank sog. „disutilities", die als psychologische Kosten der Verschuldung zu interpretieren sind, hervorruft, die bei den Kreditinstituten eine mit zunehmender Zentralbankverschuldung wachsende Aversion gegen weitere Kreditaufnahmen aufkommen läßt.

Drei Gründe sind für die Abnahme der Verschuldungsbereitschaft zu nennen:

— Die „tradition against borrowing", die jedoch bankindividuell unterschiedlich ausgeprägt sein kann,

— die Korrektur der Zinsdifferenz um eine Risikoprämie zur Berücksichtigung des Risikos aus der Ausdehnung der werbenden Aktiva, und

— institutionelle Regelungen, die bankaufsichtliche Konsequenzen mit sich bringen, wenn die Zentralbankverschuldung gewisse Grenzen überschreitet.

Aus diesen beiden Komponenten ergibt sich die Beschaffung von Zentralbankgeld durch Kreditaufnahme bei der Notenbank als ein Optimierungsproblem, das in Abb. 3 graphisch dargestellt ist[26].

---

[24] So spricht *Uwe Westphal* (Theoretische und empirische Untersuchungen, S. 119) von Arbitrage, während *Manfred Neldner* (Die Bestimmungsgründe, S. 132 f.) den Begriff leverage-Transaktion bevorzugt.

[25] Diese Integrationsthese beider Motive geht zurück auf *Polakoff*. Vgl. *Murray E. Polakoff:* „Reluctance Elasticity, Least Cost and Member Bank Borrowing: A Suggested Integration", in: Journal of Finance, Vol. 15 (1960), S. 1 - 18; ders.: „Federal Discount Policy and its Critics", in: Banking and Monetary Studies, ed. by Deane Carson, Homewood (Ill.) 1963, S. 190 - 212; ders.: and *William L. Silber:* „Reluctance and Member Bank Borrowing: Additional Evidence", in: Journal of Finance, Vol. 22 (1967), S. 88 - 92.

Ausgangspunkt der theoretischen Betrachtung der Integrationshypothese ist das Postulat, daß Gewinnerzielung und Zentralbankgeldverschuldung substituierbar sind. Dies kommt in der Abb. 3 in den Indifferenzkurven U_1, U_2 zum Ausdruck, deren Steigungen angeben, wieviel zusätzlicher Gewinn erzielt werden muß bei einer Steigerung des Zentralbankkredits um eine (marginale) Einheit, damit das realisierte Nutzenniveau konstant bleibt (Grenzrate der Substitution). Dabei bezeichnen U_1 und U_2 unterschiedliche Nutzenniveaus, wobei $U_2 > U_1$. Der aus einer Zentralbankverschuldung erzielbare Gewinn ergibt sich entsprechend der Geraden G_1 bzw. G_2, weil der jeweilige Steigungswinkel α oder β die entsprechende Zinsdifferenz repräsentiert. Eine optimale Verschuldung bei der Zentralbank ergibt sich entsprechend der Optimalitätsbedingungen dann, wenn der Grenzgewinn gleich der Grenzrate der Substitution von Zentralbankverschuldung und Gewinnerzielung ist. Diese Bedingung ist bei den Tangentialpunkten A resp. B der Nutzenindifferenzkurven mit den Gewinngeraden gegeben. Die optimale Zentralbankgeldverschuldung stellt sich ein als ZB^{+}_{1} resp. ZB^{+}_{2}. Die Verbindungslinie aller deartiger Tangentialpunkte führt zu dem Expansionspfad der Zentralbankverschuldung, der somit die Nachfragebeziehung zwischen Zentralbankkredit und Gewinnerzielung darstellt, wobei gleichzeitig eine Verschuldungsaversion berücksichtigt wird. Generell läßt sich feststellen, daß der Verlauf dieser Kurve Ausdruck des Aversionsgrades ist. Je steiler der Verlauf, desto stärker die „reluctance" gegen eine Verschuldung bei der Zentralbank.

Im Hinblick auf die Realitätsnähe der drei Hypothesen ist festzuhalten, daß die Grundmotive für sich allein genommen keinen hinreichenden Erklärungswert besitzen. Die Integrationsthese hingegen dürfte wohl als die realitätsadäquateste Erklärungshypothese angesehen werden. Denn in ihr wird nicht nur das Gewinnstreben als Verhaltensmaxime berücksichtigt, sondern es werden in dieser Theorie alle möglichen Hemmnisfaktoren für eine Verschuldung der Kreditinstitute bei der Zentralbank subsumiert, seien sie nun bankindividuell bedingt oder seien sie institutionell verankert. Weiterhin ist im Zusammenhang mit der Beurteilung der Verhaltenshypothesen zu beachten, in welchem räumlich-zeitlichen Bezug diese stehen. Da die Analysen der Zentralbankverschuldung der Kreditinstitute in den USA durgeführt wurden, sind sie auch auf deren institutionellen Regelungen und Gegebenheiten zugeschnitten und spiegeln die dortigen Verhältnisse wider. So ist beispielsweise darauf hinzuweisen, daß die immer wieder betonte „tradition against borrowing" darauf zurückzuführen ist, daß die Verschuldung der Mitgliedsbanken im Federal Reserve System ein Privileg dieser Banken ist, die keinerlei Anspruch auf diese Kredite haben. Zudem pflegten die Federal Reserve

[26] Vgl. hierzu *Murray E. Polakoff*: „Reluctance Elasticity, Least Cost, and Borrowing", S. 5.

Banken übermäßige Kreditinanspruchnahme als Anlaß für eingehendere Überprüfungen und Überwachungen der Kreditnehmer zu nehmen. Mit der Regulation *A* wurde zu Beginn der 50er Jahre in den USA der Bedarf als Kriterium für eine Beschaffung von Zentralbankgeld durch Verschuldung bei der Notenbank mehr oder weniger institutionell erzwungen[27]. Die institutionelle Ausgestaltung der Zentralbankverschuldung in der Bundesrepublik Deutschland eröffnet den Kreditinstituten zwei Möglichkeiten der Zentralbankgeldbeschaffung: Zum einen über den Rediskontkredit, zum anderen über den Lombardkredit. Zwischen beiden Möglichkeiten der Zentralbankgeldbeschaffung besteht ein qualitativer Unterschied. Dieser kommt dadurch zum Ausdruck, daß die beiden Grundmotive der Zentralbankverschuldung unterschiedlich starkes Gewicht bei den beiden Möglichkeiten haben.

Die Beschaffung von Zentralbankgeld durch Rediskontierung stellt traditionellerweise in der Bundesrepublik ein Recht der Banken dar, so daß sich hieraus eine historisch psychologische „tradition against borrowing" nicht rechtfertigen läßt. Eine obere Begrenzung erfährt dieses Recht jedoch seit der Einführung von Rediskontkontingenten (1952). Diese quantitative Fixierung einer Obergrenze der Rediskontkreditinanspruchnahme läßt sich in Abb. 3 dadurch zum Ausdruck bringen, daß der Expansionspfad der Kreditnahme bei der Zentralbank senkrecht nach oben verläuft (Kurvenverlauf II: B)[28]. Dies bedeutet, daß ab diesem Punkt die Nachfrage nach Zentralbankgeldkredit (in diesem Falle Rediskontkredit) vollkommen unelastisch wird.

Ausgestaltung und Handhabung der Zentralbankgeldbeschaffung über den Weg der Lombardierung lassen sehr große Ähnlichkeit mit den Prämissen der Hypothesen erkennen. Insbesondere versuchte die Deutsche Bundesbank den Aufbau einer Aversion gegen eine Zentralbankverschuldung über Lombardierung zu forcieren. Denn nach dem Beschluß vom 17./18. 12. 1952 soll ein Lombardkredit „grundsätzlich nur gewährt werden, wenn es sich um die kurzfristige Überbrückung eines vorübergehenden Liquiditätsbedürfnisses handelt ..."[29]. Als aversionsverstärkend ist noch die Bedingung anzusehen, daß „keine Bedenken gegen den Zweck der Kreditaufnahme bestehen"[30] bzw. der Lombardkredit „nach Umfang und Dauer angemessen und vertretbar erscheint"[31].

---

[27] Siehe hierzu z. B. *Wolfgang Graebner:* Die Wirkungsgrenzen der amerikanischen Notenbankpolitik, Frankfurt/M. 1966, S. 64 ff.

[28] Veränderungen der Rediskontkontingente kommen einer Parallelverschiebung dieser Begrenzung gleich. Nach rechts: Erhöhung der Kontingente, nach links: Senkung der Kontingente. Ebenso äußern sich Änderungen der Bemessungsgrundlage.

[29] *Deutsche Bundesbank:* Geschäftsbericht 1970, S. 111.

[30] Ebd., S. 110.

[31] *Deutsche Bundesbank:* Geschäftsbericht 1971, S. 116.

Als Kriterium hierfür diente der Bundesbank seit Mitte 1970 die sog. „Warnmarke" (20 % des Rediskontkontingents des Kreditinstituts), deren Überschreitung dazu führte, daß das betroffene Kreditinstitut seine Geschäftspolitik zu erläutern hatte[32]. Seit 1973 erhielt die Zentralbankgeldbeschaffung auf dem Wege der Lombardierung eine neue Qualität. Denn es wurden grundsätzlich keine Lombardkredite mehr gewährt. Hierbei bildete jedoch ein echter Bedarf (gerade im Sinne der Bedarfstheorie) infolge eines unvorhergesehenen Giro-Debetsaldos die Ausnahme. Hierfür konnte ein Lombardkredit, der am nächsten Geschäftstag zurückzuzahlen war, aufgenommen werden[33]. Als Instrument der Feinsteuerung gewährte die Deutsche Bundesbank jedoch, um Spannungen am Geldmarkt zu vermeiden, den sog. Sonderlombard zu einem besonderen, täglich veränderbaren Satz, mit dem Vorbehalt, daß diese Kredite täglich widerrufen werden können[34]. Seit dem 3. Juli 1974 gewährt die Bundesbank wieder Lombardkredite zu den normalen Bedingungen. Dabei wurde auch auf eine Quantifizierung des Lombardspielraums durch eine Warnmarke verzichtet. Diese normale Kreditgewährung sollte zunächst auf einen Monat befristet werden, wurde aber seitdem immer wieder verlängert. In dem Liquiditätsschema der Bundesbank sind diese Lombardkredite unter der Rubrik „Bruttozentralbankgeldschöpfung" ausgewiesen. Im Rahmen der freien Liquiditätsreserven werden die Möglichkeiten der Lombardierung bei der Berechnung der freien Liquiditätsreserven nicht berücksichtigt, was möglicherweise einen nicht hinreichenden Eindruck von der tatsächlichen Liquiditätslage der Kreditinstitute gibt[35].

2.3. Empirische Untersuchungen zum Bankenverhalten

Nach der Darstellung der Hypothesen über das Verhalten der Kreditinstitute hinsichtlich der Nachfrage nach Zentralbankgeld durch Verschuldung bei der Notenbank, sollen diese im folgenden empirisch überprüft werden. Dazu müssen zunächst die Probleme umrissen werden, die mit der notwendigen Aggregation mikroökonomischer Verhaltensweisen zu makroökonomischen verbunden sind. Sodann wird ein Überblick über die bisherigen empirischen Arbeiten gegeben, deren Aussagen durch eigene Untersuchungen ergänzt werden.

---

[32] Vgl. ebd., S. 116.

[33] *Deutsche Bundesbank:* Geschäftsbericht 1973, S. 66.

[34] Vgl. ebd., S. 66.

[35] Vgl. auch *Deutsche Bundesbank:* „Die Wirtschaftslage um die Jahreswende 1976/77", in: Monatsberichte, 29. Jg., Nr. 2 (Febr. 1977), S. 5 - 40, S. 13.

2.3.1. Aggregationsprobleme

Besondere Probleme bei der empirischen Arbeit ergeben sich daraus, daß das Verhalten des Bankensystems nicht notwendigerweise mit der Summe der Verhaltensfunktionen der mikroökonomischen Einheiten identisch sein muß. Davon wäre nur auszugehen, wenn alle Kreditinstitute gleich wären, eine extrem unrealistische Prämisse. Auch das Bankensystem in der Bundesrepublik Deutschland weist trotz des überwiegenden Universalbankprinzips erhebliche Strukturunterschiede auf. Diese erstrecken sich nicht nur auf die verschiedenen Institutsgruppen, sondern auch innerhalb der Gruppen, wobei auch die unterschiedlichen Größenordnungen der Institute eine Rolle spielen. Derartige Probleme müssen bei der Interpretation empirischer Ergebnisse berücksichtigt werden, da sonst der mit der Aggregation verbundenen Verzerrung („bias") nicht Rechnung getragen würde.

2.3.2. Die Grundstruktur empirisch geschätzter Nachfragefunktionen

Die empirische Überprüfung der theoretisch aufgestellten Verhaltenshypothesen stellt sich als ein Problem der Spezifikation und Schätzung von Nachfragefunktionen. Die theoretisch abgeleiteten und allgemein gehaltenen Verhaltensfunktionen müssen also durch die Wahl so formuliert werden, daß sie statistischen Methoden zugänglich werden. Dies bedeutet, die einzelnen Verhaltensmotive müssen durch repräsentative Variablen erfaßt werden, für die in der Realität Daten verfügbar sind. Sind die Nachfragefunktionen spezifiziert, so werden sie regressionsanalytisch geschätzt.

Einfach strukturierte Nachfragefunktionen sehen die Nachfrage nach einem Gut lediglich in Abhängigkeit von seinem Preis und den Preisen für andere Güter. Für die Kreditwirtschaft bedeutet dies, der nachgefragte Bestand eines Aktivums hängt ab von dem Zinssatz dieses Aktivums und denen für alternative Anlagemöglichkeiten. Für die empirische Schätzung hat die Nachfragefunktion dann folgende allgemeine Form:

$$A = a_0 + a_1 Z_1 + a_2 Z_2 + \ldots + u$$

A = nachgefragter Bestand des Aktivum A
Zi = Zinssatz der Aktiva i
aj = Regressionskoeffizienten
u = Zufallsglied

Schwierigkeiten bei der empirischen Überprüfung von Nachfragefunktionen im monetären Bereich ergeben sich dadurch, daß die Zinssätze nicht unabhängig voneinander sind. Sie beeinflussen sich gegenseitig und verändern sich im Zeitablauf in der Regel in die gleiche Richtung. Diese Multikollinearität verursacht Verzerrungen in den Schätzergebnissen. Eine Möglichkeit dies zu reduzieren besteht darin, aus den Zinssätzen für die verschiedenen Aktiva neue Variablen in Form von Zinssatzdifferenzen zu bilden. Die Nachfragefunktion erhält dann die folgende Form:

$$A = a_0 + a_1 (Z_1 - Z_2) + a_2 (Z_3 - Z_2) + \ldots + u$$

Bei diesen Regressionsanalysen geben die Koeffizienten der erklärenden Variablen an, um wieviel sich die Nachfrage erhöht bzw. senkt, wenn sich die erklärende Variable um eine Einheit ändert.

Die so strukturierten Modelle sind relativ einfach und werden den Anforderungen der theoretisch postulierten Hypothesen über das Bankenverhalten nicht gerecht. Sie erfassen in der Regel nur den Einfluß des Gewinnmotivs, während andere Faktoren unberücksichtigt bleiben. Dagegen wird in den sogenannten Bestandsanpassungsmodellen dem dynamischen Aspekt des Verhaltens Rechnung getragen. Dabei wird davon ausgegangen, daß die Banken in ihrem Portfolioverhalten bestrebt sind, im Zeitablauf sukzessive Anpassungen der tatsächlichen an die gewünschten (Gleichgewichts-)Bestände der verschiedenen Bilanzpositionen vorzunehmen, falls die gewünschte Portfoliostruktur nicht realisiert ist. Dabei kann als Annäherung unterstellt werden, daß pro Zeitperiode die Kreditinstitute einen bestimmten Anteil der Differenz zwischen gewünschtem und realisiertem Bestand anpassen. Da davon auszugehen ist, daß die Höhe eines nachgefragten Aktivums auch von dem Gesamtbestand aller verfügbaren Mittel abhängig sind, muß diese Bilanzbeschränkung in Form einer Vermögensvariablen Eingang in die Schätzgleichung finden. Man erhält dann folgende Nachfragefunktion[36]:

$$A_t = \lambda a_0 + \lambda a_1 Z_1 + \ldots + \lambda a_u D + (1 - \lambda) A_{t-1}$$

mit zusätzlich

λ = prozentuale Anpassungsrate
D = Depositenvolumen
t = Zeitpunkt t.

Damit ist das typische Verhalten der Kreditwirtschaft noch nicht hinreichend erfaßt. So ist davon auszugehen, daß es Faktoren gibt, die kurzfristig dafür sorgen, daß das angestrebte Gleichgewicht nicht er-

[36] Diese der Regressionsanalyse zugängliche Funktion ergibt sich aus folgenden formalen Überlegungen: Der nachgefragte Gleichgewichtsbestand zum Zeitpunkt t sei eine Funktion der erklärenden Variablen Zinssätze Z_i und Depositenvolumen D

(1) $$A^*_t = a_0 + a_1 Z_{1,t} + \ldots + a_n D_t + u_t.$$

Die Kreditinstitute sind bestrebt, ihren in der Vorperiode realisierten Bestand A_{t-1} an den gewünschten Bestand A^* anzupassen. Dies geschieht mit der prozentualen Anpassungsrate λ, so daß

(2) $$A_t - A_{t-1} = \Delta A_t = \lambda (A^*_t - A_{t-1}).$$

Wird für A^*_t die Gleichung (1) eingesetzt, so ergibt sich die Nachfragefunktion im Text.

reicht werden kann. Diese Faktoren werden unter dem Begriff „shortrun-constraints“ zusammengefaßt. Hierbei handelt es sich prinzipiell um Bestimmungsfaktoren, die die Institute nicht selbst beeinflussen, wie der unvermutete Zufluß oder Abfluß liquider Mittel. Ursächlich hierfür können z. B. Devisenmarktinterventionen oder auch Mindestreservesatzänderungen oder ähnliches sein. Ihre Änderungen sind somit nicht auf die zu überprüfenden Verhaltensmotive zurückzuführen, beeinflussen die Nachfrage jedoch und müssen durch entsprechende Variable erfaßt werden.

Weiterhin muß berücksichtigt werden, daß das Nachfrageverhalten von bestimmten jahreszeitlichen Faktoren beeinflußt wird. Beispiele für solche Einflußfaktoren sind die stärkere Bargeldneigung der Nichtbanken bei Festtagen (Weihnachten, Ostern oder auch Urlaub) oder das Bestreben der Kreditinstitute, zum Jahresultimo aus bilanzoptischen Gründen hohe Liquiditätsbestände auszuweisen („window-dressing“). Den Einfluß solcher Größen gilt es durch sogenannte „Saisondummies“ zu erfassen. Sie gehen als Zeitreihe mit dem Wert 1 für den Monat, in dem der Einfluß in Erscheinung tritt, und dem Wert 0 für die anderen Monate in die Schätzung ein.

Ein weiterer wichtiger Faktor für die Konstruktion empirischer Nachfragemodelle stellt die sogenannte Homogenitätshypothese dar. Hierbei wird unterstellt, alle Variablen mit der Dimension D-Mark seien linearhomogen. Das heißt, verdoppeln sich zum Beispiel die Werte der erklärenden D-Mark-Variablen, so verdoppelt sich auch der Wert der zu erklärenden Variablen. Anders ausgedrückt: Eine Änderung des Portfoliovolumens bleibt ohne Einfluß auf die Portfoliostruktur, das heißt, die Anteile der einzelnen Komponenten bleiben konstant.

Inwieweit die empirischen Überprüfungen brauchbare Ergebnisse liefern, läßt sich mittels statistischer Tests ermitteln[37].

2.3.3. Die Nachfrage nach Liquiditätsanlagen

2.3.3.1. Überblick über empirische Untersuchungen vor 1970

Empirische Überprüfungen der Hypothesen der Nachfrage der Kreditinstitute nach Liquiditätsanlagen wurden ursprünglich in den Vereinigten Staaten vorgenommen. Bei den empirischen Arbeiten sind grundsätzlich zwei Typen zu unterscheiden, die einen, die in einer Partialanalyse die Bestimmungsgründe der Nachfrage nach Liquiditätsanlagen zu ergründen suchen und die anderen, deren Analyse Teil eines umfassenden ökonometrischen Modells ist[38]. Während die ersten meist ihr Ziel

[37] Vgl. hierzu z. B. die Ausführungen bei *Heinz Gollnick:* Einführung in die Ökonometrie, Stuttgart 1968, S. 57 ff.

[38] Zu den Partialmodellen vgl. die Literaturangaben zu den theoretischen Überlegungen zur Nachfrage nach Liquiditätsanlagen. Für empirische Über-

darin sehen, neuformulierte Nachfragehypothesen zu testen, wird bei anderen auf schon vorhandene theoretische Ansätze zurückgegriffen.

Für die Bundesrepublik Deutschland liegen empirische Untersuchungen zur Nachfrage der Kreditinstitute nach Liquiditätsanlagen fast nur für den Zeitraum vor 1970 vor. Im folgenden sollen diese Ansätze kurz skizziert werden, und deren Ergebnisse mit eigenen empirischen Überprüfungen für den Zeitraum nach 1971, für den die Bundesbank ihr neuestes Liquiditätsschema vorgelegt hat, verglichen werden.

Die erste empirische Überprüfung wurde von *U. Westphal*[39] durchgeführt, mit dem Ziel, das Verhalten der Banken im Geldangebotsprozeß zu analysieren. Allgemeiner theoretischer Ansatzpunkt ist ein Bestandsanpassungsmodell mit einer Anpassungshypothese vom Nerlove-Typ; d. h. es wird unterstellt, daß die Kreditinstitute pro Zeitperiode einen bestimmten Anteil der Differenz zwischen gewünschtem und realisiertem Bestand anpassen[40]. Die Nachfrage der Kreditinstitute nach Liquiditätsanlagen wird in Abhängigkeit von den folgenden Argumenten gesehen:

— dem Volumen verfügbarer Deposition, das sich aus dem Depositenvolumen, bereinigt um die darauf zu haltenden Mindestreserven, ergibt,
— der durchschnittlichen Rendite für Liquiditätsanlagen,
— der durchschnittlichen Rendite für Alternativaktiva,
— dem Diskontsatz und
— der Einlagenstruktur.

Weitere wichtige Einflüsse auf die Nachfrage nach Liquiditätsanlagen hinsichtlich der Anpassung an den optimalen Bestand werden in folgenden kurzfristigen Beschränkungsvariablen („short run contraints") gesehen:

— den Reservezu- bzw. -abflüssen, zu deren Finanzierung die Liquiditätsanlagen herangezogen werden und

prüfungen im Rahmen ökonometrischer monetärer Modelle sind vor allem die folgenden Arbeiten zu nennen: *Frank de Leeuw:* „A Model of Financial Behavior", in: The Brookings Quarterly Econometric Model of the United States, ed. by James S. Duesenberry, Gary Fromm, Lawrence R. Klein, Edwin Kuh, Chicago, Amsterdam 1965, S. 465 - 530; ders.: „A Condensed Model of Financial Behavior", in: The Brookings Model: Some Further Results, ed. by James S. Duesenberry, Gary Fromm, Lawrence R. Klein, Edwin Kuh, Amsterdam, London, Chicago 1969, S. 270 - 315; *John F. Helliwell, Harold T. Shapiro, Gordon R. Sparks, Jan S. Stewart, Frederick W. Gorbet, Donald R. Stephenson:* The Structure of RDX2, Part 1, Bank of Canada, Staff Research Studies No. 7, 1971, S. 167 ff.

[39] *Uwe Westphal:* Theoretische und empirische Untersuchungen zur Geldnachfrage und zum Geldangebot, Tübingen 1970, S. 97 ff.

[40] Vgl. ebd., S. 101 ff.

— in kurzfristigen Krediten, die zum Teil im Rahmen von existierenden Kreditlinien gewährt werden.

Beide Argumente charakterisieren die Bedeutung der Liquiditätsanlagen als „buffer stock" bei unvorhergesehenen Zentralbankgeldzu- oder -abflüssen. Für den Zeitraum von Januar 1963 bis Dezember 1968 ergibt sich als bestes Schätzergebnis („best fit") für die Nachfragefunktion der Banken nach Liquiditätsanlagen folgende Gleichung[41]:

$$\frac{\Delta L}{H_{-1}} = 0{,}0087 - \underset{(0{,}072)}{0{,}120}\, \frac{L_{-1}}{H_{-1}} + \underset{(0{,}202)}{0{,}016}\, (r^A - r^L)$$

$$+ \underset{(0{,}259)}{0{,}215}\, (r^D - r^L) + \underset{(0{,}088)^{**}}{0{,}486}\, \frac{U}{H_{-1}} - \underset{(0{,}129)}{0{,}228}\, \frac{K}{H_{-1}}$$

$$+ \underset{(0{,}115)}{0{,}104}\, \frac{F_{-1}}{H_{-1}} - \underset{(0{,}091)}{0{,}113}\, \frac{10^3}{H_{-1}}$$

$$+ \underset{(0{,}002)^{**}}{0\,010}\, S_1 \qquad - \underset{(0{,}002)^{**}}{0{,}006}\, S_{12} \qquad R^2 = 0{,}752$$

mit L = Liquiditätsanlagen
H = verfügbares Depositenvolumen
U = Reservezu- bzw. -abflüsse
K = kurzfristige Kredite
F = Rediskontkontingente
Si = Saisondummy für Monat i
rA = Rendite für Alternativanlagen
rL = Rendite der Liquiditätsanlagen
rD = Diskontsatz

* signifikant bei einer Irrtumswahrscheinlichkeit von 5 v. H.
** signifikant bei einer Irrtumswahrscheinlichkeit von 1 v. H.
In Klammern sind die Standardabweichungen der Koeffizienten angegeben.

In dieser Gleichung wurden die Veränderungen der Liquiditätsanlagen bei den Kreditinstituten unter Berücksichtigung der Homogenitätshypothese[42] geschätzt. Die Zinssätze gehen in der Form von Zinssatzdifferenzen in die Gleichung ein, um auf diese Art und Weise die Multikollinearität der Zinssätze zu reduzieren. Daneben werden noch die für Finanzierungsmöglichkeiten durch die unausgenutzten Rediskontkontingente sowie das „window dressing" durch entsprechende Saisonvariablen für Januar und Dezember berücksichtigt. Die Schätzung läßt folgende

[41] *Uwe Westphal:* Theoretische und empirische Untersuchungen zur Geldnachfrage und zum Geldangebot, Tübingen 1970, S. 108. Weitere Schätzergebnisse sind auf S. 109 tabellarisch zusammengestellt. Geschätzt wurde nach dem OLS-Verfahren.

[42] Die Homogenitätsannahme postuliert, daß eine Veränderung des Portefeuille-Volumens ohne Einfluß auf die Portefeuille-Zusammensetzung bleibt.

Interpretation zu: Die stärksten Einflüsse auf die Nachfrage nach Liquiditätsanlagen gehen von den Reservezu- oder -abflüssen aus. Knapp die Hälfte (48,6 %) eines zusätzlichen Reservezuflusses findet in der Erhöhung der Liquiditätsanlagen ihren Niederschlag. Ebenfalls recht hoch ist der Einfluß der kurzfristigen Kredite, jedoch ist bei dieser Variablen der Schätzkoeffizient nicht signifikant. Dies trifft auch für den Einfluß der Refinanzierungskontingente zu. Signifikant sind ebenfalls die Einflüsse der Saisonvariablen, die somit für die beobachtete Zeitperiode den Tatbestand des „window dressing" bestätigen. Problematisch sind die Schätzergebnisse für die Zinssätze. Zum einen sind sie nicht signifikant, zum anderen weist der für die Zinsdifferenz $r^A - r^L$, die die Attraktivität alternativer Anlagemöglichkeiten repräsentieren soll, ein falsches Vorzeichen auf. Denn es war zu erwarten, daß die Nachfrage nach Liquiditätsanlagen zurückgeht, wenn diese Differenz steigt. Als ursächlich hierfür können die Schwierigkeiten in der Wahl eines repräsentativen Zinssatzes für die Durchschnittsrendite von Liquiditätsanlagen angeführt werden. Aussagen über die durchschnittliche Anpassungsgeschwindigkeit lassen sich aus dem Koeffizienten vor der verzögerten endogenen Variablen ($\frac{L_{-1}}{H_{-1}}$) gewinnen. Dieser Koeffizient (auch er ist statistisch nicht gesichert) besagt, daß bei einer Änderung der Zinssätze[43] die durchschnittliche Verzögerung der Bestandsanpassung etwa sieben Monate beträgt[44]. Ein solcher Zeitraum scheint prima facie als recht lang, ist jedoch dadurch erklärbar, daß ein derartiger Anpassungsprozeß innerhalb des Bankensystems langsamer verläuft als bei einer einzelnen Bank. Denn infolge des multiplen Geld- und Kreditschöpfungsprozesses ergeben sich innerhalb des Bankensystems Kettenreaktionen bezüglich der Anpassung der Liquiditätsanlagen. Die Liquiditätsanpassungen pflanzen sich von Bank zu Bank fort, so daß der Prozeß für eine einzelne Bank schon abgeschlossen sein kann, während das gesamte System sich noch im Anpassungsvorgang befindet[45].

Bei ihrer Analyse des Geldangebotsprozesses in der Bundesrepublik führen auch *J. Siebke* und *M. Willms* in einem einfacheren Modell eine Überprüfung der Nachfrage der Kreditinstitute nach Liquiditätsanlagen, speziell der Nachfrage nach Offenmarkttiteln, durch[46]. Sie schätzen auf

[43] Wenn „short run constraints" nicht wirksam sind.

[44] Die mittlere Verzögerung V läßt sich aus diesem Koeffizienten γ nach der Formel

$$V = \frac{1-\gamma}{\gamma}$$

berechnen. Vgl. hierzu die Ausführungen bei *U. Westphal*, S. 33 ff.

[45] Vgl. ebd., S. 102 f.

[46] Vgl. *Jürgen Siebke, Manfred Willms:* „Das Geldangebot in der Bundesrepublik Deutschland", in: Zeitschrift für die gesamte Staatswissenschaft, Bd. 126 (1970), S. 55 - 74, S. 70 ff.

der Basis von Quartalsdaten für den Zeitraum 1958 - 1968 (1. Quartal) lediglich die Abhängigkeiten von den Zinssätzen. Und zwar in einem ersten Ansatz in Abhängigkeit von

— dem Diskontsatz und

— dem Kreditzinssatz,

und in einem zweiten Ansatz zusätzlich

— dem Geldmarktzinssatz.

Als Ergebnis der empirischen Überprüfung ergeben sich die folgenden beiden Gleichungen[47]:

$$W/E = 16{,}0036 + 0{,}5032\, z^A - 2{,}2049\, z^K \qquad DW = {,}305$$
$$\quad (4{,}851) \quad (,846) \quad (-3{,}178) \qquad R = {,}557$$

bzw.

$$W/E = 15{,}9082 + 0{,}6326\, z^A - 2{,}1743\, z^K - 0{,}1429\, z^G \qquad DW = {,}301$$
$$\quad (4{,}650) \quad (,547) \quad (-2{,}937) \quad (-,131) \qquad R = {,}556$$

W = Offenmarktpapiere
E = verfügbares Depositenvolumen
zA = Abgabesatz für Offenmarkttitel
zG = Diskontsatz
zK = Zinssatz für langfristige staatliche Wertpapiere (Alternativanlage).

In Klammern sind die *t*-Werte angegeben.

Geschätzt wird die Nachfrage nach Offenmarktpapieren als Anteilskoeffizient der Depositen (Homogenitätshypothese). Zwar haben die geschätzten Regressionskoeffizienten der erklärenden Variablen die erwarteten Vorzeichen (eine Erhöhung der Rendite von Offenmarktpapieren läßt deren Nachfrage steigen bzw. eine Erhöhung des Alternativanlagezinssatzes läßt die Nachfrage sinken), jedoch sind die Koeffizienten in der ersten Schätzung statistisch nicht gesichert. Durch die Einbeziehung der Variablen Geldmarktzinssatz, die in diesem Zusammenhang als Alternativanlagemöglichkeit interpretiert werden kann, wird das Schätzergebnis bezüglich der Signifikanz des Koefizienten des Kreditzinssatzes verbessert. Insgesamt gesehen sind diese Schätzungen sehr unbefriedigend, wird doch durch die erhaltenen Regressionsgleichungen nur etwa 31 % der zu erklärenden Varianz erklärt. Darüber hinaus deutet der Wert des Durbin-Watson Koeffizienten auf starke Autokorrelation der Residuen hin.

Für den Zeitraum von 1958 bis 1969 führte auch *M. Hieber*[48] auf der Basis von Quartalswerten Schätzungen durch. Ausgangspunkt dabei ist

[47] *Jürgen Siebke, Manfred Willms:* „Das Geldangebot in der Bundesrepublik Deutschland", in: Zeitschrift für die gesamte Staatswissenschaft, Bd. 126 (1970), S. 71 f.

[48] Vgl. *Manfred Hieber:* Die zentralbankpolitische Kontrolle der Geldmenge in der Bundesrepublik Deutschland, unveröffentl. Habilitation, Hamburg 1971, S. 112 ff.

ebenfalls ein Bestandsanpassungsmodell mit der Anpassungshypothese vom Nerlove-Typ. Allerdings unterscheidet sich das Modell von anderen dadurch, daß die Nachfrage nach der Nettoposition Liquiditätsanlagen minus Zentralbankobligo der Banken geschätzt wird, was im Grunde dem für die amerikanischen Verhältnisse zutreffenden Konzept der „unborrowed reserves" zutrifft. Diese Größe wird als abhängig erachtet von

— der Differenz der Rendite für Liquiditätsanlagen zu Alternativanlagen,
— den „short run constraint"-Variablen für Reservezuflüsse bzw. -abflüsse, Mindestreservequote und Änderung der kurzfristigen Kredite und
— Saisondummies.

Es ergibt sich folgende Schätzung[49]:

$$
\begin{array}{llll}
R_f = 1.829 & -0.051\ R_{f-1} & -0.138\ (r_A - r_L) \\
 & \quad (0.036) & \quad (0.280) \\
\quad +0.579\ R^+ & -1.117\ r & -0.547\ K \\
\quad (0.098) & \quad (0.179) & \quad (0.131) \\
\quad -2.009\ S_1 & -0.610\ S_2 & -1.675\ S_3 \\
\quad (0.828) & \quad (0.489) & \quad (0.514) \\
 & & R_2 = 0.8699
\end{array}
$$

R_f = freie Reserven $\quad$ r = Mindestreservequote
R^+ = monetäre Reserven $\quad$ K = kurzfristige Kredite
rA = Zinssatz für werbende Anlagen $\quad$ Si = Saisondummy für Quartal i.

In den Klammern sind die Standardfehler der Koeffizienten angegeben.

In dieser Schätzgleichung enthalten alle Variablen die erwarteten Vorzeichen, jedoch sind auch hier die Einflüsse der Zinsvariablen im Gegensatz zu den Constraint-Variablen statistisch nicht gesichert. Weitere Schätzungen unter Einbeziehung der Rediskontkontingente und einer Strukturvariablen für die staatliche Zinsbindung durch die Zinsverordnung führten zu keinen wesentlichen Verbesserungen des Bestimmtheitsmaßes der Schätzungen[50].

Im Gegensatz zu den bisherigen empirischen Untersuchungen des Bankverhaltens sind die folgenden Bestandteil umfassender ökonometrischer Modelle.

Ein solches ökonometrisches Modell für den finanziellen Sektor wurde von *H. König, W. Gaab* und *J. Wolters* entwickelt[51], die Funktionen aus Quartalsdaten vom 3. Quartal 1960 bis zum 4. Quartal 1971 schätzten. Hinsichtlich des Bankenverhaltens schätzten sie die Nachfrage nach Of-

---

[49] Ebd., S. 124.
[50] Vgl. *Manfred Hieber:* S. 137 ff.

fenmarktpapieren, wobei sich die folgende Gleichung als die beste Schätzung ergab[52]:

$$\begin{aligned} AOM = {} & 3{,}605 + \underset{(0,1)}{0{,}038\,S_1} - \underset{(1,0)}{0{,}350\,S_2} + \underset{(0,7)}{0{,}234\,S_3} - \underset{(5,1)}{0{,}4\,OM_{-1}} \\ & + \underset{(4,9)}{0{,}057\,(E\text{-}MR)} - \underset{(5,0)}{0{,}19\,KK} + \underset{(4,7)}{0{,}878\,RUSA_{-1}} \\ & - \underset{(6,7)}{0{,}799\,(REURO + SWAP)} \\ R^2 = {} & 0{,}586 \\ DW1 = {} & 1{,}6 \end{aligned}$$

OM	= Offenmarktpapiere	*RUSA*	= Abgabesätze für Offenmarktpapiere
(*E-MR*)	= Verfügbares Depositenvolumen	*REURO3*	= Eurogeldsatz für 3-Monatsgeld
KK	= kurzfristige Kredite	*SWAP*	= Swapsatz

In Klammern sind die *t*-Werte angegeben.

Wie sich aus der Gleichung erkennen läßt, ist die Nachfrage abhängig von dem verfügbaren Depositenvolumen, den kurzfristigen Krediten und den Verkaufssätzen für Offenmarktpapiere der Vorperiode und einer Variablen, die aus dem Eurogeldmarktsatz für 3-Monatsgelder und dem Swap-Satz gewonnen wurde. Interessant an den Schätzungen der drei Autoren ist die Tatsache, daß diese Variable, die Alternativanlagemöglichkeiten durch Geldexport im Rahmen des Systems fester Wechselkurse repräsentieren soll, dazu geführt hat, daß die Signifikanz der geschätzten Regressionskoeffizienten erheblich erhöht wurde[53].

Im Rahmen des Bonner Prognosemodells[54] entwickelte *J. Martiensen* für die Zeitperiode von 1961 - 1970 ein ökonometrisches Vierteljahresmodell für den monetären Bereich der Bundesrepublik[55]. Im wesentlichen ähnelt auch dieses Modell in seinen Annahmen der Brookings Quarterly von *Frank de Leeuw:* Es wird eine zeitverzögerte Portfolio-Anpassung der Bestände unterstellt, bei dem sowohl „short run constraint"-Einflüsse wirksam werden als auch die Homogenitätsannahme einbezogen ist. In diesem Modell werden die Liquiditätsanlagen differenziert nach Überschußreserven und Offenmarktpapieren betrachtet, wodurch der

[51] *H. König, W. Gaab, J. Wolters:* An Econometric Model for the Financial Sector of the Federal Republic of Germany, Part I, Discussion Paper No. 38, Mannheim 1973.

[52] Vgl. ebd., S. 82 Schätzung 9.4 und S. 123 Gleichung 10, die aus diesem Ansatz mittels der zweistufigen Kleinst-Quadratmethode (2SLS) geschätzt wurde.

[53] Vgl. hierzu die anderen Schätzungen, S. 82 f.

[54] *Wilhelm Krelle, Dirk Beckerhoff, Horst G. Langer, Hans Fuß:* Ein Prognosesystem für die wirtschaftliche Entwicklung der Bundesrepublik Deutschland, Meisenheim/Glan 1969; *Wilhelm Krelle:* Erfahrungen mit einem ökonometrischen Prognosemodell für die Bundesrepublik Deutschland, Meisenheim/Glan 1974.

[55] *J. Martiensen:* Ein ökonometrisches Vierteljahresmodell des Geld- und Kreditsektors für die Bundesrepublik Deutschland, Meisenheim/Glan 1975.

Struktur der Liquiditätsanlagen durch die Schätzung zweier Nachfragefunktionen für die jeweiligen Komponenten Rechnung getragen wird. Für die Nachfragefunktion nach Überschußreserven ergibt sich die folgende Gleichung als die für das Modell beste Schätzung[56]:

$$\frac{ABEXR}{(BANK)_{-1}} = -0{,}0043 + 0{,}0043\,QS2 + 0{,}0041\,QS3 + 0{,}0082\,QS4$$

$$\qquad (0{,}0009) \quad (0{,}0012) \qquad (0{,}0011) \qquad (0{,}0010)$$

$$+ 0{,}4403\,\frac{ABEXR}{BANK_{-1}} - 0{,}000001\,ROM$$

$$(0{,}1631) \qquad\qquad (0{,}0002)$$

$$DW = 1{,}991 \qquad\qquad R = 0{,}8541$$

ABEXR = Überschußguthaben
BANK = Einlagen + sonstige Inlandspassiva — Mindestreserven
ROM = Abgabesatz für Offenmarktpapiere
Si = Saisondummy für Quartal *i*

In Klammern sind die Standardfehler der Koeffizienten angegeben.

Aus der geschätzten Gleichung geht hervor, daß die Nachfrage nach Überschußreserven für die betrachtete Zeitperiode im wesentlichen durch Saisoneinflüsse bestimmt war. Einen geringen Einfluß hat auch die Rendite der Offenmarktpapiere. Bei der Schätzung der Nachfrage nach Offenmarktpapieren werden allerdings nur die inländischen Schatzwechsel und unverzinsliche Schatzanweisungen sowie die Mobilisierungspapiere berücksichtigt, so daß nur ein Teil des tatsächlichen Bestands an Offenmarktpapieren erfaßt wird[57]. Als Schätzergebnis wurde für das Modell die folgende Nachfragegleichung ausgewählt[58]:

$$\frac{ABOM}{(BANK)_{-1}} = 0{,}0101 - 0{,}0030\,QS2' - 0{,}0031\,QS3 - 0{,}0004\,QS4$$

$$(0{,}0027) \quad (0{,}0008) \qquad (0{,}0008) \qquad (0{,}0010)$$

$$+ 0{,}7772\,\frac{ABOM}{(BANK)_{-1}} + 0{,}0021\,ROM - 0{,}0023\,RFFM$$

$$(0{,}0634) \qquad\qquad (0{,}0010) \qquad (0{,}0008)$$

$$+ 0{,}2527\,\frac{(BFLR - BFLR_{-1})}{(BANK)_{-1}}$$

[56] Ebd., S. 231.
[57] Vgl. *J. Martiensen:* S. 232.
[58] Ebd., S. 237.

(0,0387)

$DW = 1{,}517$ $R = 0{,}9831$

Hierbei bedeuten zusätzlich:

ABOM = Offenmarktpapiere
RFFM = Geldmarktsatz Frankfurt/M.
BFLR = Freie Liquiditätsreserven der Banken.

In ihrem Ergebnis scheint diese Schätzung die zugrunde gelegte Hypothese recht gut zu stützen. Die Koeffizienten der Zinssatzvariablen haben die theoretisch zu erwartenden Vorzeichen und sind auch statistisch gesichert. Ein starker Einfluß geht auch von den constraint-Variablen, der Änderung der freien Liquiditätsreserven als Maß für Reservezu- oder -abflüsse, aus. Die endogene zeitverzögerte Variable als erklärende läßt eine ähnlich niedrige Anpassungsgeschwindigkeit feststellen wie bei *Westphal.*

Versucht man aus den vorliegenden empirischen Untersuchungen ein Resumé zu ziehen, so ist folgendes festzuhalten. Allgemein sprechen die statistischen Ergebnisse für die zugrunde gelegten theoretischen Hypothesen des Bankenverhaltens. Jedoch sind im Hinblick auf die statistische Signifikanz den Schätzungen erhebliche Bedenken entgegenzubringen. Diese dürften wohl vor allem darauf zurückzuführen sein, daß eine Spezifizierung der Variablen zur empirischen Überprüfung der theoretischen Überlegungen mit äußersten Schwierigkeiten verbunden ist. Diese erstrecken sich vor allen Dingen auf diejenigen Größen, durch die die Gewinnaspekte (Zinserträge, Alternativkosten) erfaßt werden sollen. Denn für die Alternativanlage von Liquiditätsanlagen, kurzfristige Kredite, wird in der Statistik kein Zinssatz ausgewiesen, so daß auf die Erträge langfristiger Papiere (öffentliche Anleihen) oftmals ausgewichen werden mußte. Auch die Konstruktion eines repräsentativen Zinssatzes für Auslandsanlagen ist mit erheblichen Schwierigkeiten verbunden, zumal hierbei Faktoren wie beispielsweise das Kompensationsprivileg eine Rolle spielen, deren quantitative Erfassung als Ertragssatz extrem schwierig ist.

2.3.3.2. Empirische Untersuchung für den Zeitraum 1971 - 1976

Gegenüber den empirischen Analysen der Nachfrage der Kreditinstitute nach Liquiditätsanlagen für die Zeit vor 1970 sind in der Folgezeit, auf die sich die eigene empirische Untersuchung erstreckt, einige bedeutsame Änderungen eingetreten, denen bei der Durchführung der Schätzungen Rechnung getragen werden muß, und die sich möglicherweise auch auf die Ergebnisse der empirischen Betrachtung des Bankenverhaltens auswirken werden. Insbesondere sind hier folgende Punkte zu berücksichtigen:

— Die Änderungen des Wechselkurssystems. Der Übergang von festen zu flexiblen Wechselkursen ließ die ausländischen Geldmarktpapiere ihre Eigenschaft als Liquiditätsanlage verlieren, weil sie nicht mehr jederzeit zur Beschaffung von Zentralbankgeld genutzt werden konnten[59]. Damit wird auch die Notwendigkeit hinfällig, repräsentative Variable zu konstruieren, die den Gewinn aus der Haltung dieser Papiere, insbesondere unter Berücksichtigung des Kompensationsprivilegs, erfassen. Die Ausklammerung dieser Komponente aus den freien Liquiditätsreserven erfolgte allerdings erst bei der Wechselkursfreigabe im Jahre 1973 und durch eine Rückrechnung der Deutschen Bundesbank wurden die Zahlenreihen im Nachhinein bereinigt. Aus diesem Grund ist durchaus denkbar, daß die Zeitreihe der Liquiditätsanlagen für diesen Zeitraum das Verhalten der Kreditinstitute nicht vollkommen widerspiegelt, da deren Verhalten zumindestens für die Periode mit zwar festen Wechselkursen aber relativ großen Bandbreiten (± 2,5 %) vom Dezember 1971 bis zum März 1973 das Anlageverhalten der Institute geprägt haben mag.

— Änderungen hinsichtlich der Einbeziehung von Geldmarktpapieren in die Geldmarktregulierung. Während die Schatzwechsel durch eine generelle Refinanzierungszusage der Bundesbank ausgestattet sind, hat die Deutsche Bundesbank von der Möglichkeit Gebrauch gemacht, unverzinsliche Schatzanweisungen, für die formell keine derartige Zusage besteht, je nach ihrer kreditpolitischen Absicht in die Geldmarktregulierung einzubeziehen oder aber auszuschließen (N-Titel). Hiermit ergibt sich ein Abweichen der Bundesbank von ihrem früheren Verhalten, bei der sie „... das ihr angebotene Material zu den von ihr jeweils festgesetzten Rücknahmesätzen stets auch aufgenommen (hat)“[60]. Die Konsequenz hieraus für die empirische Arbeit ist, daß im Gegensatz zu den früheren Untersuchungen, die Bestandsvariablen nicht mehr aus den Bilanzstatistiken entnommen werden können. Eine entsprechende Statistik wurde für die empirischen Arbeiten allerdings von der Deutschen Bundesbank zur Verfügung gestellt.

---

[59] Es ist darauf hinzuweisen, daß innerhalb der europäischen Währungsschlange das Problem der außenwirtschaftlich bedingten Zentralbankgeldschaffung nach wie vor besteht. Dieselben Probleme treten bei spekulationsbedingten Interventionen der Notenbank auf dem Devisenmarkt auf.

[60] *Deutsche Bundesbank:* Die währungspolitischen Institutionen und Instrumente in der Bundesrepublik Deutschland, Sonderdruck des Kapitels „Bundesrepublik Deutschland“ der von der EWG herausgegebenen Studie „Die Währungspolitik in den Ländern der Europäischen Wirtschaftsgemeinschaft — Institutionen und Instrumente —“, Frankfurt/M. o. J. (Stand: 1. 7. 1971), S. 53. Vgl. dagegen die 2. Auflage dieses Sonderdrucks (Stand: 1. 6. 1975), S. 57 f.

— Die Verfügbarkeit von Zinssätzen für kurzfristige Kredite. Hier wurde in den früheren Untersuchungen auf Zinssätze längerfristiger Anlagen zurückgegriffen, da die Statistik die benötigten Zinssätze nicht oder nur als Quartalsdaten auswies. Auch für den betrachteten Zeitraum liegen die statistischen Angaben erst ab Februar 1975 auf Monatsbasis vor[61]. Aus diesem Grunde wurde zur Erfassung der Alternativkosten der Haltung von Liquiditätsanlagen der Zinssatz für Kontokorrentkredite eines Kreditinstituts gewählt, das im Hinblick auf Geschäftsstruktur und Größenordnung in etwa als repräsentativ für Durchschnittskreditinstitute der deutschen Kreditwirtschaft betrachtet werden kann.

Einen Überblick über die Bestände an Liquiditätsanlagen (Überschußguthaben und inländische Geldmarktpapiere) gibt die Tabelle 14:

Diese Zahlenübersicht läßt deutlich die Politik der Bundesbank erkennen, nach der Änderung des Liquiditätsschemas die Bestände an potentiellem Zentralbankgeld bei den Kreditinstituten auf ein technisch bedingtes Minimum („nahe Null") zu reduzieren. Seit Beginn des Jahres 1975 verfügen die Kreditinstitute wiederum über recht beachtliche Bestände an potentiellem Zentralbankgeld in Form von Liquiditätsanlagen[62]. Optisch läßt sich dieser Sachverhalt noch deutlicher zum Ausdruck bringen. In der Abbildung 4 sind deshalb die Entwicklungen der Liquiditätsanlagen und der inländischen Geldmarktpapiere dargestellt. Als Differenz der beiden Zeitreihen ergibt sich somit die Komponente Überschußguthaben. Infolge der Stichtagsberechnung konnte diese vor 1973 zum Teil auch negative Werte annehmen.

Der Verlauf der beiden Zeitreihen läßt die geldpolitische Entwicklung der letzten Jahre deutlich erkennen. Für die geldpolitischen Phasen sind entsprechend die Begrenzungszeitpunkte eingezeichnet. Deutlich kommt auch zum Ausdruck, daß kurzfristige als auch exorbitante Liquiditätszu- oder -abflüsse sich vornehmlich in Variationen der Überschußguthaben bemerkbar machen. Der Verlauf der Zeitreihen läßt erkennen, daß der im Jahre 1971 einsetzende Abbau der Liquiditätsreserven (im Sinne der Bundesbank) gegen Ende 1971 gestört wurde. Dies ist durch eine Mindestreservesenkung mit Wirkung zum 1. November 1971 bedingt, eine Maßnahme, die zur Konjunkturanregung getroffen wurde[63]. Da das Washingtoner Realignment vom Dezember 1971 nicht zu dem gewünschten Erfolg geführt hatte, waren auch in der Folgezeit die Devisenbewe-

---

[61] Vgl. z. B. die von der Bundesbank in den Monatsberichten ausgewiesene Tabelle: „V. Zinssätze 6. Soll- und Habenzinsen".

[62] Ab 1. 1. 1974 beginnt nach Rüdiger Pohl eine Phase des expansiven Mitteleinsatzes durch die Bundesbank. Vgl. *Rüdiger Pohl:* Geldkreislauf und Einkommenskreislauf, Berlin 1976, S. 158.

[63] Vgl. *Deutsche Bundesbank:* Geschäftsberichte 1971, S. 57.

gungen hauptsächliche Determinanten der Liquiditätsanlagen der Kreditinstitute. Die im Juli/August 1972 anfallenden hohen Devisenzuflüsse konnten von der Deutschen Bundesbank durch entsprechende Erhöhungen der Mindestreserven sowohl für inländische Verbindlichkeiten als auch für ausländische Verbindlichkeiten kompensiert werden, so daß dieser Vorgang neutralisiert wurde und sich in den liquiden Mitteln der Banken nicht gesondert niederschlug. Dies war jedoch nicht der Fall bei den immensen Zuflüssen an Devisen während der Spekulationswelle im Februar/März 1973. Hieraus resultiert eine außergewöhnliche Erhöhung der Überschußguthaben, die im Februar einen durchschnittlichen Bestand von über 5 Mrd. DM erreichten (gegenüber 0,3 bis 0,5 Mrd. DM im Durchschnitt der übrigen Monate). In gewisser Weise kann hierin eine Bestätigung der These gesehen werden, daß die Form der Liquiditätsreserve desto liquider ist, je wahrscheinlicher mit einem Abzug von Zentralbankgeld gerechnet werden muß. In der Tat folgte im März eine Bindung von Zentralbankgeld in entsprechender Höhe (ca. 5 Mrd. DM) durch eine Erhöhung des Mindestreservesolls. Im weiteren Verlauf ist die Politik der freien Liquiditätsreserven nahe Null deutlich zu erkennen, wobei kurzfristige Schwankungen sich überwiegend in den Überschußreserven bemerkbar machen. Ins Auge springend ist die plötzliche Zunahme der Liquiditätsanlagen in dem Zeitraum April/Mai 1975. Auch dies ist auf unerwartete Devisenzuflüsse zurückzuführen, die aus Interventionen der Deutschen Bundesbank innerhalb des Floating-Blocks resultierten. Im Gegensatz zu früher erfolgte die Absorption des hiermit verbundenen Liquiditätszuflusses durch eine Rückführung des Zentralbankobligos der Kreditinstitute sowie durch eine Aufstockung der inländischen Geldmarktpapiere. Ab Oktober 1975 trat eine Wende in der Geldpolitik ein: die Bundesbank ging auf expansiven Kurs[64]. Zu einem weiteren Aufbau der Liquiditätsanlagen kam es dann zu Beginn (Februar/März) des Jahres 1975, als zu der expansiven Handhabung des Instruments der Einlagenpolitik (§ 5 BBankG) seit November 1975 verstärkend die Devisenzuflüsse aufgrund von Interventionen zugunsten des französischen Franc hinzukamen. Die Rückverlagerung der öffentlichen Guthaben auf Zentralbankkonten und die Devisenabflüsse seit dem Ausscheiden Frankreichs aus dem Floating Block führte zu einer entsprechenden Reduktion der Liquiditätsanlagen der Kreditinstitute. Auch die leichte Aufstockung der Liquiditätsanlagen gegen Ende des Jahres 1976 gingen auf erneute Zuflüsse von Devisen zurück.

Betrachtet man sich die Strukturierung der Geldmarktpapiere, die als Liquiditätsanlage dienen, so zeigt Abbildung 5 deutliche Schwerpunktverlagerungen.

[64] *Deutsche Bundesbank:* Geschäftsbericht 1975, S. 6 ff. Insbesondere wurden durch Offenmarktkäufe öffentlicher Anleihen ca. 7,5 Mrd. DM den Kreditinstituten an liquiden Mitteln zugeführt.

Im Laufe des betrachteten Zeitraums haben sich zwischen den verschiedenen inländischen Liquiditätspapieren erhebliche Schwerpunktverlagerungen ergeben. So schieden Ende 1972 die Kassenobligationen (mit einer Restlaufzeit von höchstens 18 Monaten) aus der Geldmarktregulierung aus. Ebenfalls wurden keine geldmarktregulierten Finanzierungsschatzpapiere mehr als Liquiditätsanlage gehalten. Auch bei den in die Geldmarktregulierung einbezogenen Mobilisierungs- und Liquiditätspapieren hat sich seit der Umstellung des Liquiditätskonzeptes der Bundesbank ein auffallender Bedeutungsschwund eingestellt. Als Liquiditätsanlage finden sich diese Papiere im Portefeuille der Kreditinstitute mit auffallend hohem Anteil zu Zeiten, die meist durch extreme Devisenzuflüsse gekennzeichnet sind. Eine entsprechende Zunahme der Bedeutung als Liquiditätsanlage war somit bei den Vorratsstellenwechseln, die jedoch seit dem 1. 1. 1977 aus der Geldmarktregulierung ausgeschlossen wurden, den Privatdiskonten und den AKA-Plafonds-B-Wechseln und den GEFI-Plafonds-II-Wechseln zu verzeichnen. Gerade die letztgenannten Liquiditätspapiere haben in den vergangenen Jahren stark an Bedeutung zugenommen, wie sich aus der Darstellung der Komponenten der inländischen Geldmarktpapiere erkennen läßt.

Um die Ertragsaussichten der Nachfrage nach liquiden Mitteln und die Opportunitätskosten zum Ausdruck zu bringen, sind in der folgenden Darstellung die relevanten Zinssätze dargestellt. Dabei ist festzuhalten, daß Diskontsatz und Ertragssatz für Vorratsstellenwechsel weitgehend übereinstimmen[65].

Abbildung 6 läßt die gegenläufige Entwicklung der Zinsen zu den Liquiditätsanlagen der Kreditinstitute erkennen. Aufschlußreicher wird jedoch die Betrachtung der realen Zinssatzdifferenzen, die die Alternativkosten und Erträge unmittelbar veranschaulichen. Zu diesem Zwecke sind in der Abbildung 7 die Differenzen des Zinses für festverzinsliche Wertpapiere und Vorratsstellenwechsel sowie die von Kontokorrentzins und Vorratsstellenwechsel abgetragen.

Auffallend erscheint die tendenziell gegenläufige Richtung bei der Entwicklung der Zinsdifferenzen. Hieraus kann geschlossen werden, daß ein Rückgriff auf den Zins für festverzinsliche Wertpapiere als Repräsentant für das Gewinnmotiv wie dies in einer Reihe der oben dargestellten ökonometrischen Untersuchungen getan wurde, zu verzerrten Ergebnissen führen dürfte. Denn die Alternative für Liquiditätsanlagen als Aktivum sind zweifelsohne kurzfristige Kredite. Entsprechend kann ein anderer Zinssatz auch nur dann gewählt werden, wenn dieser gleichgerichtet mit dem für kurzfristige Kredite läuft.

---

[65] Die Ausnahmen sind Dezember 1971, Oktober 1972 und seit August 1975, wobei 0,5 Prozentpunkte die maximale Abweichung darstellen.

Zur Überprüfung des Verhaltens der Kreditinstitute hinsichtlich ihrer Nachfrage nach Liquiditätsanlagen wurden für die angegebene Zeitperiode von Mai 1971 bis Ende 1976 Nachfragefunktionen geschätzt. Bei diesen Schätzungen ist wie in der Mehrzahl der oben aus der Literatur vorgestellten empirischen Arbeiten der Ausgangspunkt ein Bestandsanpassungsmodell, in dem die Kreditinstitute versuchen, ihre tatsächlichen Bestände an Liquiditätsanlagen an die gewünschten Größen anzupassen. Auch hier wird ein Anpassungsprozeß vom Nerlove-Typ unterstellt. Entsprechend sind die Schätzungen so angelegt, daß die Nachfrage nach den Liquiditätsbestandsgrößen in Abhängigkeit gesehen werden von

- dem Bestand an Liquiditätsanlagen der Vorperiode (endogene Zeitverzögerte)
- den durch Zinsvariablen erfaßten Rentabilitätsaspekten, und
- den „short-run-constraints“. Diese Variablen, die kurzfristig eine Realisation des gewünschten Bestandes verhindern, gehen in die Schätzungen ein als
  - eine Variable, die die exogenen Faktoren des Zentralbankgeldbedarfs in Form von Zentralbankgeldzu- und -abflüssen erfaßt, und
  - einer Geldpolitikvariablen, die die direkte Beeinflussung der freien Liquiditätsreserven durch die Bundesbank beinhaltet.

Zur Überprüfung der Hypothesen des Nachfrageverhaltens wurden zwei Variationen von Schätzungen durchgeführt. Zum einen wurden absolute Bestandsgrößen zugrunde gelegt, zum anderen wurde unterstellt, daß Linearhomogenität in den D-Mark-Variablen vorliegt[66]. Die Schätzergebnisse sind in der Tabelle 15 zusammengefaßt.

Hinsichtlich des Nachfrageverhaltens der Kreditinstitute lassen sich aus den Schätzungen folgende Ergebnisse ableiten:

Bei den Schätzungen der Absolutgrößen der Liquiditätsanlagen ist festzustellen, daß dort die vorgelegten Regressionen etwa 83 bis 87 Prozent der Varianz durch die Gleichungen erklärt wird. Der geschätzte Regressionskoeffizient der zeitverzögerten endogenen Variablen läßt durchschnittlich auf eine Anpassungsrate von 0,3 bis 0,4 schließen. Dies bedeutet, daß etwa 30 bis 40 Prozent der Anpassung im ersten Monat vorgenommen wird, wobei allerdings vorausgesetzt ist, daß die short-run-constraints Null sind. Hieraus läßt sich auf einen mittleren time-lag von

---

[66] Die Nachfragefunktion ist linear-homogen in den DM-Variablen, wenn eine Vervielfachung der unabhängigen Variablen mit der Dimension „DM“ um x v. H. eine x-fache abhängige Variable bewirken, d. h. die Struktur der Portefeuilles bleibt unverändert bei z. B. einer Verdoppelung, Verdreifachung usw.

1,5 bis 2,5 Monaten schließen[67]. Hinsichtlich der Erfassung der Einflüsse der Zinssätze, die daß Rentabilitätskalkül der Kreditinstitute erfassen soll, sind keine befriedigende Ergebnisse zu verzeichnen. Einzig von dem Diskontsatz kann aufgrund des mit einem Signifikanzniveau von 0,95 gesicherten Koeffizienten auf einen Einfluß geschlossen werden. Dieser Zinssatz sollte in den Schätzungen die Kosten einer Alternativfinanzierung erfassen, und der Regressionskoeffizient weist unter diesem Gesichtspunkt auch das richtige Vorzeichen auf: Wird eine Verschuldung bei der Notenbank durch Rediskontkredite teurer, so weichen die Kreditinstiute auf eine Auflösung von Liquiditätsanlagen zur Zentralbankgeldbeschaffung aus. Dieser Aspekt vernachlässigt jedoch dic Frage nach einem Aufbau von Liquiditätsanlagen aus Vorsichtsmotiven bei einer Erwartung zunehmender Verteuerung des Zentralbankkredits. Hierzu kann bemerkt werden, daß die Erwartung in dem Beobachtungszeitraum wohl dadurch geprägt war,

— daß während eines erheblichen Teilabschnittes über Devisenzuflüsse Zentralbankgeldabflüsse kompensiert werden konnten[68] und

— durch die Verstetigung der Zentralbankgeldmengenexpansion der gesamtwirtschaftliche Zentralbankgeldzufluß berechenbar ist, und so die Erwartungen festschreibt.

Allerdings darf die Bedeutung des Zinssatzes nicht überbewertet werden, da das Ergebnis doch statistisch relativ schwach gesichert ist. Vollkommen ungesichert sind hingegen die Ergebnisse für die Koeffizienten der anderen Zinsvariablen, die als Zinssatzdifferenzen in die Schätzungen eingingen. Dies bedeutet, daß der Einfluß von Zinsänderungen auf die Nachfrage nach Liquiditätsanlagen zwar vorhanden, jedoch statistisch nicht nachgewiesen werden kann. Erklärbar ist dies mit z. B. der Aggregation unterschiedlicher Banken und Bankengruppen. Wie auch bei den oben referierten Autoren stellt sich für die Nachfrage nach Liquiditätsanlagen der Einfluß der „short-run-constraints" als wesentlich heraus. Die wohl größte Bedeutung hat dabei die Variable die den Zentralbankgeldbedarf repräsentiert. Durchweg ist der Regressionskoeffizient dieser Variablen mit einem Signifikanzniveau von 0,995 hoch gesichert. Aus den Gleichungen geht hervor, daß ein Zufluß von Zentralbankgeld sich etwa zur Hälfte in einer Erhöhung der Liquiditätsanlagen niederschlägt. Wie beispielsweise bei *Westphal*[69] unterstreicht auch dieses Ergebnis die Pufferfunktion der Liquiditätsanlagen, um Zentralbankgeldzu- bzw. -abflüssen zu begegnen. Relativiert werden muß diese Aussage aber dadurch,

---

[67] Vgl. zur Berechnung S. 84 Fn. 44.

[68] Derartige Erscheinungen kompensieren sich innerhalb der Zentralbankgeldbedarfsvariablen.

[69] *Uwe Westphal:* Theoretische und empirische Untersuchungen, S. 109.

daß in dieser Variablen, die den Liquiditätsbedarf der Kreditinstitute in Form von Bargeldabzügen und Nettozentralbankgeldänderungen erfassen soll, auch die Mindestreserveänderungen enthalten sind. Änderunden der Mindestreserven, z. B. durch andere Reservesätze oder wie in jüngster Vergangenheit durch ein neues Mindestreservesystem schlagen sich unmittelbar in einer Erhöhung der Liquiditätsanlagen durch die Überschußreserven nieder.

Mit einem Signifikanzniveau von 0,99 ist auch der Regressionskoeffizient der Geldpolitikvariablen gesichert. Hierbei kommt zum Ausdruck, daß die Liquiditätsanlagen sich etwa um ein Drittel des Betrages ändern (in gleicher Richtung), um den die Bundesbank die freien Liquiditätsreserven erhöht oder verringert.

Die für die Erfassung des window-dressing eingeführte Saisondummy erweist sich als unerheblich. Von Bedeutung bei den Schätzungen ist, daß die Dummy, die die Strukturveränderung durch den Übergang von festen zu flexiblen Wechselkursen erfaßt, nur in einem Fall gesichert ist. Auffallend erweist sich jedoch, daß bei allen Gleichungen in denen diese Variable enhalten ist, eine Erhöhung des Bestimmtheitsmaßes herbeigeführt werden konnte. Dies könnte darauf hindeuten, daß das Verhalten der Kreditinstitute hinsichtlich ihrer Nachfrage nach Liquiditätsanlagen vom Wechselkurssystem nicht unabhängig ist.

Die Berücksichtigung der Homogenitätsannahme in den Schätzungen bestätigt die Grundlinien der bisherigen Schätzergebnisse. Die Postulierung dieser Hypothese erscheint berechtigt, da das Bestimmtheitsmaß erheblich verbessert werden konnte und durch diese Schätzungen rund 90 Prozent der Varianz erklärt werden konnten. Allerdings ergeben sich folgende geringfügige Änderungen:

— Die Anpassungsrate bei der endogenen Verzögerten deutet auf eine etwas langsamere Anpassung hin. Diese stimmt auch mit den Ergebnissen *Westphals* überein[70], der dies darauf zurückführt, daß innerhalb des gesamten Bankensystems die Anpassung langsamer von statten geht als bei einem einzelnen Kreditinstitut[71].

— Die oben vorgebrachten Einschränkungen hinsichtlich der Bedeutung des Diskontsatzes wird bestätigt, da er wie die anderen Zinsvariablen auch hier nicht gesichert ist.

Überprüft wurde auch, ob die Hypothesen hinsichtlich des Einflusses der kurzfristigen Kredite als Determinante der Nachfrage nach Liquidi-

[70] Ebd., S. 108 f.

[71] Ebd., S. 124 f. Diese Aussage wird jedoch dort im Zusammenhang mit der Nachfrage nach Zentralbankkrediten getroffen.

tätsanlagen von Bedeutung sind. Hier hat sich jedoch nirgends ein signifikantes Ergebnis gezeigt. Dies trifft auch für die Variable zu, die Änderungen der Einlagenstruktur bei den Kreditinstituten erfassen soll.

2.3.4. Die Nachfrage nach Zentralbankkrediten

2.3.4.1. Überblick über empirische Untersuchungen vor 1970

Auch hinsichtlich der Verschuldung der Kreditinstitute bei der Zentralbank liegen zahlreiche empirische Untersuchungen über die amerikanischen Verhältnisse vor, wobei wiederum die Unterscheidung zu treffen ist in diejenigen, deren Hauptaugenmerk auf die empirische Unterstützung theoretischer Hypothesen der Zentralbankgeldnachfrage gerichtet ist, während die anderen Untersuchungen im Rahmen ökonometrischer Modelle erstellt wurden. Diese Unterteilung trifft auch für die Bundesrepublik Deutschland zu.

Ein Teil der Autoren, die sich mit der Nachfrage der Kreditinstitute nach Zentralbankkrediten befassen, führen ihre empirischen Untersuchungen im Zusammenhang der Erstellung einer gesamtwirtschaftlichen Geldangebotsfunktion durch; sie sind deshalb schon durch die empirischen Analysen der Nachfrage nach Liquiditätsanlagen bekannt. Hier ist als erste Arbeit wiederum die von *U. Westphal* zu nennen, dessen Überlegungen in Analogie zu dem Bestandsanpassungsmodell der Nachfrage nach Liquiditätsanlagen stehen[72]. Auch hier wird eine Anpassung vom Nerlove-Typ der vorhandenen Bestände an die gewünschten Bestände an Zentralbankkrediten postuliert. Demnach werden als erklärende Variable um die Höhe der Verschuldung der Kreditinstitute bei der Notenbank

- die Differenz zwischen dem Zins für Liquiditätsanlagen und dem Diskontsatz als Kostenfaktor,
- die Differenz zwischen dem Diskontsatz und dem Ertragssatz für öffentliche Anleihen als Alternativanlagesatz und
- den „short run constraint"-Variablen, Reservezuflüsse respektive -abflüsse sowie die kurzfristige Kreditvergabe und
- Saisondummies gesehen.

Bei diesem Ansatz repräsentieren die Zinssatzdifferenzen das Gewinnmotiv, die „short run constraints" das Bedarfsmotiv. Erweiterungen des Modells um das reluctance-Motiv, repräsentiert durch die Einbeziehung der quadrierten Zinssatzdifferenzen als erklärende Variable, führten zu

---

[72] *Uwe Westphal:* Theoretische und empirische Untersuchungen zur Geldnachfrage und zum Geldangebot, S. 123.

keinem Ergebnis. Dieser Ansatz führte zu der folgenden Gleichung als die beste Schätzung:

$$\frac{\Delta B}{H_{-1}} = -0{,}003 - 0{,}301 \frac{B_{-1}}{H_{-1}} + 0{,}262\,(r^L - r^D)$$

$$(0{,}082)^{**} \qquad\qquad (0{,}121)^{*}$$

$$+ 0{,}293\,(r^A - r^D) - 0{,}349 \frac{\Delta U}{H_{-1}} + 0{,}500 \frac{\Delta K}{H_{-1}}$$

$$(0{,}164) \qquad (0{,}078)^{**} \qquad (0{,}116)^{**}$$

$$+ 0{,}0031\, S_1 - 0{,}0020\, S_{12}$$

$$(0{,}0017) \quad (0{,}0016) \qquad R^2 = 0{,}677$$

Ergänzend zu den Erläuterungen bei der Gleichung auf S. 83 bedeutet B = Zentralbankkredite.

Aus der Schätzung ist zu erkennen, daß die Anpassungsgeschwindigkeit erheblich höher ist als bei den Liquiditätsanlagen, der mittlere timelag beträgt etwa 2,5 Monate. Dieses Ergebnis spricht für eine überwiegende Verschuldung der Kreditinstitute bei der Zentralbank aufgrund des Bedarfsmotivs. Bestätigt wurde dies durch die hochgesicherten Koeffizienten der „short run constraints", wobei jedoch im Vergleich zu der Nachfrage nach Liquiditätsanlagen die beiden Variablen sich in ihrem Gewicht umkehren. Auch die Zinsabhängigkeiten erweisen sich stärker als bei der Schätzung von Liquiditätsanlagen.

J. Siebke und *M. Willms*[73] führen Schätzungen durch, bei denen die Zentralbankgeldverschuldung in Abhängigkeit vom Diskontsatz, dem Zinssatz für Alternativaktiva, und in einer weiteren Schätzung von dem Geldmarktzinssatz als Alternative zur Refinanzierung bei der Notenbank ermittelt werden. Sie erhalten folgende beiden Schätzergebnisse:

$$F/E = -4{,}5425 - 0{,}1240\, z^D + 1{,}0590\, z^K$$
$$(-10{,}436) \quad (-1{,}161) \quad (11{,}180)$$
$$DW = 1{,}289 \qquad R^2 = 0{,}855$$
$$F/E = -3{,}0700 - 0{,}7726\, z^D + 0{,}8554\, z^K + 0{,}5960\, z^G$$
$$(-6{,}057) \quad (-4{,}311) \quad (9{,}201) \quad (4{,}173)$$
$$DW = 1{,}430 \qquad R^2 = 0{,}903$$

Auch diese Schätzungen lassen erkennen, daß eine Zinsabhängigkeit der Zentralbankgeldbehandlung besteht, jedoch statistische Signifikanz

[73] *Jürgen Siebke, Manfred Willms:* Das Geldangebot in der Bundesrepublik Deutschland, S. 70.

nicht vorliegt und die Residuen stark autokorreliert sind. Von Bedeutung scheint jedoch zu sein, daß die Einbeziehung des Geldmarktzinssatzes als Refinanzierungsalternative eine erhebliche Verbesserung der Schätzung bewirkt.

Dennoch kann davon ausgegangen werden, daß das Ergebnis dieser Schätzungen in ihrem Erklärungswert als unbefriedigend zu erachten ist.

Ausschließlich mit der Refinanzierung durch Zentralbankgeldkredite befaßt sich die empirische Untersuchung von *Vincenz Timmermann*[74]. Gegenüber den anderen beiden Arbeiten stellt diese Untersuchung eine interessante Erweiterung dar, denn es wird versucht zu analysieren, ob verschiedene Refinanzierungsverhaltensweisen vorliegen

— bezüglich unterschiedlicher Bankengruppen und

— im Verlaufe verschiedener konjunktureller Phasen.

Bei der bankengruppenspezifischen Betrachtung werden Schätzungen für alle Banken denjenigen für Kreditbanken und Großbanken gegenüber gestellt. Mit Verweis auf die besonderen Liquiditätsverhältnisse bei Sparkassen- und Genossenschaftssektor bleiben diese Bankengruppen aus der Betrachtung ausgeklammert. Hinsichtlich des konjunkturell bedingten unterschiedlichen Refinanzierungsverhaltens werden den Schätzungen für den Gesamtzeitraum (Quartalswerte 1955 bis 1968 einschließlich) diejenigen für Restriktionsphasen der Geldpolitik gegenüber gestellt. Die Schätzungen werden in zwei Ansätzen durchgeführt. Einmal wird versucht den Zusammenhang zwischen der Refinanzierungsquote (Quotient aus Zentralbankgeldkrediten zu kurzfristigen Krediten an Nichtbanken) und den erklärenden Variablen festzustellen. Repräsentiert wird hierbei das Gewinnmotiv durch die Zinsdifferenz zwischen Diskontsatz und dem Schatzwechselsatz und das Bedarfsmotiv durch den Koeffizienten Liquiditätsanlagen in Prozent des Einlagevolumens bei den Kreditinstituten. In einem zweiten Ansatz wird versucht, den Geldmarkt miteinzubeziehen. Dies geschieht dadurch, daß der Anteil der Zentralbankverschuldung der Kreditinstitute an den Krediten des gesamten Bankensystems (Geschäftsbanken sowie Zentralbank) durch die Variablen wie sie im ersten Ansatz benutzt worden sind, zu erklären versucht wird. Die empirischen Ergebnisse sind wegen ihres Umfanges in den Tabellen 16 und 17 zusammengestellt.

Die Schätzungen führen zu folgender Interpretation: Im Durchschnitt der betrachteten Gesamtperiode ist das Gewinnmotiv von signifikantem Einfluß auf die Refinanzierungsquote sowohl bei den einzelnen Ban-

[74] *Vincenz Timmermann:* „Zur Refinanzierung der Banken beim Zentralbanksystem. Eine empirische Analyse für die Bundesrepublik Deutschland 1935 - 1968“, in: Jahrbücher für Nationalökonomie und Statistik, Bd. 185 (1971), S. 328 - 344.

kengruppen als auch bei allen Banken. Bei Betrachtung der Restriktionsphasen alleine ist dieser Zusammenhang jedoch statistisch nicht gesichert. Auch die Regressionskoeffizienten für die Variable, die die Liquiditätssituation der Kreditinstitute repräsentiert, führen zu den theoretisch zu erwartenden Ergebnissen: Je höher die Liquiditätsquote, desto niedriger ist die Zentralbankgeldverschuldung. Hier ist allerdings festzustellen, daß in Restriktionsphasen der Einfluß dieser Variablen erheblich höher ist als im Durchschnitt der Gesamtperiode, wobei die Koeffizienten statistisch signifikant sind. Hieraus wird gefolgert, daß die Verschuldung der Kreditinstitute bei der Zentralbank auf einem „asymmetrischen Refinanzierungsverhalten“[75] beruht, das dadurch gekennzeichnet ist, daß in kontraktiven Phasen das Verhalten durch Bedarfsaspekte dominiert wird, während sonst auch Gewinnmotive das Verhalten mitbestimmen. Die Ergebnisse des zweiten Schätzansatzes lassen erkennen, daß ein enger Zusammenhang zwischen der Refinanzierung im Geschäftsbankensystem und der Zentralbank als Alternative besteht. Denn eine Veränderung der Zinssatzdifferenz führt zu einer entsprechenden Erhöhung oder Senkung der Interbankverschuldung. Für Restriktionsphasen allerdings ist dieser Einfluß wiederum nicht signifikant, so daß hieraus zu schließen ist, daß durch diese Schätzung auch das Bedarfsmotiv für diese Phasen unterstrichen wird. Dies geht auch eindeutig aus den Koeffizienten der die Liquiditätssituation repräsentierenden Variablen hervor, die für alle Banken und Bankengruppen erheblich höher ist als der entsprechende Koeffizient für die Gesamtperiode. Auch hiermit scheint sich die Asymmetriethese zu bestätigen.

Ebenfalls befaßt sich speziell mit dem Zentralbankverschuldungsverhalten der Kreditinstitute die Arbeit von *H. Degen*[76]. Auf der Basis von Monatsdaten wird zunächst für die Periode 1969 bis 1972 eine Nachschätzung des Ansatzes von *Timmermann* durchgeführt, wobei unter expliziter Berücksichtigung expansiver Phasen die Ergebnisse *Timmermanns* bestätigt werden[77]. Desweiteren wird der Ansatz von *Timmermann* derart modifiziert, daß nicht die Refinanzierungsquote zu erklären versucht wird, sondern das absolute Volumen der Refinanzierung. Dabei erstreckt sich die Modifikation auch auf die das Gewinnmotiv repräsentierende Variable: Hier wird die Differenz zwischen Diskontsatz und

---

[75] Ebd., S. 339.

[76] *Horst Degen:* Die Nachfrage der Banken nach Zentralbankkrediten (Theoretische Überlegungen und empirische Untersuchungen für die BRD), Diss. Bochum 1974.

[77] *Horst Degen* interpretiert jedoch das konjunkturelle Verhalten der Kreditinstitute anders als *V. Timmermann:* Da bei restriktiver Notenbankpolitik der Bedarfsaspekt die Zentralbankverschuldung dominiert, müssen die Banken zwangsläufig Gewinnmotive in den Hintergrund stellen. Erst bei hinreichender Liquidität können Gewinnmotive vor Bedarfsmotive gestellt werden.

Geldmarktzins für Monatsgeld gewählt. Die Ergebnisse sind in der Tabelle 18 enthalten.

Auffallend an diesen Schätzergebnissen ist, daß die modifizierte, den Gewinn repräsentierende Variable durchweg ein nicht zu erwartendes positives Vorzeichen hat[78]. Ein solches Resultat könnte darauf hindeuten, daß Zentralbankgeldkredite zum Zweck der Zinsarbitrage aufgenommen werden, denn die Banken würden bei (konstantem (sinkendem) Diskontsatz und steigendem (konstantem) Geldmarktsatz höhere Zentralbankkredite aufnehmen. Eine solche Interpretation wird allerdings dadurch geschwächt, daß die geschätzten Koeffizienten durchweg nicht signifikant sind. Dies läßt auch den Schluß zu, daß das Gewinnmotiv nicht eindeutig statistisch nachgewiesen werden kann, während für das Bedarfsmotiv zumindest in liquiditätsknappen Phasen ein signifikanter Einfluß festzustellen ist. Da diese Nachschätzungen in ihrem Ergebnis noch wenig befriedigend erscheinen, wird noch ein anderer Ansatz des statistischen Nachweises der Bestimmungsgründe für eine Refinanzierung bei der Zentralbank gewählt. Zunächst werden Trendeinflüsse dadurch ausgeschaltet, daß an Stelle von Bestandsvariablen deren Wachstumsraten gegenüber dem Vorjahresmonat als Variable in die Regression eingehen. Die Untersuchungsweise wird dann dahingehend modifiziert, daß ausgehend von einer realtypischen Betrachtung Schätzungen nach folgenden Kriterien differenziert durchgeführt werden:

— Anlässe der Refinanzierung. Hierdurch soll der Bedarfsaspekt erfaßt werden, getrennt nach den verschiedenen Gründen, die eine Absorption von Liquidität bedingen. Im wesentlichen handelt es sich hierbei um die in dem Liquiditätsschema der Bundesbank aufgeführten Bestimmungsfaktoren für Zentralbankgeldmenge und freie Liquiditätsreserven, die sowohl marktmäßig als auch kreditpolitisch bedingt sind[79].

— Quellen der Refinanzierung. Hier werden Variable untersucht, deren Einfluß substitutiv auf die Inanspruchnahme von Zentralbankgeld gesehen werden kann, wodurch Alternativen der Zentralbankgeldbeschaffung berücksichtigt werden.

— Gewinn- und Kostenaspekte der Refinanzierung. Hierdurch soll das übliche Gewinnmotiv erfaßt werden. Erklärende Variable sind die alternativen Kosten- resp. Renditesätze bezogen auf die Kosten der Refinanzierung.

Die entsprechenden Ergebnisse der Schätzungen sind in der Tabelle 19 wiedergegeben.

---

[78] Ein negatives Vorzeichen ergab sich für liquiditätsknappe Phasen unter Auslassung der Saisonvariablen. Vgl. *Horst Degen*, S. 106.

[79] Vgl. oben S. 33 ff.

Auffallend an diesen Ergebnissen ist, daß die besten Resultate sich für die liquiditätsknappe Phase ergeben. Dies trifft sowohl für die Refinanzierungsanlässe als auch für die -quellen zu, sogar für die Zinsdifferenzen ist in dieser Periode ein signifikanter Einfluß festzustellen, wobei in diesem Zusammenhang zu fragen ist, ob in einer solchen Liquiditätssituation diese Variable nicht auch das Bedarfsmotiv widerspiegelt. Insgesamt ist somit ein statistischer Nachweis des Gewinnmotivs der Zentralbankgeldverschuldung der Kreditinstitute nicht möglich. Aufbauend auf diesen Einzelschätzungen wird noch ein multipler Regressionsansatz versucht, bei dem die jeweils signifikantesten Werte der drei Einzelaspekte Eingang finden. Die beste Schätzung, gemessen an Signifikanz und Bestimmtheitsmaß ist[80]

$$WR\,K^{ZB} = -\,163{,}0455 + \underset{(15{,}7508)}{33{,}1801^{(+)}}\,(M\text{-}D) + \underset{(4{,}7624)}{11{,}4832^{+}}\,WR\,(Kr - Sp) + \underset{(1{,}5320)}{2{,}8527}\,WR\,Liq$$

$$R^2 = 0{,}71^{++}$$

$$DW = 2{,}14^{+}$$

mit

- WR = Wachstumsrate
- K^{ZB} = Zentralbankkredite
- Kr = Kredit
- Sp = Spareinlagen
- Liq = Liquiditätsanlagen.

Mit 0,71 hat diese Schätzung eine relativ hohes Bestimmtheitsmaß. Allerdings hat die Variable Liquiditätsanlagen nicht das erwartete Vorzeichen und ist auch nicht statistisch signifikant. Möglicherweise wird ihr Einfluß schon durch die anderen Variablen erfaßt[81]. Anschließend werden noch spektralanalytische Betrachtungen einbezogen, um dem dynamischen Aspekt der Anpassung Rechnung zu tragen. Diese wie auch eine anschließend durchgeführte Systemschätzung führen nicht zu einer bedeutenden Verbesserung der Ergebnisse. Es werden lediglich die schon vorher vorhandenen Resultate bestätigt.

Gegenüber derartig detaillierten Betrachtungen des empirischen Verhaltens der Kreditinstitute hinsichtlich der Verschuldung bei der Zentralbank, nehmen sich die in den verschiedenen ökonometrischen Modellen aufgestellten theoretischen Überlegungen über die Zentralbankgeldverschuldung recht bescheiden aus[82]. Im folgenden sind die besten

[80] *Horst Degen*, S. 159.

[81] Spektralanalytische Betrachtungen (S. 167 ff.) und Systemschätzungen (S. 177 ff.) bestätigten im großen und ganzen diese Ergebnisse.

[82] Vgl. die theoretischen Ausführungen diesbezüglich bei den hier referierten Modellen. *H. König, W. Gaab, J. Wolters*, S. 98 ff. und *Jörn Martiensen*, S. 264 ff.

Schätzergebnisse der ökonometrischen Modelle, die auch für die Nachfrage nach Liquiditätsanlagen herangezogen wurden, kurz angeführt. Ihre Verhaltenshypothesen stimmen im Hinblick auf die Modellkonstruktionen mit denen für die Nachfrage nach Liquiditätsanlagen überein. Für das Modell von *König, Gaab* und *Wolters* ergibt sich folgende beste Schätzung[83]:

$$\Delta RFK = \underset{(0,9)}{0{,}657} - 0{,}442\, S_1 - \underset{(0,5)}{0{,}214}\, S_2 - \underset{(1,1)}{0{,}519} + 5{,}854\, D_1$$

$$\underset{(4,8)}{-\,0{,}068}\ \frac{RFK_{-1}}{KONT_{-1}} \cdot 100 - \underset{(6,4)}{0{,}316}\, \Delta\,(E - MR - K)$$

$$\underset{(4,8)}{-\,2{,}026}\, RDiSL + \underset{(4,7)}{1{,}815} + \underset{(2,9)}{0{,}484}\, (REURO\,3 + SWAP)_{-1}$$

$$\bar{R}^2 = 0{,}8 \qquad DW = 1{,}7$$

Hierbei bedeuten

RFK = Zentralbankkredit
KONT = Refinanzierungskontingente
E-MR-K = liquide Mittel
RDisL = gewichteter Durchschnittszins von Discont- und Lombardsatz
REURO3 = Eurosatz für 3-Monatsgeld
SWAP = Swapsatz

Bei *J. Martiensen* ergibt sich folgende Gleichung[84]:

$$\frac{PBREF}{(BANK)_{-1}} = \underset{(0,0021)}{-\,0{,}0044} \quad \underset{(0,0013)}{-\,0{,}006}\, QS2 \quad \underset{(0,0013)}{-\,0{,}0019}\, QS3 \quad \underset{(0,0015)}{-\,0046}\, QS4$$

$$\underset{(0,1228)}{+\,0{,}4877}\ \frac{PBREF}{(BANK)_{-1}} \quad \underset{(0,0015)}{-\,0{,}0013}\, RDISK + \underset{(0,0010)}{0{,}0028}\, RFFM$$

$$\underset{(0,0004)}{+\,0{,}0014}\, RSUS$$

$$R^2 = 0{,}9378 \qquad DW = 1{,}738$$

wobei im Vergleich zur Schätzung der Nachfrage nach Offenmarkttiteln[85]

PBREF = Zentralbankkredit
RSUS = Rendite ausländischer Geldmarktanlagen.

Versucht man, aus den bisherigen empirischen Untersuchungen zur Verschuldung der Kreditinstitute bei der Zentralbank ein zusammenfassendes Resumé zu ziehen, so bleibt festzuhalten, daß der Einfluß des

---

[83] Vgl. *H. König, W. Gaab, J. Wolters*, S. 102.

[84] *Jörn Martiensen*, S. 271.

[85] Vgl. oben, S. 129.

Bedarfsmotivs auf die Beschaffung von Zentralbankgeld durch eine entsprechende Verschuldung der Institute bei der Notenbank von größerer Bedeutung ist als die Möglichkeit, durch eine solche Verhaltensweise Gewinn zu erzielen. Dennoch kann, wie die verschiedenen Untersuchungen zeigen, das Gewinnmotiv zugunsten des Bedarfsmotivs nicht vollkommen ausgeschlossen werden. Im Vergleich zu der Nachfrage der Kreditinstitute nach den Liquiditätsanlagen, deren Bestand eine weitere Quelle der Zentralbankgeldbeschaffung darstellt, sind die Schätzungen der Nachfrage nach Zentralbankkrediten meist erheblich besser, so daß das Verhalten der Kreditinstitute diesbezüglich durch Regressionsanalysen besser erklärt werden kann.

2.3.4.2. Empirische Untersuchung für den Zeitraum 1971 - 1976

Im folgenden werden die theoretischen Hypothesen über das Verschuldungsverhalten der Kreditinstitute bei der Bundesbank für die Referenzperiode 1971 bis 1976 überprüft. Dabei ist zu beachten, daß die Geldmarktpapiere, die in die Geldmarktregulierung einbezogen sind, nicht nur im Offenmarktgeschäft verwendet werden, sondern den Kreditinstituten die Möglichkeit eröffnen, sich mittels dieser Titel sowohl im Rediskontgeschäft als auch im Lombardgeschäft Zentralbankgeld zu beschaffen. Inwieweit bei der Rediskontierung respektive Lombardierung auf solche Papiere oder auf sonstiges bundesbankfähiges Material zurückgegriffen wird, läßt sich aus der Statistik nicht erkennen. Hinsichtlich der Struktur der Zentralbankverschuldung der Kreditinstitute lassen sich aus der Bilanz der Deutschen Bundesbank unmittelbar nur die Lombardkredite (Sonderlombard und befristeter Lombard) ablesen. Unmittelbar aus der Bilanz errechnen läßt sich die Beschaffung von Zentralbankgeld durch den Verkauf von Geldmarktpapieren im Offenmarktgeschäft. Demgegenüber ist die Verschuldung der Kreditinstitute bei der Zentralbank aufgrund von Wechselrediskontierung nicht direkt aus der Bundesbankbilanz zu ersehen. Sie ergibt sich allerdings als die Differenz zwischen der ausgewiesenen Position Inlandwechsel und den errechneten angekauften Wechsel im Offenmarktgeschäft[86]. Eine entsprechende Zusammenstellung der Kreditaufnahme der Kreditinstitute bei der Zentralbank enthält die Tabelle 20.

Hinsichtlich der Struktur der Beschaffung von Zentralbankgeld durch die Kreditinstitute läßt sich aus der Tabelle 20 eine deutliche Akzentverschiebung erkennen. So zeigt sich bei der Verschuldung der Kreditinstitute durch Rediskontkredite ein deutlicher Rückgang in der Phase der

[86] Dies ergibt sich aus den Erläuterungen der Bundesbank zu ihrem Jahresabschluß, in dem die Position „Inlandswechsel" in ihre Komponente zerlegt wird. Vgl. z. B. *Deutsche Bundesbank:* Geschäftsbericht 1976, S. 101.

kontraktiven Politik der Bundesbank, die vor allem durch entsprechende Kürzung der Rediskontkontingente geprägt war, so daß diese Quelle für Zentralbankgeld bei niedrigerem Verschuldungsniveau relativ schnell ausgeschöpft war. Dies offenbart die Betrachtung des Ausnutzungsgrades der Kontingente, der in Abbildung 8 angegeben ist.

Der weitere Verlauf der Refinanzierung durch Wechselrediskontierung läßt gegen Ende des Jahres 1974 eine zunehmende Verschuldung bei Erweiterung der Rediskontkontingente und auch Verbilligung der Refinanzierungskosten[87] erkennen. Für das Jahr 1975 und die erste Hälfte 1976 ist die zum größten Teil sinkende Tendenz der Ausschöpfung des Rediskontkredits durch die Kreditinstitute charakterisierend. Erst ab Juli 1976 ist, nachdem die zuvor gebildeten Erwartungen einer Diskontsatzsenkung erfüllt worden sind, wieder ein Ansteigen erkennbar. Teilweise gegenläufig zu der Entwicklung der Rediskontkredite ist die Beschaffung von Zentralbankgeld durch die Möglichkeiten, auf andere Weise von der Bundesbank Kredit zu erhalten. Vor allem ist ersichtlich, daß die Banken in der Restriktionsphase durch die Abgabe von Geldmarktpapieren im Offenmarktgeschäft die fehlende Möglichkeit, Zentralbankgeld durch Wechselrediskontierung zu erhalten, zu kompensieren trachteten. Denn im Vergleich zu en anderen Zeitperioden ist der durchschnittliche Bestand in dieser Position relativ hoch ausgewiesen. Ebenso kann die Inanspruchnahme des Lombardkredites gedeutet werden. Denn bis zur Aussetzung der normalen Lombardkreditgewährung durch die Bundesbank (Juni 1974) haben die Kreditinstitute umfangreiche Beträge aus dieser Quelle für Zentralbankgeld in Anspruch genommen[88].

---

[87] Vgl. hierzu den Verlauf des Diskontsatzes in Abb. 6.

[88] Dies wird deutlicher, wenn man nicht wie in Abb. 8 nur die Monatsendstände betrachtet, sondern die Lombardkredite an den entsprechenden Ausweisstichtagen. Dann ergibt sich folgendes Bild:

Ausweisstichtag		Lombardkredite
1973	7. 2.	75
	15. 2.	51
	23. 2.	117
	28. 2.	79
	7. 3.	2 039
	15. 3.	3 721
	23. 3.	5 185
	31. 3.	5 181
	7. 4.	5 324
	15. 4.	3 954
	23. 4.	2 144
	30. 4.	428
	7. 5.	1 515
	15. 5.	1 669
	23. 5.	220
	31. 5.	86

Quelle: Deutsche Bundesbank: Geschäftsbericht 1973, S. 101.

Lombardkredite nahmen in beträchtlichem Umfang die Banken auf, als im Gefolge der Herstatt-Krise die Bundesbank erklärte, befristet wieder Lombard zur Verfügung zu stellen. Während für den Rest des Jahres 1974 die Lombardverschuldung permanent ein hohes Niveau hielt, stellen die Beträge für das Jahr 1975 nur die Situation am Monatsultimo dar[89]. Diese Quelle für Zentralbankgeld nutzten die Kreditinstitute in nennenswertem Umfange wiederum im zweiten Halbjahr 1976, vor allem in den letzten eineinhalb Monaten vor dem Jahresende, als die Zunahme sowohl des Bargeldumlaufes als auch des Mindestreservesolls für die Banken entsprechende Anpassungsmaßnahmen erforderlich machten. So betrug die durchschnittliche Inanspruchnahme im Monat Dezember knapp über 7 Mrd. DM[90]. Gegenüber der Restriktionsphase ist die Zentralbankgeldbeschaffung über Offenmarktgeschäfte in der expansiven Phase wie die Rediskontierung zurückgegangen. Auch hier ist erst im zweiten Halbjahr 1976 wieder eine Zunahme zu verzeichnen.

Um die Hypothesen des Verschuldungsverhaltens der Kreditinstitute gegenüber der Zentralbank zu überprüfen, wurden auch hierzu entsprechende Nachfragefunktionen für den Zeitraum 1971 bis 1976 geschätzt.

Wie bei der Überprüfung der Nachfrage nach Liquiditätsanlagen wird auch hier Bestandsanpassungsmodell unterstellt: Die Rentabilitätsüberlegung werden durch Zinssätze bzw. Zinssatzdifferenzen repräsentiert und „short-run-constraints“ stehen einer direkten Anpassung an den Gleichgewichtsbestand entgegen. Ebenfalls wird überprüft, ob die Homogenitätshypothese im Zusammenhang mit der Zentralbankverschuldung zutrifft. Die Schätzergebnisse sind in der Tabelle 21 aufgeführt.

Bei den Regressionsanalysen zur Schätzung der absoluten Höhe der Zentralbankgeldverschuldung erklären die geschätzten Gleichungen etwa 74 bis 78 Prozent der Varianz. Der Erklärungswert, gemessen am Bestimmtheitsmaß, liegt somit etwas unter dem der Nachfrage nach Liquiditätanlagen, was auch durch die anderen empirischen Überprüfungen bestätigt wurde[91].

Die Regressionskoeffizienten der zeitverzögerten endogenen Variablen läßt erkennen, daß durchschnittlich von den Kreditinstituten eine Anpassung von 35 bis 40 Prozent an den gewünschten Bestand pro Monat erfolgt, vorausgesetzt die „short-run-constraints“ sind nicht wirksam. Dem entspricht ein mittlerer time-lag von rund 2 Monaten. Mit

[89] Siehe hierzu die Ausweise der Deutschen Bundesbank, vgl. *Deutsche Bundesbank:* Geschäftsberichte 1974, S. 125 und 1975, S. 127.

[90] Vgl. *Deutsche Bundesbank:* Geschäftsbericht 1976, S. 20. Dabei dürfte mit 12,6 Mrd. DM am 23. 12. 1976 wohl die bisher höchste Lombardverschuldung der Kreditwirtschaft in der Bundesrepublik erfolgt sein, vgl. ebd., S. 131.

[91] Vgl. oben S. 119 ff. und 154 ff.

einem Signifikanzniveau von durchweg 0,995 sind die Regressionskoeffizienten der zeitverzögerten endogenen Variablen noch gesichert. Schwierigkeiten ergeben sich auch hier wiederum bei den Zinssätzen, die das Rentabilitätskalkül der Kreditinstitute erfassen sollen. Hier ergaben die durchgeführten Regressionen keinerlei gesicherte Ergebnisse. Im Vergleich zu den Schätzungen hinsichtlich der Nachfrage nach Liquiditätsanlagen ergeben sich bei den Funktionen für die Nachfrage nach Krediten von der Zentralbank deutliche Unterschiede in Hinblick auf die Wirksamkeit der „short-run-constraints“. Einen hohen Einfluß hat die den Zentralbankgeldbedarf bzw. die Zentralbankgeldzuflüsse repräsentierende Variable auf die Verschuldung bei der Zentralbank. Die mit einem Signifikanzniveau von 0,995 gesicherten Koeffizienten deuten darauf hin, daß ein Zentralbankgeldzufluß bzw. -abfluß zu einer entsprechenden Erhöhung bzw. Verringerung des Zentralbankobligos um rund 70 Prozent führt. Das mag ein Verhalten beschreiben, das zwar keine Scheu vor einer Zentralbankgeldverschuldung zeigt, aber dennoch dafür spricht, Zentralbankkredite so bald als möglich abzubauen. Im Gegensatz zu der Nachfrage nach Liquiditätsanlagen erweist sich die Politikvariable, die unmittelbare Beeinflussung der freien Liquiditätsreserven durch die Bundesbank, als weniger bedeutsam. Dies impliziert, daß eine Anpassung der Kreditinstitute weniger durch die Variation der Verschuldung bei der Notenbank denn durch die Veränderung insbesondere der Liquiditätsanlagen erfolgt. Der Saisonfaktor für das window-dressing erweist sich auch in diesem Zusammenhang als nicht gesichert. Hingegen ist der große Einfluß, der von der Änderung des Wechselkurssystems ausgeht, auffallend. In den meisten Schätzungen liegt das Signifikanzniveau über 0,95, teilweise sogar über 0,99. Hieraus läßt sich schließen, daß die Kreditinstitute ihr Verhalten seit der Zeit flexibler Wechselkurse tatsächlich geändert haben. Sie waren bei festen Wechselkursen bereit, sich um etwa 2 Mrd. höher bei der Notenbank zu verschulden.

Die Schätzungen unter der Bedingung der Homogenitätshypothese bestätigen im großen und ganzen die bislang getroffenen Aussagen. Die Regressionskoeffizienten der „D-Mark-Variablen“ bleiben größenordnungsmäßig etwa gleich, und die Schätzungen sprechen dafür, daß die Annahme der Linearhomogenität zutrifft, denn das Bestimmtheitsmaß erhöht sich beträchtlich. Diese Gleichungen erklären rund 90 Prozent der Varianz.

2.3.5. Die Nachfrage der Bankengruppen nach Liquiditätsanlagen und Zentralbankkrediten

Die bisherigen empirischen Untersuchungen erstreckten sich auf die Gesamtheit der Kreditinstitute, das Bankensystem. Bei einer differenzierten Struktur des Bankwesens, wie dies in der Bundesrepublik

Deutschland vorliegt, liegt jedoch die Vermutung nahe, daß hinsichtlich der Nachfrage nach Zentralbankgeld und der Nachfrage nach Liquiditätsanlagen institutsgruppenspezifische Unterschiede auftreten. Aus diesem Grunde soll im folgenden gezeigt werden, inwieweit innerhalb des Bankensystems Unterschiede darin bestehen, sich einen Zugang zur Zentralbank offen zu halten bzw. sich Zentralbankgeld über die Zentralbank zu verschaffen. Dabei kann es sich allerdings nur um allgemeine Hinweise und Überlegungen handeln, da das statistische Material nicht eine vollkommene Analyse zuläßt. Die Nachfrage der Kreditinstitutsgruppen nach Liquiditätsanlagen geht aus den Tabellen 22 und 23 hervor. Dabei handelt es sich im Gegensatz zu den Liquiditätsanlagen, die oben analysiert wurden, mangels anderer Quellen, nicht um Monatsdurchschnitte, sondern um Monatsendstände. Weiterhin ist zu bedenken, daß vor 1971 sämtliche Schatzwechsel und Mobilisierungs- und Liquiditätspapiere in die Geldmarktregulierung einbezogen waren. Dies ist seitdem nicht mehr der Fall. Vielmehr nützt die Bundesbank die Möglichkeit, solche Titel von der Geldmarktregulierung auszuschließen. Aus diesem Grunde wurde der Anteil der in die Geldmarktregulierung einbezogenen Schatzwechsel respektive Mobilisierungs- und Liquiditätspapiere geschätzt[92]. Tabelle 22 enthält die Verteilung der Schatzwechsel auf die verschiedenen Institutsgruppen. In dieser Position sind ebenfalls die unverzinslichen Schatzanweisungen enthalten. Auffallend ist hierbei, daß bis zum Oktober 1974 der hauptsächliche Nachfrager nach diesen Titeln die Bundespost war. Dies ist darauf zurückzuführen, daß die Post bestimmten Liquiditätsanlagevorschriften unterworfen ist, gleichzeitig aber nicht durch entsprechende Ativgeschäfte als Kreditinstitut in Erscheinung tritt. Es liegt die Vermutung nahe, daß es sich hierbei vorwiegend um Titel, die nicht in die Geldmarktregulierung einbezogen sind, handelt. Weitere bedeutende Nachfrager sind die Institute mit Sonderaufgaben, bis Mitte 1972 die Zentralkassen und auch die Großbanken. Auffallend ist allerdings, daß in der liquiditätsknappen Phase 1973 neben den Instituten mit Sonderaufgaben lediglich die Girozentralen derartige Liquiditätsanlagen hielten. Dabei reduzierte sich der Betrag allerdings beträchtlich. Es ist zu vermuten, daß die Tilgung dieser Titel durch die öffentliche Hand den Kreditinstituten Zentralbankgeld in dieser Phase verschafft hat. Mit Beginn der expansiven Phase der Geldpolitik im Oktober 1974 setzt auch die zunehmende starke Verschuldung der vergangenen Jahre ein. Dies kommt in einer rapiden Zunahme der Schatzwechselkredite an die öffentliche Hand zum Ausdruck. Hierbei ist zunächst wiederum die Bundespost der wichtigste Nachfrager, jedoch tritt auch die Gruppe der Kreditbanken, voran die Großbanken, stark in den Vordergrund. Ab Mitte 1975 nimmt diese Gruppe auch den Großteil der Schatzwechsel auf. Aber auch Gi-

[92] Die Schätzung erfolgt aufgrund von Angaben der Deutschen Bundesbank.

rozentralen und Zentralkassen treten in einem noch nie dagewesenen Ausmaß als Nachfrager in Erscheinung. Auch die Institutsgruppen, die vorher nur geringfügige Beträge hielten (z. B. Sparkassen, Kreditgenossenschaften, Privatbankiers) haben ihre Bestände im Vergleich zu den Jahren vorher erheblich aufgestockt. Als Ursache für diese Entwicklung kann wohl angeführt werden, daß in dem vergangenen Zeitraum keine hinreichend große private Kreditnachfrage herrschte, so daß die Kreditinstitute verstärkt diese Titel nachfragten. Hinzu kommt noch, daß trotz der Nichteinbeziehung in die Geldmarktregulierung den Kreditinstituten eine gewisse Gestaltungsmöglichkeit als Liquiditätsvorsorge bleibt, indem durch die Terminierung der im Portefeuille gehaltenen Titel in gewissen Grenzen ein Zufluß von Zentralbankgeld möglich ist.

Tabelle 23 gibt einen Überblick über die Verteilung der Mobilisierungs- und Liquiditätspapiere zwischen den Kreditinstitutsgruppen. Hier lassen sich Strukturen feststellen, die bei der Verteilung der Schatzwechselkredite schon vorgefunden wurden. So tritt besonders die Post als Nachfrager in Erscheinung, gefolgt von den Girozentralen. Diese beiden Gruppen halten auch in der Zeit der Liquiditätsknappheit erhebliche Beträge an Mobilisierungs- und Liquiditätspapieren. Deutlich kommt zum Ausdruck, daß diese Titel Instrumente der Geld- und Kreditpolitik sind, während die Schatzwechsel der Staatsverschuldung dienen. Denn mit zunehmender Verschuldung des Staates seit Ende 1974 läuft keine entsprechende Ausdehnung dieser Position parallel. Interessant ist die Feststellung, daß zu Zeiten erheblicher Devisenzuflüsse (April/Mai 1974, Februar/März 1975) die Ausgabe von geldmarktregulierten Mobilisierungs- und Liquiditätspapieren zwecks Kompensation dieser Zentralbankgeldzuflüsse zu entsprechenden Bestandserhöhungen bei den Kreditbanken, vor allem wiederum den Großbanken, und noch stärker bei den Girozentralen geführt hat. Dies legt die Vermutung nahe, daß auch bei diesen Instituten entsprechende Devisenzuflüsse stattgefunden haben. Wie auch bei den Schatzwechseln scheinen bei den Mobilisierungs- und Liquiditätspapieren die Kreditinstitute bevorzugt die geldmarktregulierten Titel nachzufragen, sie weichen lediglich auf solche, die nicht in die Geldmarktregulierung einbezogen sind, aus, wenn keine anderen werbenden Aktiva erworben werden können.

Auch die Verschuldung der Kreditinstitutsgruppen bei der Notenbank weist zum Teil erhebliche Unterschiede auf. Tabelle 24 gibt hierüber einen Überblick. Dabei ist darauf hinzuweisen, daß sich gegenüber den Angaben in Tabelle 20, in der die Zentralbankverschuldung des gesamten Bankensystems angegeben ist, einige Differenzen gegenüber der Summe des Zentralbankobligos aller Institutsgruppen ergeben. Nach Auskunft der Bundesbank handelt es sich hierbei um buchungstechnisch bedingte Differenzen. Leider kann, da entsprechende Statistiken nicht vorliegen, die Analyse nicht auf die verschiedenen Komponenten der Verschuldung bei der Deutschen Bundesbank ausgedehnt werden. Auffallend ist, daß die Kreditbanken ein recht hohes Zentralbankobligo aufweisen, wobei das Gesamtverschuldungsvolumen der beiden Gruppen, Großbanken sowie Regionalbanken und sonstige Kreditbanken in etwa gleich hoch ist. Aber auch die anderen Bankengruppen nehmen in hohem Maße Zentralbankkredit in Anspruch. Ausnahme sind hier die Spezialinstitute der privaten Hypothekenbanken und die Teilzahlungskreditinstitute. Von den Banken mit universellem Bankgeschäft gehen die Kreditgenossenschaften am wenigsten ein Obligo gegenüber der Zentralbank ein. Vergleicht man diese Übersicht mit den Verteilungen von Liquiditätsanlagen auf die Kreditinstitutsgruppen, so scheint der Schluß berechtigt, daß die Kreditinstitute ihre Zentralbankgeldbeschaffung primär über die Verschuldung bei der Zentralbank durch Rediskont- und Lombardkredite besorgen, weniger durch die Auflösung von Liquiditätsanlagen. Betrachtet man die Zentralbankgeldverschuldung im Zeitablauf, so läßt sich feststellen, daß alle Institutsgruppen in der Periode knapper Liquidität, die vor allem durch die Kürzung der Rediskontkontingente charakterisiert war, einen starken Rückgang des Zentralbankobligos zu verzeichnen hatten. Hier bilden die Kreditinstitute mit Sonderaufgaben eine Ausnahme. In Abb. 9 und 10 ist der Rückgang des Zentralbankobligos der verschiedenen Kreditinstitutsgruppen mit Universalbankencharakter in der liquiditätsknappen Phase von 1973 bis zum Oktober 1974 dargestellt. Die Kurvenverläufe zeigen den jeweiligen Verschuldungsstand der Institutsgruppen in Prozentsätzen des Standes im Januar 1971 an.

Aus der graphischen Darstellung läßt sich erkennen, daß die Kreditinstitutsgruppen mit universeller Geschäftigkeit in der Phase knapper Liquidität ihre Verschuldung bei der Zentralbank stärker reduzierten als der Durchschnitt des gesamten Bankensystems; dies ist auf die schon erwähnte Sonderstellung der Institute mit Sonderaufgaben zurückzuführen ist. Auffallend ist, daß die Kreditgenossenschaften auch in dieser Phase ihre Beschaffung von Zentralbankgeld bei der Notenbank im Vergleich zu anderen Institutsgruppen kaum einschränkten. Bei einem allerdings nur geringen absoluten Volumen überschritten sie das Niveau von 1971 im Gegensatz zu den anderen Institutsgruppen schon recht frühzeitig. Deshalb läßt sich vermuten, daß für diese Institutsgruppe die Zentralbankgeldbeschaffung über die Notenbank im Vergleich zu anderen Zentralbankgeldquellen eine untergeordnete Bedeutung hat.

Auch die Zentralkassen waren von der Liquiditätsverknappung durch die Geldpolitik weniger stark betroffen als die anderen Institutsgruppen, denn ihr Verschuldungsniveau lag fast immer über dem des gesamten

Bankensystems. Demgegenüber führte die Verknappung an liquiden Mitteln zu einem besonders starken Rückgang bei den Girozentralen und auch den Großbanken. Bei der Gruppe der Regional- und sonstigen Kreditbanken sowie Privatbankiers läßt sich keine eindeutige Rangordnung erkennen, da der Rückgang mal bei diesem mal bei jenem stärker ist. Demgegenüber war bei den Sparkassen die Notwendigkeit nicht so groß, ihr Zentralobligo zu reduzieren, wie bei den übrigen Bankengruppen. Ein auffallender Anstieg ist jedoch in der Jahresmitte 1973 (Juli, August) zu verzeichnen. Dieser macht sich insbesondere bei der Verschuldung der Großbanken bei der Bundesbank bemerkbar. Bedingt sein könnte dieser Ausschlag zum einen saisonal infolge der Erhöhung des Bargeldumlaufs in der Urlaubszeit und im Rahmen der von der Bundesbank durchgeführten Feinsteuerung mit Offenmarktgeschäften durch den Ankauf von Inlandswechseln mit Rücknahmevereinbarung[93]. Nach 1975 ist auffallend, daß während einer langen Zeit hindurch die Kreditinstitute ein relativ niedriges Niveau der Zentralbankgeldverschuldung beibehielten. Ursache hierfür ist wohl wiederum die stagnierende Kreditnachfrage, die eine Refinanzierung bei der Zentralbank unnötig macht, wobei bei durchweg allen Kreditinstitutsgruppen das Verschuldungsniveau noch unterhalb desjenigen der liquiditätsknappen Phase liegt.

3. Der Geldmarkt als Quelle der Zentralbankgeldbeschaffung

In der Literatur ist für die Abgrenzung des Begriffs „Geldmarkt" noch kein allgemein gültiges Kriterium angegeben. Betrachtet man den Geldmarkt allerdings unter dem Aspekt der Beschaffung von Zentralbankgeld eines Kreditinstituts als Alternative zur Quelle Zentralnotenbank, so ist hiermit auch schon eine entsprechende Abgrenzung gegeben: Im Gegensatz zu dem „Markt der Zentralbank"[94] umfaßt der Geldmarkt in diesem Zusammenhang den ausschließlichen Handel von Zentralbankgeld zwischen den Kreditinstituten (Geldmarkt im engeren Sinne)[95].

---

[93] Dies geht aus den Ausweisen der Bundesbank hervor. Vgl. *Deutsche Bundesbank:* Geschäftsbericht 1973, S. 111.

[94] *Herbert von Beckerath:* Kapitalmarkt und Geldmarkt, Jena 1916, S. 163.

[95] Zu den Abgrenzungen des Geldmarktes vgl. auch *Helmut Lipfert:* Der Geldmarkt mit Euro-Geldmarkt, 8. Aufl., Frankfurt a. M. 1975, S. 11 ff.; *Ekhard Brehmer:* Struktur und Funktionsweise des Geldmarktes der Bundesrepublik Deutschland seit 1948, 2. neubearb. u. erw. Auflage, Tübingen 1964, S. 9; *Michael Burchardt:* „Zur Charakteristik des deutschen Geldmarktes", in: Zeitschrift für das gesamte Kreditwesen, 25. Jg. (1972), S. 95 - 97, S. 96; *Hans-Joachim Jarchow:* Theorie und Politik des Geldes, II, S. 13 ff.; *Hans Gestrich:* Kredit und Sparen, Jena 1944, S. 42 ff.

Bei der Betrachtung der Liquiditätsvorsorge der Kreditinstitute wurde schon deutlich, daß für das einzelne Kreditinstitute, also mikroökonomisch, die Forderungen an andere Kreditinstitute durchaus als liquide und damit als ein Mittel der Liquiditätshaltung angesehen werden. In makroökonomischer Betrachtungsweise werden diese liquiden Mittel jedoch vielfach außer acht gelassen. Denn durch die Aggregation der einzelnen Kreditinstitute zu einem gesamten Bankensektor heben sich die Interbankforderungen und -verbindlichkeiten auf[96]. Offen bleibt dabei die Frage aber, ob das makroökonomische Verhalten des Bankensystems nicht doch verzerrt wiedergegeben wird, wenn diese Größen, die mikroökonomisch doch wohl einen bedeutsamen Einfluß haben, durch Saldierung entfallen. Es ist zwar offensichtlich, daß ausschließlich die Zentralbank darüber bestimmt, welchen Umfang die Zentralbankgeldversorgung haben soll; es liegt jedoch die Bedeutung der Existenz eines Geldmarktes darin, daß eine vorhandene Zentralbankgeldmenge unterschiedlich intensiv und damit effizient genutzt werden kann[97].

Somit erscheint eine Vernachlässigung nicht gerechtfertigt, falls die Kreditinstitute zumindestens den Aktivsaldo der in der Bankverflechtung als Liquidität ansehen. Vieles spricht allerdings dafür, daß die Interbankaktiva zum Teil auch von den Instituten, die einen negativen Saldo aufweisen als entsprechende Liquiditätsreserve erachtet werden[98]. Ist es möglich, daß die Geldmarktaktivitäten eventuell im Konjunkturzyklus schwanken, so könnte sich hieraus die Hypothese ableiten lassen, daß durch die Existenz des Geldmarktes geldpolitische Intentionen konterkariert werden könnten.

---

[96] Dies gilt für die oben dargestellten und auch selbst durchgeführten empirischen Untersuchungen. Die Ausnahme bildet die Arbeit von *Vincenz Timmermann* („Zur Refinanzierung der Banken ..."), die sich auch auf Substitution der Zentralbankgeldquellen, Notenbank und Geldmarkt erstreckt.

[97] Ansatzweise kommt diese Aussage schon bei *Ekhard Brehmer* (Struktur und Funktionsweise des Gledmarktes ..., S. 68 f.) zum Ausdruck, der schreibt: „Die größere Ausnutzbarkeit der Kassenreserven der Banken auf Grund des Austausches am Geldmarkt ist eine Umschreibung dafür, daß der Geldmarkt die Kreditgewährungsmöglichkeiten des Bankensystems erhöht. Solange es zu keiner Geldmarktentfaltung gekommen ist, müssen die Kreditinstitute (zinslose) Überschußreserven halten, weil sie keine Möglichkeit zur kurzfristigen Anlage am Geldmarkt haben, und weil im Falle eines Auszahlungsüberschusses keine Refinanzierungsgelegenheit bei anderen Banken gegeben ist (es sei denn, daß die Liquiditätsdivergenzen durch die Zentralbank vollkommen ausgeglichen werden). Durch dieses unfreiwillig-freiwillige Halten zinsloser Überschußreserven wird die Kreditgewährungsmöglichkeit des Bankensystems entsprechend eingeschränkt werden."

[98] Vgl. auch *Werner Neubauer:* Strategien, Techniken und Wirkungen der Geld- und Kreditpolitik. Eine theoretische und empirische Untersuchung für die Bundesrepublik Deutschland, Göttingen 1972, S. 174. Vertreten wird diese These vor allem durch *Vincenz Timmermann:* „Interbankkredite und Geldpolitik", in: Kyklos, Vol. 29 (1976), S. 495 - 526, S. 501.

3.1. Determinanten der Geldmarktaktivitäten

3.1.1. Die Bedeutung der exogenen Bestimmungsgründe der Zentralbankgeldbeschaffung für die Entstehung von Geldmarktaktivitäten

Geht man davon aus, daß die Notenbank das Zentralbankgeldvolumen bestimmt, und die Kreditinstitute dafür Rechnung tragen müssen, Zentralbankgeldverluste durch entsprechende Liquiditätspositionen auszugleichen, so stellt sich die Existenz des Geldmarktes als ein Problem der Verteilung der Zentralbankgeldmenge in einem differenziert strukturierten Bankensystem dar. Innerhalb des Bankensystems verteilen sich Zentralbankgeldzu- und -abflüsse unterschiedlich, wobei der Verteilungsschlüssel bestimmt wird durch

— geschäftspolitische Schwerpunkte der Kreditinstitute,

— Unterschiede in der Strukturierung der Kundschaft und

— unterschiedliche regionale Verteilung der Institute.

Diese drei Faktoren, die in der Realität nicht unabhängig voneinander sind, führen dazu, daß innerhalb eines Bankensystems eine Diffusion von Zentralbankgeld stattfindet, und bedingen für die verschiedenen Institutsgruppen bestimmte Abfluß- und Rückflußwahrscheinlichkeiten von Zentralbankgeld.

Änderungen des Bargeldumlaufs wirken sich vor allem auf solche Institute bzw. Institutsgruppen aus, deren Kundschaft eine hohe Bargeldneigung hat. Hierbei ist wohl davon auszugehen, daß es sich um solche Institutsgruppen handelt, bei der die breite Masse ihre Konten unterhält, und nach Lohn- und Gehaltszahlungen diese Beträge bar abgezogen werden. Diese Institute sind auch vor allem den saisonalen Schwankungen des Bargeldumlaufs (Urlaubszeit, Feiertage) ausgesetzt. Andererseits dürfte davon ausgegangen werden, daß hier durchschnittlich Bargeld in etwa der Höhe der durchschnittlichen Konsumquote abgezogen wird, der Rest des Einkommens hingegen zur Erhöhung der Geldvermögensbildung beiträgt. Von der bestehenden Kundenstruktur und der räumlichen Verteilung her dürfte im wesentlichen der Sparkassensektor und auch der Sektor der Kreditgenossenschaften berührt werden. Gleichzeitig ergibt sich die Wahrscheinlichkeit des Rückflusses mit der Verausgabung dieser Beträge für Konsumzwecke, was zu einer entsprechenden Rückverteilung von Zentralbankgeld zu Instituten, bei denen Industrie und Handel ihre Konten unterhalten, führt. Aufgrund des universellen Bankgeschäfts dürften hier neben den schon genannten Institutsgruppen auch die Gruppe der Kreditbanken eine Rolle spielen.

Devisentransaktionen treffen vor allem solche Institutsgruppen, die vorzugsweise Export- und Importfinanzierung betreiben. Hier sind wieder die Kreditbanken aber auch die Girozentralen zu nennen[99].

Zentralbankgeldzu- resp. -abflüsse infolge von Transaktionen der Notenbank mit Nichtbanken waren hauptsächlich durch Bewegungen auf Konten des Staates bei der Bundesbank zurückzuführen. Die Steuereinnahmen des Staates lassen zu den bestimmten Terminen Zentralbankgeld von den Instituten abfließen, zu deren Kundschaft die auszahlenden Wirtschaftssubjekte zählen. Aufgrund der institutionellen Ausgestaltung des dominierenden Einkommensteuersystems als Quellenabzugsverfahren sind die Auszahlenden die Arbeitgeber[100]. Andererseits führen Ausgaben des Staates wieder zu einem entsprechenden Rückfluß, wobei die Art der Ausgabe, wie beispielsweise Löhne und Gehälter auf der einen Seite und Ausgaben für konsumptive und investive Zwecke auf der anderen Seite, zu entsprechenden Zentralbankzuflüssen bei den Instituten, bei denen die Auszahlungsempfänger wiederum ihre Konten unterhalten, führen. Gerade bei der Ausgabenseite dürfte es allerdings schwierig sein, eine Zuordnung der Zentralbankgeldzuflüsse auf einzelne Institutsgruppen zu vollziehen.

Aufgrund der unterschiedlichen Wirksamkeit dieser Faktoren innerhalb des Bankensystems resultieren für die unterschiedlichen Bankengruppen sogenannte Geldmarktpositionen, die aus dem Saldo zwischen Interbankaktiva und Interbankpassiva abgeleitet werden[101].

Vereinfacht läßt ein positiver Saldo auf eine Gläubigerposition, ein negativer Saldo auf eine Schuldnerposition schließen. In diesem Zusammenhang ist jedoch auf zweierlei hinzuweisen: Einerseits spiegeln die Interbankpositionen nicht ausschließlich Geldmarktaktivitäten nieder[102], andererseits berücksichtigt die Nettobetrachtung nicht die Niveaus der Geldmarktbeziehungen[103].

---

[99] Diese Institutsgruppen hatten zu der Zeit außergewöhnlich hoher Devisenzuflüsse (April/Mai 1974 und Februar/März 1975) einen extremen Zuwachs an Mobilisierungs- und Liquiditätspapieren aufzuweisen, die zur Kompensation einer Zentralbankgeldausdehnung infolge der interventionsbedingten Devisenzuflüsse emittent wurden, so daß dieser Schluß berechtigt erscheint. Vgl. hierzu Tabelle 14.

[100] Damit ist zwischen den Auszahlenden, der die Überweisung vollzieht, und dem Steuerzahler zu unterscheiden.

[101] Siehe so z. B. *Hans E. Büschgen:* Der deutsche Geldmarkt, Wien 1969, S. 12 f.; *Ludwig Mülhaupt:* Strukturwandlungen im westdeutschen Bankwesen, Wiesbaden 1971, S. 314.

[102] Vgl. hierzu unten S. 214 f.

[103] Ein gleicher Saldo kann bei unterschiedlichen Niveaus vorliegen. Und je nach dem Niveau ist „ökonomisch der Zustand der Volkswirtschaft von völlig anderer Qualität" (Hervorhebung im Original). *Vincenz Timmermann:* „Interbankkredite und Geldpolitik", S. 502.

Im folgenden soll kurz umrissen werden, auf welche Weise die exogenen Einflüsse bei der Verteilung der Zentralbankgeldmenge auf die verschiedenen Kreditinstitutsgruppen wirken.

Innerhalb der Gruppe der Kreditbanken sind zunächst die der Großbanken zu betrachten. Geschäftskunden und Regionalstruktur weisen eine erhebliche Streuung auf, so daß Zentralbankgeldabflüssen hohe Rückflußwahrscheinlichkeiten gegenüber stehen, wobei noch die Möglichkeit der internen Verrechnung, die hiermit verbunden ist, stabilisierend wirkt. Verstärkt wird dies durch die in den letzten Jahrzehnten vollzogene Ausdehnung der Kundschaft auf den privaten Haushaltsbereich. Bei den regionalen und sonstigen Kreditbanken ist festzuhalten, daß es sich hierbei um eine recht heterogene Gruppe handelt, deren Angaben durch die relativ großen gemischten Hypothekenbanken weitgehend verzerrt sind. Hinsichtlich Kunden- und Geschäftsstruktur, wobei vorwiegend kurzfristige Geschäfte getätigt werden, treten ähnliche Aspekte auf wie bei den Großbanken. Jedoch induziert die regionale Begrenzung der Institute[104] Divergenzen in der Verteilung der Zentralbankgeldmenge. Dies trifft auch für die Gruppe der Privatbanken zu. Der Sparkassensektor ist dadurch zu charakterisieren, daß sowohl in regionaler Hinsicht wie auch im Hinblick auf Kundenstruktur und Geschäftsstruktur, wo im Vergleich zu den bisherigen Institutsgruppen das längerfristige Geschäft überwiegt, tendenziell mit Zentralbankgeldzuflüssen zu rechnen ist. Denn die Kundenstreuung ist sehr breit und umschließt sowohl private Haushalte als auch Wirtschaftsunternehmen, und innerhalb des Systems sind interne Verrechnungen leicht möglich. Die Konzentration von Spareinlagen auf diese Institutsgruppe hat eine positive Wirkung auf die Verteilung des Zentralbankgeldes für diese Institute zur Folge. Andererseits ist hier mit Zentralbankgeldabflüssen in Form von Bargeldabzügen zu rechnen. Auf seiten des Aktivgeschäftes ist jedoch festzuhalten, daß eine Refinanzierung durch Wechselrediskontierung aufgrund der Kundenstruktur, die als relativ „wechselscheu" charakterisiert werden kann, von untergeordneter Bedeutung ist[105]. Ähnlich strukturiert ist auch der Genossenschaftssektor, bei dem der kurzfristige Aspekt des Geschäftes zwar stärker betont ist als bei den Sparkassen, jedoch hinsichtlich der regionalen Verteilung und der breiten Streuung der Kundschaft, die sich in den letzten vergangenen Jahrzehnten ergeben hat, bestehen viele Ähnlichkeiten. Hinzu kommt bei diesen Instituten noch ein zusätzliches saisonales Moment: die Zentralbankgeldschwankung aufgrund agrarwirtschaftlich bedingter Besonderheiten wie beispielsweise

[104] Ausnahme ist die Bank für Gemeinwirtschaft.

[105] Vgl. z. B. *Michael Burchardt:* „Die Stellung der einzelnen Bankengruppen am deutschen Geldmarkt", in: Kredit und Kapital, Bd. 6 (1973), S. 220 - 249, S. 226.

Zentralbankgeldabflüsse zur Erntezeit[106]. Gegenüber diesen Institutsgruppen mit universellem Bankgeschäft sollen die übrigen Spezialinstitute nur am Rande erwähnt werden. So neigen die Realkreditinstitute dazu, bereitzuhaltende Mittel für die Hypothekarkredite zwischenzeitlich auf dem Geldmarkt anzulegen. Bei den Teilzahlungsinstituten ist meist eine Abhängigkeit von anderen Kreditinstituten, die sich dann in entsprechenden Interbankverbindlichkeiten ausdrückt, gegeben. Eine Sonderrolle spielen auch die Kreditinstitute mit Sonderaufgaben. Im Rahmen der Durchleitung öffentlicher Mittel ergeben sich bei ihnen gelegentlich Überschüsse, die auf dem Geldmarkt angelegt werden[107]. Bei der deutschen Bundespost ist folgende Besonderheit zu nennen: Aufgrund ihrer regionalen Verbreitung wirken sich die exogenen Faktoren der Zentralbankgeldzu- und -abflüsse in ähnlicher Weise wie bei Sparkassen- und Genossenschaftssektor aus. Dies gilt jedoch nur für die durch das Passivgeschäft determinierten Zu- und Abflüsse (Bargeldumlauf, Spareinlagenbildung und Ähnliches), denn Kreditgeschäfte mit Nichtbanken führt die Post nicht durch. Da Interbankaktiva für die rechtlich vorgeschriebenen Anlagebestimmungen der Post als liquide Anlagen gelten, tritt die Deutsche Bundespost als Geldgeber auf dem Geldmarkt auf[108].

3.1.2. Das Bankenverhalten als Motivation für Geldmarktaktivitäten

Die Inanspruchnahme des Geldmarktes als Quelle der Zentralbankgeldversorgung eines Kreditinstituts stellt sich als Problem eines Optimierungskalküls zwischen Rentabilität, Liquidität und Sicherheit dar.

Auf der Angebotsseite stellt sich für eine Kreditinstitut die Frage, Zentralbankgeldüberschüsse entweder in Geldmarktpapieren anzulegen, oder als Geldmarktkredite zu vergeben. Aus Rentabilitätsgründen dürften hierbei die Entscheidungskriterien die Unterschiede in der Ertragserzielung sein. Vor allem bietet der Geldmarkt Anlagemöglichkeiten für solche Überschüsse[109]:

— die zwar für Kredite bereitgestellt, jedoch noch nicht untergebracht sind,

[106] Diese Feststellung wurde zu Beginn der 50er Jahre von *Werner Ehrlicher* („Zur Stellung der Kreditgenossenschaften im Geld- und Kapitalmarkt“, in: Zeitschrift für das gesamte Genossenschaftswesen, 4. Jg. [1954], S. 259) getroffen. Nach *Burchardt* trifft dies noch für die jüngste Vergangenheit zu. Vgl. *Michael Burchardt:* „Die Stellung der einzelnen Bankengruppen“, S. 234.

[107] Siehe im einzelnen *Michael Burchardt:* „Die Stellung der Bankengruppen ...“, S. 229 f., *Ludwig Mülhaupt:* Strukturwandlungen ..., S. 319 f.

[108] Vgl. hierzu *Michael Burchardt:* „Die Stellung der einzelnen Bankengruppen ...“, S. 234.

[109] Vgl. *Ekhard Brehmer,* S. 40 f.

— die als Kredite zwar schon vergeben, aber über die der Kreditnehmer noch nicht (voll) disponiert hat oder

— die wegen bestimmter Anspannungstermine vorsorglich als Notenbankkredit aufgenommen wurden.

Diese Zusammenstellung läßt erkennen, daß Rentabilitätsüberlegungen ein wesentliches Motiv für die Angebotsseite auf dem Geldmarkt darstellen. Denn die Anlagen werden von den Banken primär vorgenommen „. . . um eine noch rentablere Ausnutzung eines Teils ihrer Kasse“[110] zu erzielen. Gleichzeitig ist festzustellen, daß die Zentralbankgeldüberschüsse nur äußerst kurzfristigen Charakter aufweisen. Dies bedeutet aber, daß die Kreditinstitute bei ihren Anlagemöglichkeiten eine simultane Sicherung ihrer Liquidität anstreben[111]. Zu unterscheiden sind die Anlagen auf dem Geldmarkt in Verlegenheitsanlagen, deren Ursache darin besteht, daß die Zentralbankgeldüberschüsse anderweitig nicht unterzubringen sind, und in Vorsichtsanlagen, die bewußt zur Liquiditätssicherung in Hinblick auf Anspannungssituationen getätigt werden.

Auch die Nachfrageseite auf dem Geldmarkt wird determiniert zum einen durch die Existenz eines Liquiditätsbedarfs überhaupt und zum anderen durch ein Optimierungskalkül, bei dem Rentabilitätsgesichtspunkte diesmal unter dem Aspekt der Kosten eine Rolle spielen. Dabei stehen den Geldmarktsätzen als Alternative die von der Bundesbank festgesetzten Refinanzierungsbedingungen gegenüber. Weiter kommen für die Präferenz der Zentralbankgeldbeschaffung über den Geldmarkt folgende Faktoren in Betracht:

— die Möglichkeit, daß der Zugang zu Zentralbankgeld bei der Notenbank nicht möglich ist, weil beispielsweise refinanzierungsfähiges Material nicht mehr hinreichend zur Verfügung steht und

— die Zentralbankgeldbeschaffungspolitik des Instituts darauf abstellt, in gewissem Umfange sich einen Zugriff auf Zentralbankgeld über die Notenbank („last ressorts“) zu sichern oder aber von einer möglicherweise vorhandenen Scheu gegenüber einer Zentralbankverschuldung („tradition against borrowing“) geprägt ist.

Auch bei der Nachfrage nach Geldmarktkrediten kann in ein Verlegenheitsmotiv, dann, wenn Fehldispositionen zu Zentralbankgeldabflüssen geführt haben, und in ein Vorsichtsmotiv zur Vorbeugung von Zentralbankgeldabflüssen bei bestimmten Anspannungssituationen unterschieden werden.

---

[110] Ebd., S. 41.

[111] Dabei ist davon auszugehen, daß die Liquiditätsmotive die Rentabilitätsmotive dominieren.

Der Ausgleich von Zentralbankgelddivergenzen innerhalb des Bankensystems ist in der Bundesrepublik Deutschland allerdings von einigen Besonderheiten institutioneller Art geprägt, die die oben dargestellten allgemeinen Verhaltensmotive relativieren. Denn die institutionelle Ausgestaltung des Bankensystems führt zu einem spezifischen Liquiditätsausgleichsverhalten bestimmter Institutsgruppen. In diesem Zusammenhang ist die Unterscheidung von offenem und internem Geldmarkt von Bedeutung. Der Ausgleich von Divergenzen in der Verteilung der Zentralbankgeldmenge in der oben beschriebenen Art zwischen Kreditinstituten, die nicht in irgendeiner Form organisatorisch miteinander verbunden sind, umfaßt den offenen Geldmarkt. Entsprechend erfolgen Ausgleichsoperationen innerhalb eines organisatorischen Verbunds auf dem sogenannten internen Geldmarkt. Ein solcher interner Geldmarkt wird in der Regel innerhalb eines Kreditinstituts insbesondere bei Filialbanken und hier vor allen den Großbanken angenommen[112], wo in der Regel der Liquiditätsausgleich durch die Zentrale erfolgt[113]. Dies ist zwar ökonomisch bedeutsam, da hiervon der interne Verrechnungsfaktor und damit die Rückflußwahrscheinlichkeit von Zentralbankgeldabflüssen abhängt, im Hinblick auf den Interbankausgleich von Zentralbankgelddivergenzen sind diese Institute selbstverständlich auch als wirtschaftliche Einheit zu sehen. Interessanter in diesem Zusammenhang sind die Verbundsysteme von Sparkassensektor und Genossenschaftssektor, deren tradierte Liquiditätspolitik auf einem internen Geldmarkt beruht.

Im Sparkassenbereich war der Liquiditätsverbund Sparkasse — Girozentrale — Deutsche Girozentrale früher im Sparkassenrecht festgelegt[114]. Mindestsätze sind in dem heutigen Sparkassenrecht allerdings nicht mehr enthalten, eine rechtliche Verankerung des Liquiditätsverbunds wird jedoch angestrebt. So ist in der Sparkassenverordnung von Nordrhein-Westfalen in § 18 postuliert: „Soweit die . . . liquiden Mittel in Guthaben bestehen, sind diese in der Regel bei der Westdeutschen Landesbank Girozentrale zu unterhalten[115]." Weiterhin können die Sparkassen „. . . verfügbare Gelder als Sicht- und befristete Einlagen bei deutschen öffentlich-rechtlichen Kreditinstituten, insbesondere bei der Westdeutschen Landesbank Girozentrale, ferner bei der

---

[112] So *Ekhard Brehmer*, S. 82.

[113] Siehe *Wolfgang van Wyk:* Die Gelddisposition der Banken, Frankfurt a. M. 1966, S. 45 ff.

[114] Vgl. dazu im einzelnen: *Adalbert Dick:* Die Verflechtung zwischen Sparkassen und Girozentralen, Berlin 1959, S. 43 ff.; *Manuel Falter:* Die Praxis des Kreditgeschäfts bei Sparkassen und anderen Kreditinstituten, 8. neubearb. Aufl., Stuttgart 1974, S. 54 ff.; *Udo Güde:* Geschäftspolitik der Sparkassen, Grundlagen und aktuelle Probleme, Stuttgart 1975, S. 46.

[115] § 18 Sparkassenverordnung für Nordrhein-Westfalen.

Landeszentralbank in Nordrhein-Westfalen anlegen[116]." Das, was früher rechtlich vorgeschrieben war, ist heute nur noch als generelles Postulat, als Sollvorschrift erhalten. Dennoch kann berechtigt davon ausgegangen werden, daß auch ökonomische Faktoren den traditionell überkommenen Liquiditätsverbund befestigen. Denn das Ausschreiten aus einem bestehenden derartigen System ist mit Kosten verbunden, die vor allem aus dem Aufbau einer entsprechenden Geldhandelsabteilung resultieren. Hinzu kommt noch, daß bei einer Reihe von Sparkassen die Beträge, die auf dem Geldmarkt angelegt werden könnten, volumenmäßig unter den dort üblich gehandelten liegen. Hieraus geht gleichzeitig hervor, daß ein Ausscheren aus dem Liquiditätsverbund wohl als Problem der Größenklassen der Sparkassen anzusehen ist, das aus Rentabilitätsgründen erst dann aufgrund eines ökonomischen Kalküls sinnvoll ist, wenn die durch solche Aktivitäten erzielten Nettoerträge[117] die zusätzlich entstehenden Kosten übersteigen. Die große Bedeutung des Liquiditätsverbundes läß sich somit nicht nur traditionell begründen, sondern entspricht auch mehr oder weniger rationalem ökonomischen Verhalten. Nach den bisherigen Erfahrungen legen die Sparkassen rund Zweidrittel bis Dreiviertel ihrer Interbankaktiva bei den Girozentralen an[118]. Zur Überprüfung dieser These ist in Tabelle 25 für die Jahre 1974 und 1975 die Verflechtung zwischen den Sparkassen und den Girozentralen zusammengefaßt. Leider sind die Angaben für die Sparkassen, die der Bundesbankstatistik entnommen sind, nicht so detailliert wie die der Girozentralen, die aus den jeweiligen Bilanzen stammen und entsprechend (mit Informationsverlust) aggregiert werden mußten.

Der Informationsverlust erstreckt sich unglücklicherweise gerade auf die interessierenden kurzfristigen Anlagen. Denn die Bundesbank erfaßt mit diesem Begriff den Zeitraum bis zu einem Jahr, so daß die Angaben auf der Passivseite der Girozentralen nicht genau vergleichbar sind. Dennoch läßt sich entnehmen, daß die tendenzielle Aussage über den Liquiditätsverbund zutreffend ist. Jedoch ist folgendes auffallend: Gegenüber 1974 ist für die Anlagen der Sparkassen bei ihren Girozentralen ein relativer Rückgang festzustellen (von 81 % auf 74 %). Hieraus ist zu schließen, daß der Anteil der Sparkasseninterbankaktiva, der nicht bei Girozentralen gehalten wird, im Zeitablauf schwankt, wobei die hier-

---

116 § 27 Sparkassenverordnung für Nordrhein-Westfalen.

117 Als Differenz zwischen Geldmarktzins und dem bei der Girozentrale erzielbaren Ertrag.

118 Nach Angabe der Deutschen Bundesbank („Die Kreditbeziehungen der deutschen Banken untereinander", in: Monatsberichte, 22. Jg., Nr. 12 [Dez. 1970], S. 23 - 36, S. 27) umfassen die kurzfristigen Interbankaktiva der Sparkassen zu etwa zwei Dritteln Anlagen bei den Girozentralen. Nach *Güde* (Geschäftspolitik der Sparkassen, S. 71) belaufen sich insgesamt die Anlagen bei Girozentralen auf rd. drei Viertel der Interbankaktiva der Sparkassen.

für ursächlichen Faktoren aus den beiden Stichdaten nicht herausgeschält werden können. Leider war eine Betrachtung eines längeren Zeitraumes nicht möglich, da die Geschäftsberichte der Landesbanken-Girozentralen vor 1974 die Beziehungen zu angeschlossenen Kreditinstituten nicht gesondert ausweisen.

Ähnlich in der Organisationsstruktur ist der Genossenschaftssektor. Auch hier gelten die für die Sparkassen oben getroffenen Überlegungen. Insbesondere trifft das Argument der Größenordnung, die ein aktives Geldmarktgeschäft unrentabel machen, zu. Eine bewußte Liquiditätsverbundspolitik wird auch postuliert: „Volksbanken und Raiffeisenbanken vermeiden es, Liquidität Kreditinstituten außerhalb ihres Verbundes zur Verfügung zu stellen. Die Zentralbanken unterhalten ihre liquiden Mittel nicht bei verbundfremden Kreditinstituten, sondern bei anderen genossenschaftlichen Zentralbanken oder als Einlagen bei der Deutschen Genossenschaftsbank. Hierdurch wird der Liquiditätszug . . . geschlossen[119]." Die quantitative Dimension des Liquiditätszuges Genossenschaften, Zentralkassen und Deutsche Genossenschaftskasse (-bank) ist für die Jahre 1971 bis 1975 in der Tabelle 26 erfaßt.

Leider ist die Statistik unvollständig, da die Angaben über die Genossenschaften in der Bundesbankstatistik nur die berichtspflichtigen Institute erfaßt. Dennoch läßt sich aus dieser Übersicht insbesondere bei den Zentralkassen, die Rolle des Liquiditätsverbundes deutlich erkennen, so daß die Vermutung gestärkt wird, daß dieser Verbund straffer organisiert ist als der des Sparkassensektors[120]. Die Forderungen der Zentralkassen an Kreditinstitute zeigen, daß im wesentlichen die Institute der eigenen Organisation bei der Interbankkreditvergabe bevorzugt sind. Allerdings enthalten die Zahlen keine Aussage darüber, welche Beziehungen zwischen den einzelnen Zentralkassen bestehen, wie dies auch bei den Girozentralen der Fall war. Denn ein erheblicher Anteil der Forderungen und auch Verbindlichkeiten an andere Kreditinstitute außer den angeschlossenen Genossenschaften und der Deutschen Genossenschaftskasse (-bank) können auch Kreditbeziehungen zwischen einzelnen Zentralkassen erfassen. Erhebliche Forderungen an Kreditinstitute, die nicht in dem Genossenschaftsverbund sind, hat die Deutsche Genossenschaftskasse (-bank). In der betrachteten Zeitperiode haben sich diese mehr als verdreifacht.

---

[119] *Horst Baumann, Lorenz Falkenstein:* Die Volksbanken und Raiffeisenbanken, Frankfurt a. M. 1976, S. 89.

[120] Die gegenteilige Meinung vertritt *Ludwig Mülhaupt:* Strukturwandlungen . . ., S. 319. Allgemein dürfte allerdings der Verband — gemessen an den Einlagen bei Zentralinstituten — um so „straffer" sein, je kleiner das Geschäftsvolumen der angeschlossenen Institute ist.

Die bisherigen Ausführungen machen deutlich, daß bei der differenziert strukturierten Kreditwirtschaft in der Bundesrepublik Deutschland ein Ausgleich von Zentralbankgelddivergenzen innerhalb des Bankensystems auf dem offenen Geldmarkt nur von einem relativ kleinen Kreis der Institute durchgeführt wird:

Großbanken, große Regionalbanken, größere Privatbankiers, Spitzeninstiute des Sparkassen- und Kreditgenossenschaftssektors, einige größere Sparkassen, Realkreditinstitute, Kreditinstitute mit Sonderaufgaben und zum Teil Postsparkassen und Postscheckämter.

3.2. Empirische Untersuchungen zum Geldmarktverhalten der Kreditinstitute

3.2.1. Statistische Probleme

Aktivitäten der Kreditinstitute auf dem Geldmarkt schlagen sich in einer entsprechenden Veränderung der Interbankaktiva und -passiva nieder. Diese werden von der Bundesbank regelmäßig erfaßt und in den Bundesbankstatistiken auch in aggregierter Form veröffentlicht. Bei der Betrachtung dieser Angaben ist jedoch unter dem Aspekt der Analyse des Zentralbankgeldausgleichs innerhalb des Bankensystems zu berücksichtigen, daß diese Aktivitäten nur eine Ursache von vielen für die Entstehung von Interbankbeziehungen sind. Aus diesem Grund sind die gewöhnlicherweise zur Charakterisierung der Geldmarktposition von Kreditinstitutsgruppen herangezogenen empirischen Angaben zu relativieren. Als wichtige Gründe für das Zustandekommen von Interbankaktiva und -passiva sind zu nennen[121]:

— Bestimmte Kreditprogramme führen zu Interbankbeziehungen, wenn die Mittel zunächst an ein Institut mit Sonderaufgaben und von dort über seine Hausbank dem endgültigen Kreditnehmer zugeführt werden. In der Regel handelt es sich dabei um durchlaufende Kredite.

— Die oben umrissenen Verbundsysteme der Liquiditätshaltung im Genossenschafts- und Sparkassenbereich.

— Die Existenz von Nostrokonten, die zur Vereinfachung des Zahlungsverkehrs außerhalb des Notenbanksystems bestehen („working balances“)

— Kapitalmäßige Verflechtungen zwischen den Kreditinstituten, insbesondere zwischen Kreditbanken und Hypothekenbanken, führen auch zu entsprechenden kreditären Beziehungen zwischen diesen Instituten.

---

[121] Vgl. *Deutsche Bundesbank:* „Die Kreditbeziehungen der deutschen Banken untereinander“, S. 25.

— Schließlich sind es echte Geldmarktbeziehungen, die zu Interbankpositionen führen.

Für die empirische Arbeit ergibt sich daraus das Problem, daß aus den veröffentlichten Zahlen die Motive nicht eindeutig zu isolieren sind. Nur annäherungsweise kann in der Interpretation auf Geldmarktaktivitäten zum Ausgleich von Zentralbankgelddivergenzen geschlossen werden. Als Kriterium hierfür kann die Fristigkeit der Interbankbeziehungen herangezogen werden, denn es ist davon auszugehen, daß die Wahrscheinlichkeit, daß Geldmarktgeschäfte vorliegen, um so höher ist, je kürzer die Fristigkeit ist. Überschneidungen gibt es hier allerdings bei den „working balances", deren Charakteristik ja gerade die tägliche Fälligkeit ist. Eindeutig auf Geldmarktaktivitäten ist bei der Weitergabe von Wechseln zu schließen, da solche Geschäfte ohne Zweifel zur Beschaffung von Zentralbankgeld dienen.

3.2.2. Die Geldmarktpositionen der Kreditinstitute

Entgegen dem Postulat, daß theoretisch Interbankforderungen und Interbankverbindlichkeiten sich aufheben, zeigt die Statistik der Bundesbank[122], daß die Aktiva die Passiva der Interbankbeziehungen aller Kreditinstitute erheblich übersteigen. Zum Teil ist diese Differenz durch die in den Interbankaktiva enthaltenen Bankschuldverschreibungen erklärbar. Werden diese abgezogen, so ist die Interbankverschuldung größer als die Interbankforderungen. Diese Tatsache war schon früher zu beobachten[123] und ist im wesentlichen darauf zurückzuführen, daß

— die statistischen Angaben für den Genossenschaftsbereich lediglich auf Teilerhebungen beruhen,

— bei Schuldner und Gläubiger eine zeitliche Verschiebung in der Verbuchung auftreten kann und/oder

— bei der Statistik Zuordnungsfehler begangen werden.

Im folgenden soll betrachtet werden, welche Rolle die Kreditinstitutsgruppen bei einer Umverteilung von Zentralbankgeld innerhalb des Bankensystems in dem Beobachtungszeitraum gespielt haben. Entsprechend der oben vorgebrachten Bedenken hinsichtlich der Eliminierung von Geldmarktaktivitäten gegenüber anderen Interbankbeziehungen

---

[122] Die folgenden Ausführungen basieren, wenn nichts anderes erwähnt, auf den statistischen Angaben in Deutsche Bundesbank, Zu den Monatsberichten, Reihe 1, Bankenstatistik nach Bankengruppen, Tabelle „10 Inländische Interbankaktiva und -passiva".

[123] Vgl. *Deutsche Bundesbank:* „Die Kreditbeziehungen der deutschen Banken untereinander", S. 24.

ist deren Fristigkeitsstruktur. An den absoluten Interbankaktiva und -passiva kann das Geldmarktengagement gemessen werden[124]. Daraus sind für die Banken mit universellem Charakter (Kreditbanken, Sparkassensektor, Genossenschaftssektor) auch die Salden berechnet worden, um die Geldmarktposition deutlicher hervortreten zu lassen. Die Interbankbeziehungen der Kreditbanken insgesamt wieder. Hierbei zeigt sich, daß diese Bankengruppe zusammengenommen teilweise eine Gläubigerstellung, überwiegend jedoch eine Schuldnerposition innehatte. Dies trifft vor allem für den kurzfristigen, die Geldmarktaktivitäten repräsentierenden Bereich zu, während mittelfristig stets ein positiver Saldo vorlag. Der Saldo aus Wechselkredit einerseits und Wechselweitergabe andererseits verdeutlicht, daß dies für die Kreditbanken ein bedeutsames Instrument zur Liquiditätsbeschaffung darstellt. Weiter ist auffallend, daß der Saldo zu Beginn der liquiditätsknappen Phase (1973) im Vergleich zu dem Zeitraum vorher erheblich angestiegen ist. Da dies vorwiegend die kurzfristigen Interbankaktiva und -passiva trifft, ist hier auf eine verstärkte Geldmarkttätigkeit zu schließen. Auffallend ist der extreme Anstieg in der zweiten Hälfte des Jahres 1974, der auf eine Zunahme der kurzfrisigen Verschuldung zurückzuführen ist, während die Interbankkredite in etwa gleich blieben. Es ist zu vermuten, daß dies auf den interbankmäßigen Liquiditätsausgleich aufgrund der mit der Herstattinsolvenz verbundenen Liquiditätsdivergenzen innerhalb des Bankensystems zurückzuführen ist[125].

Da die Kreditbanken eine in sich sehr heterogene Bankengruppe darstellen, sind die einzelnen Bankengruppen im folgenden noch zu betrachten. Die Großbanken weichen in ihrem Geldmarktverhalten erheblich von der Gesamtheit der Kreditbanken ab. Insgesamt haben sie eine Gläubigerposition. Vor allem trifft dies für den kurzfristigen Bereich zu, der im wesentlichen Geldmarktaktivitäten beinhaltet. Hier ist jedoch in der liquiditätsknappen Phase 1973 kurzfristig eine Schuldnerposition erkennbar. Ähnlich ist dies 1974 in der Zeit nach dem Herstattfall. Hiermit scheint sich zu bestätigen, „daß die Politik der Liquiditätsreservehaltung der Großbanken nicht vornehmlich auf Geldmarktanlagen ausgerichtet ist“[126]. Diese Aussage kann jedoch relativiert werden, wenn man die Mittelbeschaffung über Wechselweitergabe betrachtet, die zeigt, daß gerade in der liquiditätsknappen Phase die Großbanken

[124] Vgl. *Michael Burchardt:* „Die Stellung einzelner Bankengruppen ...“, S. 221.

[125] Nach dem Herstattzusammenbruch war kurzfristig eine Einlagenverteilung zwischen den Institutsgruppen zu verzeichnen, die vorwiegend dem Sparkassen- und dem Genossenschaftssektor zugute kam. Vgl. auch *Manfred Hartmann:* Ökonomische Aspekte der Reform des KWG, Stuttgart 1977, S. 207 ff.

[126] *Michael Burchardt:* „Die Stellung der einzelnen Bankengruppen ...“, S. 239.

aus einer Gläubigerposition in eine Schuldnerposition wechselten. Diese Beobachtung zeigt sich auch im Jahre 1974.

Bei den Regionalbanken und sonstigen Kreditbanken zeigt sich eine typische Schuldnerposition, die nur bei den mittelfristigen Interbankaktiva und -passiva zum Teil durchbrochen wird. Gerade bei dieser Bankengruppe ist der Anstieg der kurzfristigen Interbankpassiva erheblich. Der hiermit verbundene Saldenanstieg läßt auf eine verstärkte Geldmarktverschuldung hindeuten. Hierbei ist jedoch für die liquiditätsknappe Phase keine eindeutige Erhöhung festzustellen, wohl aber für die Zeit nach der Herstattinsolvenz. Seit Beginn der expansiven Bundesbankpolitik im Oktober 1974, scheinen sich die Geldmarktaktivitäten zurückzubilden. Interessant im Rahmen der Refinanzierung durch Wechselweitergabe erscheint der relativ starke Rückgang in der liquiditätsknappen Periode 1973. Möglicherweise ist dies darauf zurückzuführen, daß durch die Rediskontkontingentkürzungen der Bundesbank Rückwirkungen auf die Wechselrefinanzierung innerhalb des Bankensystems zu verzeichnen waren, die darauf beruhen, daß das weitergegebene Wechselmaterial für den potentiellen Erwerber keinen Zugriff auf Zentralbankgeld bei der Notenbank mehr bedeutet. Erhärtet wird diese Vermutung auch durch die Ausgangszahlen der Bundesbank, aus denen ein deutlicher Rückgang der Refinanzierung durch Wechselweitergabe erkennbar ist.

Auch die Privatbankiers weisen in der betrachteten Zeitperiode die für sie in der Literatur beschriebene Schuldnerposition inne. Nur bei den mittelfristigen Interbankaktiva und -passiva liegt ein positiver Saldo vor, der jedoch von vernachlässigbarer Größenordnung ist. Aus der Bundesbankstatistik ist erkennbar, daß für diese Institutsgruppe die Wechselweitergabe als Refinanzierungsinstrument auf dem Geldmarkt von außerordentlicher Bedeutung ist. Dabei zeigt sich hier wie auch bei den regionalen sonstigen Kreditbanken ein relativ starker Rückgang in der liquiditätsknappen Periode. Interessant erscheint in diesem Zusammenhang eine starke Zunahme der Geldmarktverschuldung im Februar 1973, einen Monat vor der Freigabe der Wechselkurse. Es ist zu vermuten, daß es sich hierbei um einen Spreizeffekt des aus Devisenzuflüssen stammenden Zentralbankgeldes handelt. Ebenso ist nach der Herstattinsolvenz im Jahre 1974 eine recht hohe kurzfristige Interbankverschuldung zu verzeichnen. Weiterhin läßt sich ein starker Anstieg der langfristigen Verschuldung dieser Institute erkennen.

Die Interbankbeziehungen des Sparkassensektors sind im wesentlichen, wie schon unter dem Aspekt des Bankenverhaltens beschrieben, durch ihren organisatorischen Liquiditätsverbund geprägt.

Entsprechend überwiegt bei den Girozentralen die Schuldnerposition. Nur 1973, Anfang 1974 wiesen sie eine Gläubigerstellung auf. Dies ist jedoch im Hinblick auf die unterschiedliche Fristigkeit der Interbankbeziehungen zu relativieren. Denn die Salden der langfristigen Interbankaktiva und -passiva indizieren eine Gläubigerstellung, während kurz- und mittelfristig eine Schuldnerposition ausgewiesen ist. Für den Sparkassensektor (Tab. 32) ist der Rückgang an kurzfristigen Interbankaktiva und -passiva in der liquiditätsknappen Phase bei den Girozentralen auffallend. Dabei war die Abnahme der kurzfristigen Passiva stärker als die der kurzfristigen Aktiva, was sich in einer Saldenverringerung („Verbesserung der Schuldnerposition") bemerkbar machte. In diesem Sachverhalt kommt die Bedeutung des organisationsbedingten internen Geldmarktes im Liquiditätsverbund zum Ausdruck. Seit 1974 ist eine ständig steigende Tendenz in den Interbankbeziehungen der Girozentralen zu verzeichnen. Diese treffen insbesondere den mittel- und kurzfristigen Bereich, was mit einer entsprechenden Erhöhung der Salden verbunden ist. Fast spiegelbildlich verhält sich die Situation bei den Sparkassen, die, wie oben schon dargestellt, größtenteils mit ihren Girozentralen interbankmäßig verflochten sind. Sie sind überwiegend in einer Geberposition. Auch hier ist 1973 vor allem eine Verringerung der kurzfristigen Interbankbeziehungen festzustellen, die wohl als Folge der Liquiditätsknappheit zu interpretieren sein könnte. In den vergangenen Jahren hat sich die Gläubigerposition der Sparkassen extrem verbessert. Vergleicht man die Salden der unterschiedlich befristeten Interbankaktiva und -passiva (Tabelle 31), so läßt sich feststellen, daß hauptsächlich neben der Zunahme im kurzfristigen Bereich die Bankschuldverschreibungen erheblich zugenommen haben.

Ähnlich liegen die Verhältnisse im Bereich des Genossenschaftssektors, in dem Zentralkassen und Kreditgenossenschaften einen Liquiditätsverbund bilden. So weisen die Zentralkassen eine Schuldnerposition aus, da die Kreditgenossenschaften dort ihre liquiden Mittel anlegen. Allerdings ist zu bemerken, daß die besondere Stellung der deutschen Genossenschaftskasse (-bank) — wie auch bei der Deutschen Girozentrale — Deutsche Kommunalbank nicht zur Geltung kommt, da diese nicht getrennt ausgewiesen wird.

Während der Liquiditätsknappheit 1973 gingen, wie zu erwarten war, auch bei den Zentralkassen (wie bei den Girozentralen) kurzfristige Guthaben und Darlehen wie kurzfristige Sicht- und Termingelder zurück. Bei den Kreditgenossenschaften fällt auf, daß sie sich durch die Weitergabe von Wechseln — vermutlich bei ihren Zentralbanken — liquide Mittel verschaffen. Seit 1973 hat die Bedeutung, auf diesem Weg Liquidität zu beschaffen, abgenommen.

Bei den übrigen Bankengruppen, die keinen Universalbankcharakter aufweisen, ist die Position im Interbankgeschäft unmittelbar aus der

Bundesbankstatistik ersichtlich. Bei den Realkreditinstituten bestätigt sich die Feststellung, daß sie kurzfristig in einer Gläubigerposition sind, obwohl sie insgesamt als Schuldner auftreten[127]. Ihr Verhalten ist typisch für eine „negative" oder „verkehrte Fristentransformation"[128] auf dem Geldmarkt. Die Teilzahlungskreditinstitute treten als typische Schuldner vorwiegend im kurzfristigen Interbankgeschäft in Erscheinung. Die Kreditinstitute mit Sonderaufgaben und die Deutsche Bundespost halten dagegen ihre traditionelle Gläubigerposition.

Nachdem die institutionellen Gegebenheiten und die Entwicklung der Interbankbeziehungen erörtert wurden, ist der Frage nachzugehen, welche Einflußfaktoren im Hinblick auf die Zentralbankgeldbeschaffung über den Geldmarkt für die Kreditinstitute relevant sind. Hierzu sind die Motive empirisch zu überprüfen, die durch eine Umverteilung der vorhandenen Zentralbankgeldmenge eine intensivere Nutzung ermöglichen. Die hierzu durchgeführten Regressionsanalysen schätzen die Nachfragefunktionen der Kreditinstitute nach kurzfristigen Interbankaktiva. Diese Abgrenzung wurde gewählt, um so möglichst den Geldmarktaktivitäten nahezukommen. Die Schätzfunktionen sind vom gleichen Typ wie die schon oben bei der Analyse der Nachfrage nach Liquiditätsanlagen und Notenbankkrediten präsentierten: Es wird ein Anpassungsmodell angenommen, wobei die Rentabilitätsgesichtspunkte durch die Zinssätze resp. Zinssatzdifferenzen und der Bedarfsaspekt durch entsprechende „short-run-constraints" erfaßt wird. Gleichfalls werden wiederum die absoluten Größen einerseits und die relativen gemäß der Homogenitätsannahme überprüft. Die Ergebnisse sind in Tabelle 48 enthalten. Die Regressionsanalyse führt zu Nachfragegleichungen nach Interbankaktiva, die zwischen 90 und 93 % der Varianz erklären. Dabei läßt der Regressionskoeffizient der endogenen Zeitverzögerten auf eine langsame Anpassung an den gewünschten Bestand schließen: Mit einer Rate vom zum Teil unter 20 % erfolgt eine Anpassung mit einem mittleren time-lag von rund 4 Monaten (vorausgesetzt wiederum, daß die short-run-constraints nicht wirksam sind). Auch hier dürfte die Erklärung für die relativ lange durchschnittliche Anpassungszeit darin liegen, daß die institutionellen Gegebenheiten zu „Spreizeffekten" in der Anpassung führen. Die Reaktion des gesamten Bankensystems ist deshalb langsamer als die einer einzelnen Bank. Die Koeffizienten sind mit einem Signifikanzniveau von 0,995 statistisch gesichert. Über den Einfluß des Rentabilitätsaspektes, erfaßt durch Zinssatzdifferenzen, sind keine statistisch signifikanten Ergebnisse zu erzielen. Aber dennoch lassen die Gleichungen den Hinweis zu, daß zur Refinanzierung die Alternative zwischen Notenbank

[127] Vgl. die Ausführungen oben S. 116.

[128] *Vincenz Timmermann:* „Interbankkredite und Geldpolitik", S. 522.

und Geldmarkt besteht. Denn teilweise ist der Koeffizient der Differenz des Geldmarktzinses und des Diskontsatzes mit einem Signifikanzniveau von 0,95 gesichert. Der Einfluß der „short-run-constraints" auf die Nachfrage nach Interbankaktiva läßt sich nicht ganz eindeutig beantworten. So geht von der Variablen, die die Zentralbankgeldzu- und -abflüsse erfaßt, ein hoch gesicherter Einfluß aus. Die Bedeutung dieser Variablen nimmt jedoch sofort ab, wenn in die Schätzung die geldpolitische Variable einbezogen wird. Dabei ist jedoch auffallend, daß bei dieser Variablen nur dann ein signifikanter Einfluß feststellbar ist, wenn sie um eine Periode zeitverzögert in die Gleichung aufgenommen wird. Daraus läßt sich schließen, daß die Kreditinstitute etwas verzögert auf geldpolitische Maßnahmen reagieren. Die Größenordnung des Koeffizienten impliziert eine überproportionale Wirkung dieser Variablen auf die Nachfrage nach Interbankkrediten. Erklärbar ist dies dadurch, daß durch derartige Maßnahmen das Bankensystem global betroffen wird und sich innerhalb des Bankensystems Anpassungen von Bank zu Bank vollziehen, die das Ausmaß des Einflusses dieser Variablen auf die kurzfristigen Interbankaktiva ausmachen. In diesem Zusammenhang ist darauf hinzuweisen, daß eine Verstetigungspolitik wichtig ist, da sie den Kreditinstituten den von der Bundesbank angestrebten Zentralbankgeldzufluß zu erkennen gibt, so daß Erschütterungen des differenzierten und interbankmäßig eng verflochtenen Bankensystems unwahrscheinlich werden. Hinsichtlich der Wirkung der Saisondummy für das window dressing und die Dummy-Variable für das Wechselkurssystem sind keine statistisch signifikanten Ergebnisse erzielt worden. Jedoch führt die Berücksichtigung des Wandels im Währungssystem zu einer Verbesserung des Bestimmtheitsmaßes.

Im Gegensatz zu den Schätzungen der Nachfrage nach Liqiuiditätsanlagen und Zentralbankkrediten konnte die Einbeziehung der Homogenitätsannahme bei der Nachfrage nach kurzfristigen Interbankaktiva zu keiner Verbesesrung des Erklärungswertes der Schätzgleichungen führen. Mit den Gleichungen wird nur noch etwa 68 - 72 % der Varianz erklärt. Die Annahme der Linearhomogenität dürfte für die Interbankaktiva somit nicht zutreffen. Erklärbar ist dieser Sachverhalt dadurch, daß durch die gegenseitige Kreditgewährung innerhalb des Bankensystems die Summe der Interbankaktiva erheblich (überproportional zu den anderen Variablen) ansteigt: Eine Verdoppelung der erklärenden D-Mark-Variablen kann durchaus eine Erhöhung der Interbankaktiva um mehr als das Doppelte zur Folge haben.

4. Die Bedeutung der Zentralbankgeldquellen für das Liquiditätsverhalten der Kreditinstitute

Nachdem untersucht wurde, welche Faktoren das Nachfrageverhalten der Kreditinstitute hinsichtlich der Beschaffung von Zentralbankgeld aus unterschiedlichen Zentralbankgeldquellen beeinflussen, ist nunmehr dem Problem nachzugehen, in welchem Verhältnis die verschiedenen Zentralbankgeldquellen zueinander stehen und welche Schlüsse für des Verhaltens der Kreditinstitute hieraus zu ziehen sind. Bei der Umstellung des Liquiditätsschemas im Jahre 1973 machte die Deutsche Bundesbank u. a. das veränderte Liquiditätsverhalten der Kreditinstitute für die Notwendigkeit der „neuen" Geldpolitik verantwortlich[129]. Dieses veränderte Liquiditätsverhalten habe sich darin geäußert, daß eine Umstrukturierung zwischen den Komponenten der Liquiditätsvorsorge von potentiellem Zentralbankgeld zu Interbankaktiva stattgefunden habe. Einer solchen Argumentation liegt die Hypothese zugrunde, daß Geldmarktaktivitäten und Zentralbankgeldversorgung durch die Notenbank sich notwendigerweise gegenläufig entwickeln. Ähnlich wie bei dem Problem der Erhöhung der Umlaufsgeschwindigkeit des Geldes bei konstanter Geldmenge und erhöhten wirtschaftlichen Aktivitäten wird hier angenommen, daß verstärkte Interbankbeziehungen auf eine intensivere Nutzung des vorhandenen Zentralbankgeldes schließen lassen. Erhöhte Geldmarktaktivitäten wären dann möglicherweise Ausdruck eines Liquiditätsmangels. Frühere Beobachtungen widersprechen dieser Hypothese. So stellt die Bundesbank noch im Dezember 1970 fest, daß ein Rückgang der Bankenliquidität (Freie Liquiditätsreserven) nicht immer mit einer entsprechenden Ausdehnung der Interbankbeziehungen und umgekehrt verbunden sei[130]. Auch *R. Pohl* beobachtet, daß sich das Verhältnis von Interbankaktiva zu Einlagen der Kreditinstitute als relativ stabil erwiesen hat[131]. Zur Überprüfung dieser These ist in Abbildung 11 die Entwicklung verschiedener Liquiditätsquoten der Kreditinstitute dargestellt. Hierbei handelt es sich einerseits um die Quote der freien Liquiditätsreserven bezogen auf die Einlagen, zum anderen die der kurzfristigen Interbankaktiva bezogen auf die Einlagen. Als Summe aus beiden resultiert die gesamte Liquiditätsquote. In diesem Zusammenhang muß allerdings auf die Problematik hingewiesen werden, die sich daraus ergibt, daß die Komponenten, die einzelwirtschaftlich von den Kreditinstituten tatsächlich als Liquiditätspotential angesehen werden (z. B. Wertpapiere) aufgrund subjektiver Entscheidungsfaktoren nur schwierig festzustellen sind. Weiterhin wurde bei der Berechnung der Liquiditäts-

---

[129] Vgl. oben S. 28.

[130] Vgl. *Deutsche Bundesbank:* „Die Kreditbeziehungen der Banken untereinander", S. 23.

[131] Vgl. *Rüdiger Pohl:* Geldkreislauf und Einkommenskreislauf, S. 150.

quoten auf eine Einbeziehung der Mindestreserven verzichtet, weil diese im Grunde eine Bindung von Zentralbankgeld darstellen, auch wenn sie kurzfristig verfügbar sind. Somit können die kurzfristigen Interbankaktiva lediglich als Repräsentant der einzelwirtschaftlichen Liquiditätsüberlegungen dienen. Dies erscheint jedoch insofern hinreichend, als der Verlauf der Gesamtliquiditätsquote in Abbildung 11 sich kaum von der unterscheidet, die *H. Schlesinger* berechnet hat[132]. Bei der Entwicklung der Entwicklung der Liquiditätsquoten ist folgendes zu erkennen: In der Tat ist ein Anstieg der Interbankquote bei Konstanz bzw. leichtem Rückgang der freien Liquiditätquote festzustellen. Anfang 1973 gehen allerdings beide Quoten stark zurück, jedoch steigt die Interbankquote in der liquiditätsknappen Phase extrem stark an. Sie geht mit zunehmenden Freien Liquiditätsreserven jedoch im Niveau wieder etwas zurück. Ab 1976 stellt sich die Entwicklungsrichtung beider Quoten als gleichgerichtet heraus. Diese Beobachtung scheint die Hypothese im großen und ganzen zu bestätigen. Eine entsprechende Aussage konnte aus den Abbildungen 12 und 13 herausgelesen werden. In Abbildung 12 wird die Entwicklung der kurzfristigen Interbankaktiva der der Liquiditätsanlagen gegenübergestellt. Die Kurven erwecken den Eindruck, daß eine Substitution zwischen den liquiditätsvorsorgetragenden Aktiva stattgefunden hat. Dagegen enthält Abbildung 13 die Entwicklung des Zentralobligos und der kurzfristigen Interbankpassiva, die den Zentralbankgeldbeschaffungsaspekt widerspiegeln. Generell ergibt sich auch hier ein gegenläufiger Eindruck, wenn auch nicht so eindeutig wie in der Abbildung zuvor. Insbesondere läßt sich aus beiden Schaubildern erkennen, daß gegen Ende des Beobachtungszeitraums eine gleichgerichtete Entwicklungstendenz besteht. Eine Verallgemeinerung der Aussage, daß sich Geldmarktaktivitäten und Zentralbankgeldversorgung gegenläufig entwickeln, dürfte jedoch als vordergründig erscheinen, denn

— die Beobachtung könnte einzig für den betrachteten Zeitraum bis Anfang 1976 spezifisch sein und

— das zufällige Zusammentreffen mehrerer Faktoren könnten diese Entwicklung bedingt haben.

Für die Ausdehnung der Interbankbeziehungen werden im wesentlichen noch drei weitere Gründe vorgebracht:

— Globalwirkende bundesbankpolitische Maßnahmen können eine Ausweitung von Geldmarktaktivitäten zur Folge haben. Solche Maßnahmen verstärken innerhalb des differenzierten deutschen Bankensystems Liquiditätsdivergenzen, wenn von den restriktiven Maßnahmen nicht nur die Institute betroffen werden, bei denen Liquiditätszu-

---

[132] Vgl. *Helmut Schlesinger:* „Neuere Erfahrungen der Geldpolitik in der Bundesrepublik Deutschland", in: Kredit und Kapital, 9. Jg. (1976), S. 433 - 454, S. 436.

flüsse tatsächlich stattgefunden haben. Ein solcher Zusammenhang wird vor allem in Verbindung mit der Abschöpfung der aus Devisenbewegungen resultierenden Zentralbankgeldzuflüssen gesehen[133]. Hierfür kann jedoch in den vorgelegten Schätzungen für die Nachfrage nach kurzfristigen Interbankaktiva keine Bestätigung gesehen werden. Vermutlich ist die Zeitspanne, für die dieser Sachverhalt zutrifft, innerhalb des Beobachtungszeitraums zu kurz.

— Liquiditätsdivergenzen ergaben sich nach dem Zusammenbruch des Bankhauses Herstatt aufgrund von Verlagerungen des Einlagevolumens zwischen den Institutsgruppen des Bankensystems. Ein Liquiditätsausgleich mußte sich naturgemäß in einer Erhöhung der Geldmarktaktivitäten niederschlagen.

— Die institutionelle Ausgestaltung der liquiditätssichernden bankpolitischen Verhaltensnormen seit 1969 förderte eine Ausweitung der Interbankbeziehungen. Oben wurde schon im Zusammenhang mit dem Liquiditätsproblem der Kreditinstitute darauf verwiesen, daß in den derzeitigen Liquiditätssicherungsvorschriften in den Grundsätzen II und III des Bundesaufsichtsamtes für das Kreditwesen solche Aktivpositionen als liquide Mittel angesehen werden, die diese Grundsätze nicht oder nur im begrenzten Umfang belasten. Die Interbankforderungen der Kreditinstitute bedingen eine Belastung von nur 20 % der Forderungen, die auf mindestens drei Monate, höchstens vier Jahre befristet sind. Gleichzeitig beinhaltet der Grundsatz III, daß Interbankpassiva mit maximal dreimonatiger Fristigkeit zu 10 %, die übrigen, die bis zu vier Jahren befristet sind, zu 50 % als Finanzierungsmittel anzusehen sind. Dies bedeutet aber, daß bei dem einen Kreditinstitut Finanzierungsmittel geschaffen werden können, die bei dem gebenden Institut als (zumindest zu 80 %) liquide Mittel angesehen werden können. Diese Regelung hat Gültigkeit seit dem 1. März 1973[134]. Die vorherige, seit 1969 gültige Regelung des Grundsatzes III war allerdings einer Förderung der Ausdehnung der Interbankbeziehungen noch dienlicher. Denn während ursprünglich die bezeichneten Interbankaktiva den Grundsatz III zu 100 % belasteten, wurden sie seitdem als Aktivkomponente bei der Grundsatzberechnung überhaupt nicht mehr angerechnet. Als Finanzierungsmittel konnten Interbankgelder jedoch zu 35 % herangezogen werden. Hierdurch war es möglich, Finanzierungsmittel zu beschaffen, während liquiditätsmäßig durch die entstehenden Interbankaktiva keinerlei Anforderun-

[133] Vgl. hierzu auch *Helmut Geiger:* Bankpolitik, Stuttgart, Berlin, Köln, Mainz 1975, S. 42; *Eberhart Ketzel, Reinhard Köser, Hans Pfisterer,* S. 128.

[134] Vgl. *Deutsche Bundesbank:* „Die Neufassung des Grundsatzes III über die Liquidität der Kreditinstitute gemäß § 11 des Gesetzes über das Kreditwesen“, in: Monatsberichte, 25. Jg., Nr. 4 (April 1973), S. 11 - 15.

gen gestellt wurden[135]. Dieser Regelung wurde in erheblichem Maße die Ausweitung der Interbankbeziehungen zugesprochen.

Aus den bisherigen Ausführungen ergibt sich, daß augenscheinlich einiges dafür spricht, daß die Kreditinstitute die Akzente bei den Komponenten ihrer Liquiditätsvorsorge verschoben haben. Jedoch ergeben sich auch genügend Hinweise dafür, daß dies nicht Resultat eines bewußten Handelns, eines veränderten Liquiditätsverhaltens ist, sondern daß möglicherweise andere Faktoren dazu geführt haben, und erst im Nachhinein eine solche Interpretation möglich ist.

---

[135] Siehe hierzu auch *Helmut Geiger*, S. 43; *Armin Gutowski*: „Brauchen wir neue Instrumente der Kreditpolitik?", in: Währungsstabilität in einer integrierten Welt, Beiträge zur Geldtheorie und Geldpolitik, Festgabe für Otto Veit, Stuttgart, Berlin, Köln, Mainz 1974, S. 17 f. *Rüdiger Pohl*: Geldkreislauf und Einkommenskreislauf, S. 150 f.

VIERTER TEIL

Geldpolitische Konsequenzen

Für eine effiziente Ausgestaltung der Geldpolitik ergibt sich die Notwendigkeit der Entwicklung eines operationalen geldpolitischen Konzeptes. Dabei ist die Berücksichtigung des Verhaltens der Kreditinstitute vonnöten. Da Geldpolitik vornehmlich die Beeinflussung der Zentralbankgeldversorgung — Bereitstellung einerseits, Entzug andererseits — bedeutet, ergibt sich die Notwendigkeit der Kenntnis der Faktoren, die das Verhalten der Kreditinstitute gegenüber der Zentralbank einerseits und den Nichtbanken andererseits determinieren. Hieraus ergibt sich für die Kreditinstitute das Problem der Liquiditätsvorsorge. Theoretisch besteht die Problemlösung in einem Optimierungskalkül, nach dem die Kreditinstitute ihre Liquiditätsvorsorge unter Rentabilitätsgesichtspunkten einerseits und Sicherheitsgesichtspunkten andererseits treffen.

Bei den in der Bundesrepublik Deutschland vorliegenden institutionellen Gegebenheiten besteht das Problem der Analyse der Bestimmungsfaktoren der Zentralbankgeldmenge und der freien Liquiditätsreserven in der Betrachtung

— der exogen gegebenen Faktoren, die einen Zentralbankgeldbedarf (bzw. -zufluß) bedingen und

— der endogenen Verhaltensweisen der Kreditinstitute hinsichtlich ihrer Anpassung an den Zentralbankgeldbedarf.

Hinsichtlich des Verhaltens der Kreditinstitute ergeben sich drei zu untersuchende Bereiche:

— die Analyse der Nachfrage der Kreditinstitute nach Liquiditätsanlagen, in der der Vorsorgeaspekt zum Ausdruck kommt,

— die Analyse der Nachfrage der Kreditinstitute nach Krediten von der Zentralbank, woraus sich der Zentralbankgeldversorgungsaspekt erkennen läßt, und

— der Analyse der Nachfrage der Kreditinstitute nach Geldmarktkrediten, die dem Umverteilungsaspekt einer vorhandenen Zentralbankgeldmenge innerhalb des Bankensystems Rechnung trägt.

Hinsichtlich der Verhaltensweisen der Kreditinstitute wurden in der vorliegenden Arbeit theoretisch Verhaltenshypothesen entwickelt und für den Zeitraum von Mai 1971 bis Ende 1976 überprüft. Das wohl wichtigste Ergebnis war, daß die Nachfrage sowohl nach Liquiditätsanlagen wie auch nach Zentralbankgeldkrediten überwiegend abhängig von Mengenänderungen, d. h. von Zentralbankgeldzu- resp. -abflüssen, seien sie nun durch Marktfaktoren oder durch bundesbankpolitische Maßnahmen bedingt, waren. Bei allen geschätzten Nachfragefunktionen konnten die Variablen, die solche Änderungen repräsentierten, einen statistisch gesicherten Einfluß in der Nachfragefunktion aufweisen. Dagegen konnten bei den Zinssatzvariablen, die vorwiegend die Rentabilitätsgesichtspunkte, zum einen als Refinanzierungskosten, zum anderen als Ertragssätze, keine statistisch gesicherten Ergebnisse erzielt werden. Dies bedeutet jedoch nicht, daß die Zinssätze keinen Einfluß auf die Nachfrage nach Zentralbankgeldkrediten bzw. Liquiditätsanlagen hätten, sondern daß dieser nicht entsprechend nachgewiesen werden kann. Diesbezüglich stimmen die Schätzergebnisse mit den Untersuchungsresultaten früherer empirischer Arbeiten überein, die auch in der Regel keinen signifikanten Einfluß der Zinssatzvariablen feststellen konnten. Möglicherweise liegt die Erklärung hierfür darin, daß die relevanten Zinssätze selbst von der Liquiditätslage abhängig sind und erst verzögert die Verhaltensweise der Wirtschaftssubjekte beeinflussen. Um hierüber genauere Aussagen gewinnen zu können, bedarf es einer eingehenden Untersuchung der Bestimmungsfaktoren der Zinsbildung. Faßt man die Ergebnisse der empirischen Untersuchung zusammen, so sprechen sie dafür, daß für eine wirksame Geldpolitik notenbankpolitische Instrumente, die unmittelbar die Versorgung mit Zentralbankgeld kontrollieren, wirksamer sein dürften als zinspolitische Instrumente. Dabei schließen die Ergebnisse nicht aus, daß in der Vergangenheit keine konsequente Zinspolitik (aus z. B. außenwirtschaftlichen Gründen) betrieben wurde.

Die präsentierten Schätzergebnisse lassen erkennen, daß gegenüber früheren Untersuchungen die Anpassungsgeschwindigkeit von tatsächlichem an den gewünschten Bestand an Liquiditätsanlagen resp. Zentralbankkrediten größer war. So konnte für die Anpassung ein mittlerer Time-Lag von etwa 2 bis 2,5 Monaten festgestellt werden[1]. Da diese Aussage nur unter der Voraussetzung zutrifft, daß der Einfluß der „short-run-constraints“ gleich Null ist, Liquiditätszu- oder -abflüsse also nicht

[1] Dies stimmt in etwa mit den Ergebnissen *J.-G. Grunwalds* überein, der für die Wirkung der Geldpolitik auf Freien Liquiditätsreserven eine Verzögerung von knapp 2 Monaten feststellte. Vgl. *Jorg-Günther Grunwald:* Untersuchungen der Wirkungsverzögerungen von konjunkturpolitischen Maßnahmen unter besonderer Berücksichtigung der geld- und kreditpolitischen Maßnahmen, Forschungsbericht im Auftrag der Gesellschaft zur Förderung der wissenschaftlichen Forschung über das Spar- und Girowesen e. V., unveröffentlichtes Manuskript, Bonn 1977, S. 270 ff.

vorliegen, ergibt sich eine solche Zeitverzögerung in der Anpassung durch den Einfluß der anderen, in der Nachfragefunktion spezifizierten Variablen. Dies sind insbesondere die Zinssätze, deren Einfluß sich somit um rund zwei Monate verzögert bemerkbar macht. Auch dies spricht für einen Vorteil der mengenmäßigen Beeinflussung der Zentralbankgeldversorgung. Zwei Argumente begründen die Tatsache einer verhältnismäßig geringen Anpassungsgeschwindigkeit bei den Schätzungen:

— Da die Nachfrage für das gesamte Bankensystem geschätzt wurde, und die Einflüsse der Bestimmungsfaktoren der Nachfrage die einzelnen Kreditinstitute in einem differenzierten Bankensystem zu unterschiedlichen Zeitpunkten treffen, ist zwangsläufig die Anpassungsrate für das gesamte Bankensystem niedriger pro Periode verglichen mit der mikroökonomischen Anpassung eines einzelnen Instituts.

— Bei der Nachfrage der Kreditinstitute nach Zentralbankkrediten kann die institutionelle Ausgestaltung der Rediskontkreditgewährung für Anpassungsverzögerungen genannt werden. Denn hier wird die Kreditlaufzeit bedingt durch die Restlaufzeit des vorliegenden Wechselmaterials, die bis zu 90 Tagen betragen kann. Hierdurch kann eine entsprechende Anpassung erschwert werden.

Daß im Vergleich zu früheren Untersuchungen hier eine höhere Anpassungsrate festgestellt werden konnte[2], mag wohl dadurch bedingt sein, daß während eines Teilabschnittes des Beobachtungszeitraumes die Kreditinstitute Lombardkredite gegenüber Rediskontkrediten relativ bevorzugten[3]. Denn diese Kredite können im Ermessen der Kreditinstitute sobald als möglich zurückgezahlt werden. Diese Feststellungen begründen das Postulat, die Geldpolitik dadurch effizienter zu machen, indem das Instrument der Refinanzierung modifiziert würde. Vorschläge zu einer solchen Neugestaltung, die eine flexiblere Zentralbankgeldversorgung durch die Refinanzierung bei der Notenbank ermöglichen, liegen in der Literatur vor[4].

Als signifikant hat sich bei den Untersuchungen auch der Einfluß der Variablen erwiesen, die die Beeinflussung der freien Liquiditätsreserven durch die Bundesbank beinhaltet. Diese Variable wirkte sowohl auf die Nachfrage nach Liquiditätsanlagen als auch auf die Verschuldung der Kreditinstitute bei der Notenbank. Da es sich bei den durchgeführten Schätzungen jedoch um die Nachfrage des gesamten Bankensystems han-

---

[2] Siehe so z. B. *Uwe Westphal*, S. 124 f.

[3] Siehe oben Tabelle.

[4] Siehe so z. B. *Helmut Geiger*, S. 48 f.; *Claus Köhler*: Orientierungshilfen für die Kreditpolitik, Berlin 1968, S. 30 f. Dabei könnte eine solche Neugestaltung eine auch hinsichtlich der „Kosten“ der Geldpolitik effizientere sein und gleichzeitig diskriminierende Effekte vermeiden. Siehe hierzu *Eberhart Ketzel, Reinhard Köser, Hans Pfisterer*, S. 135 ff.

delte, kann aus dem globalen Charakter der Betrachtung nicht abgelesen werden, ob die erfaßten geldpolitischen Maßnahmen effizienter gestaltet werden könnten. Hierzu wären weitere, differenziertere Betrachtungen notwendig, bei denen der Einfluß auf unterschiedliche Bankengruppen einerseits und eine detaillierte Betrachtung der in dieser Variablen erfaßten Instrumente zu erfolgen hätte.

Mit der Untersuchung der Nachfrage nach kurzfristigen Interbankaktiva wurde einem Argument Rechnung getragen, das die Bundesbank als ausschlaggebend für die Änderung der Präsentation ihres Liquiditätsschemas und die damit zunächst angedeutete neue Geldpolitik betrachtete. Wie bei den anderen Untersuchungsergebnissen stellte sich heraus, daß bei den Zinssätzen ein statistisch gesicherter Einfluß nicht festgestellt werden konnte. Signifikante Ergebnisse brachten jedoch wiederum die Variablen, die mengenmäßige Bestimmungsfaktoren der Nachfrage repräsentieren. Dabei ist festzustellen, daß die Koeffizienten positive Vorzeichen hatten, d. h. daß also eine Erhöhung der Liquidität durch Zentralbankgeldzuflüsse (bzw. Verringerung durch Abflüsse) eine Erhöhung (Verringerung) auch der Nachfrage nach kurzfristigen Interbankaktiva induzierte. Hierfür können zwei Gründe genannt werden:

— Zentralbankgeldzuflüsse können mangels anderer Anlagemöglichkeiten zu einer Ausdehnung von Interbankaktiva führen und

— in einem differenziert strukturierten Bankensystem, in dem Liquiditätsverbundsysteme ein Großteil der Liquiditätshaltung ausmachen, führen Zentralbankgeldzu- bzw. -abflüsse zwangsläufig zu gleichgerichteten Bewegungen der kurzfristigen Interbankaktiva.

Allerdings muß festgehalten werden, daß die Betrachtung der kurzfristigen Interbankaktiva im Verhältnis der Refinanzierung über die Notenbank gezeigt hat, daß tatsächlich zeitweise eine gegenläufige Entwicklung der Liquiditätskomponenten (kurzfristige Interbankaktiva und freie Liquiditätsreserven) vorgelegen hat. Aus diesem Grunde kann die durch die Schätzergebnisse bestätigte Interpretation nicht als absolute Feststellung betrachtet werden. Vielmehr wäre auch hier eine nach Institutsgruppen und geldpolitischen Phasen (Expansions- oder Restriktionsphasen) differenzierte weitere Untersuchung notwendig.

Aus der zeitweiligen Verschiebung der Liquiditätskomponenten schloß die Bundesbank auf ein verändertes Liquiditätsgefühl der Kreditinstitute, bei dem die Illusion der Liquidität geschaffen wurde, indem als liquide Mittel Aktiva gehalten wurden, die in mikroökonomischer Betrachtungsweise zwar Liquidität verschafften, deren Haltung somit rational erschien, makroökonomisch jedoch keinen Zugang zu Zentralbankgeld ermöglichten. Notenbankpolitische Konsequenz ist, wenn ein solches Verhalten tatsächlich vorliegt, die Liquiditätsillusion zu zerstören, indem den Kreditinstituten bewußt gemacht wird, daß es sich hierbei um Scheinliquidität handelt: „Um so dringlicher war es, (von Ende 1970 bis Ende 1973, d. Verf.) den inländischen Banken die einzige Grenze ihres Expansionsspielraumes, die sie letztlich nicht selbst bestimmen können, die Knappheit an Zentralbankgeld, vor Augen zu führen[5]." Möglichkeiten dazu bestehen darin,

— durch eine Beschränkung der Zentralbankgeldbereitstellung durch die Notenbank der freien Liquiditätsreserven (bis „nahe Null") abzubauen, so daß die Kreditinstitute feststellen, daß letztlich die Notenbank Quelle für Zentralbankgeld ist. Grundvoraussetzung für eine solche Politik ist die Absicherung der außenwirtschaftlichen Flanke, um so Zentralbankgeldzuflüssen aus dem Ausland entgegenzuwirken,
— daß die Kreditinstitute solche Interbankaktiva nicht mehr als liquide Mittel ansehen können. Dies bedeutete eine Veränderung der in den Liquiditätsgrundsätzen enthaltene Anrechnung der Interbankaktiva.

Beide Möglichkeiten wurden in der Vergangenheit genutzt. Die Bundesbank betrieb nicht nur eine Liquiditätspolitik, die die Liquiditätsreserven auf ein Niveau nahe Null brachte, es wurde auch die Ausgestaltung des Grundsatzes III des Aufsichtsamts für das Kreditwesen von 1969 abgeändert. Möglicherweise geht die positive Korrelation zwischen Zentralbankzu- bzw. -abflüssen und der Entwicklung der kurzfristigen Interbankaktiva auf die Zerstörung der Liquiditätsillusion zurück. Das Problem, das mit derartigen Maßnahmen verbunden ist, liegt jedoch darin, daß die deutsche Bankenstruktur aufgrund des historisch gewachsenen Verbundsystems so konstruiert ist, daß ein Großteil der kurzfristigen Interbankaktiva eine tatsächliche Liquiditätshaltung darstellt. Dies bedeutet, daß ihre Entstehung nicht auf eine Umgehung von Liquiditätsentzügen durch die Notenbankpolitik zurückzuführen ist, sondern daß sie von den jeweiligen Instituten an Stelle von Zentralbankgeld bzw. jederzeit in Zentralbankgeld umtauschbaren Aktiva (potentiellem Zentralbankgeld) gehalten werden. Anders ausgedrückt heißt dies: Ein Großteil der kurzfristigen Interbankaktiva ist nicht Indiz eines geänderten Liquiditätsverhaltens, sondern wird aufgrund der institutionellen Besonderheiten des Bankensystems bewußt als Substitut für Zentralbankgeld gehalten. Wäre dies nicht so, so müßte mit einer Niveauverschiebung gerechnet werden, wenn diese liquiden Mittel als aktuelles Zentralbankgeld oder, was wahrscheinlicher wäre, als potentielles Zentralbankgeld gehalten würden. Daß ein Großteil der Interbankaktiva in diesem Sinne Liquiditätscharakter aufweist, wird in den empirischen Arbeiten *V. Tim-*

[5] *Helmut Schlesinger:* „Neuere Erfahrungen der Geldpolitik in der Bundesrepublik Deutschland", in: Kredit und Kapital, 9. Jg. (1976), S. 438 - 454, S. 437. Vgl. dazu auch *Rüdiger Pohl:* Geldkreislauf und Einkommenskreislauf, S. 152 ff.

mermanns bestätigt, der nur bei der Gruppe der Großbanken in der Phase der Restriktionspolitik eine Erhöhung der Geldmarktaktivitäten feststellte[6]. Die dargestellte Problematik beruht somit darin, daß bei rechtlich selbständigen Instituten, die einen Liquidiätsausgleich über den internen Geldmarkt vollziehen, eine solche neue Regelung Belastungen hervorrufen würde, während der interne Geldmarkt eines einzelnen Instituts hiervon nicht betroffen wäre.

Insgesamt muß festgehalten werden, daß die Bedeutung der Interbankbeziehungen für die Geldpolitik, insbesondere für den Prozeß des Geldangebotes, noch nicht geklärt ist. So wurde dargestellt, daß die Entstehung von Interbankaktiva auf unterschiedliche Ursachen zurückzuführen ist, und diesen müßte bei entsprechenden Maßnahmen Rechnung getragen werden. Solange aber noch die Bedeutung weitgehend ungeklärt ist, ist es auch problematisch, zweckadäquate Regelungen zu entwickeln.

Hinsichtlich der Nachfrage der Kreditinstitute nach Zentralbankgeld (aktuell oder potentiell) ist die Politik der Bundesbank bedeutungsvoll, indem sie durch die Vorgabe eines Wachstumsziels der Zentralbankgeldmenge eine entsprechend quantitative Angabe darüber macht, wie in der nächsten Zukunft die Zentralbankgeldversorgung bemessen sein soll. Denn es hat sich durch die Schätzungen gezeigt, daß die Mengenvariablen das Verhalten der Kreditinstitute am stärksten beeinflußt. Eine solche verstetigte Geldpolitik eröffnet jedoch nicht nur den Kreditinstituten eine Richtschnur für ihr Verhalten, sondern schafft auch den anderen am Wirtschaftsprozeß beteiligten Sektoren mehr Transparenz über ihre Zielvorstellungen.

---

[6] Vgl. *Vincenz Timmermann:* „Interbankkredite und Geldpolitik", S. 521.

Zusammenfassung

Als im Jahre 1973 die Deutsche Bundesbank ihr Liquiditätsschema änderte, deutete sich gleichzeitig ein Wandel ihrer geldpolitischen Konzeption an. Die „neue Geldpolitik“ gründete sich darauf, daß die Bundesbank nunmehr eine Steuerung der Zentralbankgeldmenge statt bisher der Bankenliquidität beabsichtigte. Zwei Voraussetzungen wurden für dieses Vorgehen genannt, das vielfach als Hinwendung zu monetaristischen Positionen gedeutet wurde:

— ein verändertes Liquiditätsverhalten der Kreditinstitute durch Einbeziehung kurzfristiger Interbankaktiva in ihr Liquiditätsgebahren und

— die Absicherung der außenwirtschaftlichen Flanke durch flexible Wechselkurse.

In diesem Zusammenhang ergeben sich zwei Problemkreise:

— Es stellt sich die Frage, welche geldpolitischen Änderungen tatsächlich eingetreten sind und wie die zugrunde liegenden Hypothesen theoretisch einzuordnen sind.

— Es ist zu untersuchen, welche Faktoren das Verhalten der Kreditinstitute bestimmen, woraus letztendlich auf die Angemessenheit der geldpolitischen Konzeption geschlossen werden kann.

In der vorliegenden Arbeit wurde die Entwicklung der Liquiditätsschemata der Deutschen Bundesbank bis zur jüngsten Gegenwart aufgezeigt. Als Ergebnis ist festzuhalten, daß eine grundlegende Änderung des Liquiditätsschemas nicht vorgelegen hat. Insbesondere konnte gezeigt werden, daß die „neue Geldpolitik“ keine Hinwendung zu einer monetaristischen Konzeption bedeutet. Vielmehr ist die Zentralbankgeldmenge eher als Indikator zu verstehen, während die Bundesbank selbst die Zentralbankgeldversorgung, die nichts anderes als die Veränderung der Bankenliquidität darstellt, beeinflußt (Teil I).

Zwei Faktorenkomplexe sind bei der Analyse der Bedeutung der Kreditinstitute im Rahmen der Geldpolitik zu berachten. Diese sind

— Faktoren, die aus der Sicht der Kreditinstitute exogen den Bedarf oder Zufluß von Zentralbankgeld determinieren, und

— Faktoren, die endogen das Anpassungsverhalten der Kreditinstitute bestimmen.

Bei den exogenen Bestimmungsgründen sind im wesentlichen marktmäßige einerseits und kreditpolitische andererseits zu unterscheiden. Hierzu wurden die Einwirkungen von Bargeldumlauf, Devisentransaktionen, von Beziehung zwischen Notenbank und Nichtbanken und Veränderungen der Einlagenstruktur einerseits und die der quantitativ wirkenden geldpolitischen Instrumente andererseits untersucht (Teil II).

Die Analyse des Bankenverhaltens als endogener Faktor erstreckt sich auf die Betrachtung von drei Teilbereichen. Hinsichtlich der Reaktion der Kreditinstitute auf exogen bedingte Zentralbankgeldzu- oder -abflüsse ist zu untersuchen, welche Möglichkeiten die Institute sich zur Beschaffung von Zentralbankgeld offenhalten. Hieraus resultieren drei Aspekte:

— die Liquiditätsvorsorge durch Liquiditätsanlagen,

— die Inanspruchnahme von Zentralbankkrediten und

— die Zentralbankgeldbeschaffung über den Geldmarkt.

Weiterhin sind die Bestimmungsgründe zu untersuchen, die das Verhalten der Institute hinsichtlich der Inanspruchnahme dieser verschiedenen Zentralbankgeldquellen determinieren. Theoretisch wurden hierzu Thesen abgeleitet, die die Inanspruchnahme als ein Optimierungskalkül darstellen, bei dem Ertrags- und Kostengesichtspunkte zu berücksichtigen sind. Zur Überprüfung der Hypothesen über das Nachfrageverhalten der Kreditinstitute wurden vorhandene empirische Arbeiten überblicksartig dargestellt sowie für den Zeitraum von 1971 bis 1976 eigene empirische Arbeiten durchgeführt. Regressionsanalytisch wurde das Verhalten der Kreditinstitute hinsichtlich

— der Nachfrage nach Liquiditätsanlagen,

— der Nachfrage nach Krediten von der Zentralbank und

— der Nachfrage nach kurzfristigen Interbankaktiva

durchgeführt.

Insgesamt führten die Schätzungen zu dem Ergebnis, daß quantitative Einflüsse auf das Verhalten der Kreditinstitute einen statistisch gesicherten Einfluß haben. Hingegen konnte bei den die Rentabilitätsaspekte erfassenden Zinsvariablen kein statistisch gesicherter Einfluß festgestellt werden. Hieraus kann die Aussage abgeleitet werden, daß für die Kreditinstitut der Bedarfsaspekt gegenüber den Rentabilitätsaspekt bei der Nachfrage nach Liquiditätsanlagen und der Zentralbankgeldbeschaffung überwiegt.

Bei der Untersuchung der Nachfrage der Kreditinstitute nach kurzfristigen Interbankaktiva konnte festgestellt werden, daß ein Großteil dieser Mittel tatsächlich als Liquiditätsanlagen gehalten werden. Sie sind somit ein Ersatz für aktuelles wie auch potentielles Zentralbankgeld. In der Regel entwickeln sich diese kurzfristigen Interbankaktiva parallel zu der Versorgung mit Zentralbankgeld. Die Begründung dafür liegt in dem differenzierten, historisch gewachsenen Bankensystem der Bundesrepublik, dessen Struktur zum Großteil durch Liquiditätsverbundsysteme geprägt ist (Teil III).

Konsequenzen für die Geldpolitik sind darin zu sehen, daß aufgrund der Schätzergebnisse mengenorientierten Notenbankinstrumenten gegenüber zinspolitischen das größere Gewicht beizumessen ist. Dabei läßt sich auch die tendenzielle Notwendigkeit einer Verbesserung dieser Instrumente ableiten, da ein schnelleres Anpassungsverhalten der Gesamtheit der Kreditinstitute ratsam wäre (Teil IV).

Offene Probleme bestehen darin, daß die Untersuchung erweitert werden könnte

— hinsichtlich einer tiefer gehenden Analyse des Liquiditätsverhaltens der verschiedenen Kreditinstitutsgruppen und

— hinsichtlich einer Analyse möglicher Änderungen der Verhaltensweise im Verlaufe der verschiedenen Phasen eines Konjunkturzyklus.

Summary

When the German Bundesbank changed its liquidity system in 1973, there were simultaneously indications of a change in its conception of monetary policy. The "new monetary policy" was based on the Bundesbank's intention henceforth to control the quantitiy of central bank money instead of the liquidity of the banks as hitherto. On the basis of the development of the liquidity models of the German Bundesbank, the present study demonstrates that the "new monetary policy" is not, as frequently assumed, a turn towards a monetarist conception. On the contrary, the quantity of central bank money must rather be understood as an indicator, while the Bundesbank itself influences the supply of central bank money, which is nothing more than modification of the liquidity of the banks (Part I).

In analysing the significance of the banks within the framework of monetary policy, it ist necessary to distinguish between factors which, from the standpoint of the banks, determine exogenously the need for or inflow of central bank money, and factors which determine endogenously the adjustment behaviour of the banks. Exogenous influences are exerted by market processes and credit policy measures. In this connection, investigations were made of the impact of currency in circulation, foreign exchange transactions, relations between the central bank and non-bankers, and also of changes in the structure of deposits and in the monetary policy instruments which have quantitative effects (Part II).

The analysis of bank behaviour and an endogenous factor covers observation of the reaction of the banks to inflows and outflows of central bank money due to exogenous factors and, in particular, what channels the banks hold open for procuring central bank money. Furthermore, it is necessary to inquire into the determinants of bank behaviour in resorting to the various sources of central bank money. With regard to the theory, theses were derivend, which present resort to such sources as an optimization calculus in which returns and cost aspects have to be taken into account. To test the hypothesis concerning the demand behaviour of the banks, existing empirical studies were presented in survey form and new empirical studies were carried out for the period form 1971 to 1976. All in all, the estimates lead to the conclusion that quantitative influences have a statistically established impact on the behaviour of the banks. From this it is possible to derive the predication that for the banks the requirements aspect outweighs the profitability aspect with respect on demand for liquid investments and procurement of central bank money.

With regard to the banks' demand for short-term inter-bank assets it was established that a major proportion of these funds are held as actual liquid investments. Hence they are (currently or potentially) a substitute for central bank maney. As a rule, such short-term inter-bank assets run parallel to the supply of central bank money. The reason for this is the differentiated, historically developed banking system of the Federal Republic of Germany, whose structure is characterized to a great extent by intermeshing liquidity systems (Part III).

Consequences for monetary policy are evident from the fact that, in the light of the results of the estimates, greater weight must be assigned to quantity-oriented central bank instruments than to interest-policy instruments. In this connection it is also possible to derive a tendency towards improvement of these instruments, since more rapid adjustment of all banks would appear advisable (Part IV).

Résumé

Lorsqu'en 1973 la Banque Fédérale Allemande modifia son schéma de liquidité s'annonçait simultanément une mutation de sa conception de la politique monétaire. La „nouvelle politique monétaire" se fondait sur le fait que la Banque Fédérale envisageait la maîtrise du volume monétaire de la banque centrale plutôt que de la liquidité du secteur bancaire. Il ressort de la présente étude que sur base de l'évolution des schémas de liquidité de la Banque Fédérale Allemande la „nouvelle politique monétaire" ne comporte pas, en dépit de ce que l'on a souvent avancé, d'infléchissement vers une conception monétariste. La masse monétaire de la banque centrale est plutôt à considérer comme indicateur, tandis que la Banque Fédérale influence elle-même l'approvisionnement en monnaie de banque centrale, qui ne représente rien d'autre que la modification de la liquidité bancaire (Section I).

Dans l'analyse de l'importance des établissements de crédit dans le contexte de la politiqure monétaire, il y a lieu de distinguer les facteurs qui, exogènes, déterminent du point de vue des établissements de crédit, les besoins en ou l'afflux de monnaie de la banque centrale, de ceux qui, endogènes, définissent le comportement d'ajustement de ces établissements. Des influences exogènes proviennent de phénomènes de marché et de mesures de politique du crédit. Et l'auteur d'examiner l'action de la circulation fiduciaire, des transactions en devises, de la relation entre banque centrale et non-banquiers ainsi que de variations dans la structure des dépôts et dans les instruments de la politique monétaire ayant une influence quantitative (Section II).

L'analyse de la conduite des banques comme facteur endogène s'étend à la considération de la réaction des établissements de crédit aux afflux ou reflux exogènes de la monnaie de la banque centrale, et en particulier aux possibilités pour ces établissements de s'approvisionner en monnaie de la banque centrale. L'on examine ensuite les fondements des dispositions déterminant le comportement des établissements de crédit à l'égard de la mise à contribution des diverses sources d'alimentation en monnaie de la banque centrale. Théoriquement, l'on en déduit des thèses qui exposent cette mise à contribution comme un calcul d'optimalisation tenant compte des aspects de revenus et de coûts. En vue de vérifier les hypothèses de comportement de demande des établissements de crédit, l'on expose très brièvement des travaux empiriques disponibles ainsi que pour la période 1971 - 1976 des recherches empiriques propres. Au total, les estimations ont permis d'aboutir au résultat suivant, à savoir que les influences quantitatives ont sur la conduite des établissements de crédit un effet statistiquement assuré. Par contre, à propos des variables de taux d'intérêt recensant les aspects de rentabilité, l'on n'a pu observer aucun effet statistiquement garanti. L'on peut donc en déduire que pour les établissements de crédit, l'aspect du besoin l'emporte sur celui de la rentabilité en ce qui concerne la demande de liquidités et l'approvisionnement en monnaie de la banque centrale.

Pour ce qui regarde la demande d'actifs interbancaires à court terme par les établissement de crédit, l'on a pu constater qu'une grande partie de ces fonds est effectivement conservée comme placements liquides. Ils se substituent donc à des fonds (acuels ou potentiels) de la banque centrale. Généralement, ces actifs interbancaires à court terme se développement parallèlement à l'approvisionnement en monnaie de la banque centrale. L'explication s'en trouve historiquement dans le système bancaire différencié de la République Fédérale, système dont la structure est largement caractérisée par des régimes d'interdépendances de liquidités (Section III).

L'on en tirera comme conséquences pour la politique monétaire qu'au vu des résultats des évaluations, les instruments de la banque centrale orientés sur le volume doivent avoir plus de poids les instruments de la politique des taux. L'on en déduit en outre la nécessité tendancielle d'une amélioration de ces instruments, car un comportement d'ajustement plus rapide de l'ensemble des réseaux bancaires et financiers serait recommandable (Section IV).

Anhang

Tabellen

Tab. 1: Grundschema der Liquiditätsanalyse

Aktiva		Passiva		
Währungsreserven	W	Bargeldumlauf	B	
Kredite an Banken	K_B	Einlagen von Banken	E_B	Notenbank-bilanz
Kredite an Nicht-banken	K_{NB}	Einlagen von Nicht-banken	E_{NB}	
sonstige Aktiva	A	sonstige Passiva	P	
in Zentralbank-geld umwandel-bare Aktiva der Banken	L	in Zentralbankgeld umwandelbare Aktiva der Banken	L	Erweiterungs-position

Tab. 2: Synopse der Entwicklung der Liquiditätsschemata der deutschen Notenbank von 1950/51 bis 1962/63

1950

Die einzelnen Faktoren (ohne die untenstehenden Änderungen des Reserve-Solls)

1. Noten- und Münzumlauf
2. Zentralbankeinlagen
   a) deutscher öffentlicher Stellen (einschl. abgegebener Ausgleichsforderungen, ohne Gegenwertkonten des Bundes)
   b) Gegenwertmittel (Gegenwertkonten des Bundes, ERP-Sonderkonten der Kreditanstalt für Wiederaufbau und der Berliner Zentralbank)
   c) Hohe Kommissare und alliierte Dienststellen
   d) Sonstige Einlagen (ohne Asservatenkonto Einfuhrbewilligungen)
3. Zentralbankkredite
   a) an Nichtbanken
   b) an Kreditanstalt für Wiederaufbau für Arbeitsbeschaffungs- und Wohnungsbauprogramm
4. Münzgewinngutschrift zu Gunsten des Bundes
5. Abwicklung des Auslandsgeschäfts bei der Bank deutscher Länder
   darunter: Asservatenkonto Einfuhrbewilligungen
6. Sonstige Faktoren, netto

Gesamtwirkung vorgenannter Faktoren

Kreditnahme und Einlagen der Geschäftsbanken beim Zentralbanksystem

Einlagen
darunter:
Veränderung des im Monatsdurchschnitt berechneten Reservesolls
Kredite

Veränderung der Nettoverschuldung (Kredite minus Einlagen)

Einlagen
Kredite

Stand der Nettoverschuldung (Kredite minus Einlagen)

1955

A. Zentralbankgeldzuflüsse und -abflüsse bei den Kreditinstituten auf Grund von Veränderungen in den untenstehenden Positionen

I. Noten- und Münzumlauf
II. Zentralbankeinlagen von Nichtbanken
   davon: 1) Bund, Länder u. Lastenausgleichsbehörden
   2) Gegenwertmittel
   3) Alliierte Dienststellen
   4) Sonstige (einschließlich Generalpostkasse)
III. Zentralbankkredite an Nichtbanken (ohne Offenmarkt-Käufe und -Verkäufe)
IV. Saldo der Konten zur Abwicklung des Auslandsgeschäfts bei der Bank deutscher Länder
V. Offenmarkt-Käufe bzw. -Verkäufe des Zentralbanksystems
   davon: 1) im Umtausch gegen Ausgleichsforderungen der Bank deutscher Länder ausgegebene Geldmarkttitel des Bundes
   2) Sonstige Titel
VI. Sonstige Faktoren
   darunter: Schwebende Verrechnungen im Zentralbanksystem

Gesamtwirkung der obengenannten Faktoren (A I bis VI)
Zugang = + / Abgang = — an Zentralbankgeld

B. Veränderung der Zentralbankeinlagen der Kreditinstitute

I. Gesamt (Mindestreserven und Überschußreserven)
II. Veränderung des Mindestreserve-Solls

C. Inanspruchnahme des Refinanzierungskredits des Zentralbanksystems

Veränderung

Stand an den nebenstehend genannten Terminen

D. *Zum Vergleich:* Stand der Guthaben der Kreditinstitute beim Zentralbanksystem

1957

A. Mittelzuflüsse bzw. -abflüsse bei den Kreditinstituten auf Grund von Veränderungen der folgenden Positionen

I. Noten- und Münzumlauf
II. Zentralbankeinlagen von Nichtbanken
   davon: 1) Bund (ohne Sondervermögen), Länder und Lastenausgleichsbehörden
   2) Sonstige
III. Zentralbankkredite an Nichtbanken
IV. Netto-Devisenankäufe bzw. -verkäufe der Deutschen Bundesbank
V. Sonstige Faktoren

Gesamtwirkung der oben genannten Faktoren auf die Bankenliquidität

B. Mittelzuflüsse bzw. -abflüsse bei den Kreditinstituten auf Grund der Offenmarktoperationen der Deutschen Bundesbank, gesamt

davon über Ankäufe bzw. Verkäufe von
1) Geldmarkttiteln des Bundes, die im Umtausch gegen Ausgleichsforderungen erworben wurden,
2) sonstigen Titeln

C. Veränderung der Guthaben der Kreditinstitute bei der Deutschen Bundesbank, gesamt

Zum Vergleich:
Veränderung des monatlichen Mindestreserve-Solls

D. Veränderung der Zentralbankkredite an Kreditinstitute (Refinanzierungskredite)

1962

I. Liquiditätszufluß (+) zu bzw. -abfluß (—) von den Banken auf Grund der nachstehenden Bestimmungsfaktoren
1) Veränderung des Bargeldumlaufs
2) Bewegungen auf den Zentralbankkonten inländischer Nichtbanken, soweit sie die Bankenliquidität berühren
   davon
   a) auf Konten des Bundes (ohne Sondervermögen), der Länder und des Lastenausgleichsfonds
   b) auf Konten Sonstiger
3) Devisentransaktionen, soweit sie die Bankenliquidität berühren
4) Sonstige (nicht näher zurechenbare) Faktoren

Gesamt (Saldo 1 bis 4)

II. Zentralbankguthaben der Banken (längerfristig bestimmt durch die Mindestreserveanforderungen ; Zunahme: +, Abnahme: —)

Nachrichtlich: Mindestreserve-Soll[4] (Zunahme: +, Abnahme: —)

Gesamt (Saldo I und II)
Zufluß oder Freisetzung (+)
bzw. Abfluß oder Bindung (—)
von Liquidität

III. Anlagedispositionen und Refinanzierung bei der Bundesbank
1) Erwerb (—) bzw. Rückgabe (+) von Offenmarktpapieren
2) Bildung (—) bzw. Repatriierung (+) kurzfristiger Auslandsanlagen durch die Geschäftsbanken
3) Abdeckung (—) bzw. Aufnahme (+) von Refinanzierungskrediten bei der Bundesbank

Gesamt (Saldo 1 bis 3)

Nachrichtliche Angaben
Liquiditätsreserven der Kreditinstitute in Form von
Beständen an inländischen Schatzwechseln und U-Schätzen
Kurzfristigen Guthaben bei ausländischen Banken und Geldmarktanlagen im Ausland

Gesamt Mio DM
vH der Einlagen von Nichtbanken

Quellen: BANK DEUTSCHER LÄNDER: Geschäftsbericht 1950, S. 29 und Geschäftsbericht 1955, S. 49; DEUTSCHE BUNDESBANK: Geschäftsbericht 1957, S. 86 und Geschäftsbericht 1962, S. 55.

Tab. 3: Synopse der Entwicklung der Liquiditätsschemata der deutschen Notenbank von 1964/65 bis 1972/73

1964

I. Bestimmungsfaktoren

1. Zunahme (—) bzw. Abnahme (+) des Bargeldumlaufs[1])
2. Zunahme (—) bzw. Abnahme (+) der Netto-Guthaben von Bund, Ländern und Lastenausgleichsfonds bei der Bundesbank[2])
3. Zunahme (—) bzw. Abnahme (+) der Netto-Guthaben von sonstigen Nichtbanken bei der Bundesbank[3])
4. Zunahme (+) bzw. Abnahme (—) der Netto-Devisenreserven der Bundesbank[4]) und der kurzfristigen Auslandsanlagen der Kreditinstitute[5])
   darunter: kurzfristige Auslandsanlagen der Kreditinstitute[5])
5. Abgaben (—) bzw. Rücknahmen (+) von Mobilisierungstiteln durch die Bundesbank im Offenmarktgeschäft mit Nichtbanken
6. Aktivierung (+) bzw. Passivierung (—) der schwebenden Verrechnungen im Zahlungsverkehr der Bundesbank
7. Sonstige Vorgänge

Zunahme (+) bzw. Abnahme (—) der Bankenliquidität aufgrund der oben genannten Faktoren

II. Veränderung der Reserveguthaben der Kreditinstitute (längerfristig bestimmt durch die Mindestreserveanforderungen[6]); Zunahme: +, Abnahme: —)

Nachrichtlich: Veränderung des Mindestreserve-Solls (Zunahme: +, Abnahme: —)

III. Gesamterhöhung (+) bzw. -verminderung (—) der frei verfügbaren flüssigen Mittel der Kreditinstitute (Saldo I ·/. II)

IV. Liquiditätsdispositionen der Kreditinstitute

1. Erwerb (—) bzw. Rückgabe (+) von Geldmarktpapieren im Rahmen von Offenmarktgeschäften mit der Bundesbank[7])
2. Bildung (—) bzw. Repatriierung (+) kurzfristiger Auslandsanlagen durch die Kreditinstitute[8])
3. Abdeckung (—) bzw. Aufnahme (+) von Refinanzierungskrediten bei der Bundesbank

Gesamt (Saldo IV, 1 bis 3)

Nachrichtlich:
Liquiditätsanlagen der Kreditinstitute
- Bestände an inländischen Schatzwechseln und U-Schätzen
- Bestände an Vorratsstellenwechseln und Privatdiskonten
- Kurzfristige Guthaben bei ausländischen Banken und Geldmarktanlagen im Ausland

Gesamt Mio DM
vH des Einlagenvolumens[9])

1967

I. Überwiegend marktmäßige Bestimmungsfaktoren

1. Zunahme (—) bzw. Abnahme (+) des Bargeldumlaufs[1])
2. Zunahme (—) bzw. Abnahme (+) der Netto-Guthaben von Bund, Ländern und Lastenausgleichsfonds bei der Bundesbank[2])
3. Zunahme (—) bzw. Abnahme (+) der Netto-Guthaben von sonstigen Nichtbanken bei der Bundesbank[3])
4. Zunahme (+) bzw. Abnahme (—) der Netto-Devisenreserven der Bundesbank[4]) und der kurzfristigen Auslandsanlagen der Kreditinstitute[5])
5. Aktivierung (+) bzw. Passivierung (—) der schwebenden Verrechnungen im Zahlungsverkehr der Bundesbank
6. Sonstige Vorgänge

Gesamt (Summe 1 bis 6)

II. Kreditpolitisch bedingte Veränderungen der Bankenliquidität

1. Mindestreservepolitik
   Zunahme (—), Abnahme (+) des Mindestreserve-Solls[6])
   dadurch weitgehend bestimmte Zunahme (—) bzw. Abnahme (+) der Zentralbankguthaben der Kreditinstitute[7])
2. Offenmarktoperationen mit Nichtbanken sowie auf der Basis von langfristigen Wertpapieren, gesamt
   davon
   - Offenmarktkäufe (+) bzw. -verkäufe (—) von inländischen langfristigen Wertpapieren
   - Abgaben (—) bzw. Rücknahmen (+) von Mobilisierungstiteln durch die Bundesbank im Offenmarktgeschäft mit Nichtbanken

Gesamt (Summe 1 und 2)

III. Erhöhung (+) bzw. Verminderung (—) der frei verfügbaren flüssigen Mittel der Kreditinstitute aufgrund der oben genannten Faktoren (Summe I und II)

IV. Liquiditätsdispositionen der Kreditinstitute

1. Erwerb (—) bzw. Rückgabe (+) von Geldmarktpapieren im Rahmen der Geldmarktregulierung der Bundesbank[8])
2. Bildung (—) bzw. Repatriierung (+) kurzfristiger Auslandsanlagen durch die Kreditinstitute[5])
3. Abdeckung (—) bzw. Aufnahme (+) von Refinanzierungskrediten bei der Bundesbank

Gesamt (Summe 1 bis 3; Gegenposten zu III)

Nachrichtlich:
Liquiditätsanlagen der Kreditinstitute
- Bestände an Geldmarkttiteln inländischer öffentlicher Emittenten
- Bestände an Vorratsstellenwechseln und Privatdiskonten[5])
- Kurzfristige Guthaben bei ausländischen Banken und Anlagen in ausländischen Geldmarktpapieren

Gesamt Mio DM[5])
vH des Einlagenvolumens[9])

1969

I. Überwiegend marktmäßige Bestimmungsfaktoren

1. Bargeldumlauf (Zunahme: –)
2. Netto-Guthaben von Nichtbanken bei der Bundesbank (Zunahme: –)
   darunter:
   Bund, Länder, Lastenausgleichsfonds
3. Geldmarktverschuldung öffentlicher Haushalte gegenüber den Kreditinstituten und der Bundesbank (Zunahme: +)
4. Netto-Devisenbestand
5. Sonstige Faktoren

Insgesamt

II. Überwiegend kreditpolitische Bestimmungsfaktoren

1. Mindestreserve-Soll der Kreditinstitute (Zunahme: –)
2. Offenmarktgeschäfte mit inländischen Nichtbanken (Käufe durch Bundesbank: +)
3. Kürzung der Rediskontkontingente

Insgesamt

III. Erhöhung (+) bzw. Abnahme (–) der Bankenliquidität insgesamt (Summe I und II) = Veränderung der freien Liquiditätsreserven

davon:
1. Überschußguthaben
2. Inländische Geldmarktpapiere
3. Geldmarktanlagen im Ausland
4. Unausgenutzte Rediskontkontingente
5. Lombardkredite (Inanspruchnahme: –)

IV. Bestand der Banken an freien Liquiditätsreserven
in Mrd DM
in % des Einlagenvolumens

1972

I. Überwiegend marktmäßige Bestimmungsfaktoren

1. Bargeldumlauf (Zunahme: –)
2. Netto-Guthaben von Nichtbanken bei der Bundesbank (Zunahme: –)
   darunter:
   Kassenguthaben (netto) von Bund, Ländern, Lastenausgleichsfonds
   Sondereinlagen wegen Konjunkturausgleichsrücklage und Konjunkturzuschlag
3. Geldmarktverschuldung öffentlicher Haushalte gegenüber den Kreditinstituten und der Bundesbank (Zunahme: +)
4. Netto-Devisenbestand
5. Sonstige Faktoren

Insgesamt

II. Überwiegend kreditpolitische Bestimmungsfaktoren

1. Mindestreserve-Soll der Kreditinstitute (Zunahme: –)
2. Guthaben auf Sonderkonten Bardepot (Zunahme: –)
3. Offenmarktgeschäfte mit inländischen Nichtbanken (Käufe durch die Bundesbank: +)
4. Kürzung der Rediskontkontingente

Insgesamt

III. Erhöhung (+) bzw. Abnahme (–) der Bankenliquidität insgesamt (Summe I und II) = Veränderung der freien Liquiditätsreserven

davon:
1. Überschußguthaben
2. Inländische Geldmarktpapiere
3. Geldmarktanlagen im Ausland
4. Unausgenutzte Rediskontkontingente
5. Lombardkredite (Inanspruchnahme: –)

IV. Bestand der Banken an freien Liquiditätsreserven
in Mrd DM
in % des Einlagenvolumens

Quellen: DEUTSCHE BUNDESBANK: Geschäftsbericht 1964, S. 43; Geschäftsbericht 1967, S. 51; Geschäftsbericht 1969, S. 50; Geschäftsbericht 1972, S. 43.

Tab. 4: Schema I[a]: Bundesbankstatus und Erweiterungspositionen

1. Bundesbankstatus	
Aktiva	Passiva
Netto-Währungsreserven	Bargeldumlauf
	Zentralbankguthaben der Banken
Kredite an Banken	für Inlands-Soll
– Rediskontkredite	← für Auslands-Soll
– Sonderlombardkredite	Überschußguthaben
Offenmarktpapiere	← Netto-Zentralbankguthaben von Nichtbanken
– Geldmarktpapiere	
– Wechsel mit Rückkaufsvereinbarung	← Bardepot
	Umlauf an Mobilisierungs- und Liquiditätspapieren
Float	bei Banken (nur marktregulierte)
Sonstige Positionen	← bei Nichtbanken und N-Papiere
2. Erweiterungspositionen	
Rediskontkontingente	→ Rediskontkontingente
→ Bestand der Banken an Geldmarktpapieren (ohne Mobilisierungs- und Liquiditätspapiere)	Bestand der Banken an Geldmarktpapieren (ohne Mobilisierungs- und Liquiditätspapiere)

a) *Quelle:* DEUTSCHE BUNDESBANK: „Zentralbankgeldmenge und freie Liquiditätsreserven", S. 16.

Tab. 5: Schema II[a]: Entstehung und Verwendung der Zentralbankgeldmenge und der freien Liquiditätsreserven

Bestimmungsfaktoren	Zentralbankgeldmenge und freie Liquiditätsreserven
Brutto-Zentralbankgeldschöpfung bzw. -vernichtung (B I)	**Zentralbankgeldmenge (A I)**
Netto-Währungsreserven	Bargeldumlauf
Netto-Zentralbankguthaben von Nichtbanken	Inlandsreserve-Soll
Float	**Freie Liquiditätsreserven (A II)**
Sonstige Positionen	Überschußguthaben
Offenmarktgeschäfte	Geldmarktpapiere
– mit Nichtbanken und in N-Papieren	– marktregulierte Mobilisierungs- und Liquiditätspapiere
– Wechsel mit Rückkaufsvereinbarung	– sonstige
Sonderlombardkredite	Unausgenutzte Rediskontkontingente (gesamte Rediskontkontingente ·/. Rediskontkredite der Bundesbank)
Angeordnete besondere Reserve- und Depothaltung bei der Bundesbank (B II)	
Auslandsreserve-Soll	
Bardepot	
Netto-Zentralbankgeldschaffung (B III)	
Zwischensumme (B I + B II)	
Unmittelbare Beeinflussung der freien Liquiditätsreserven (B IV)	
Rediskontkontingente	
Geldmarktverschuldung von Nichtbanken gegenüber dem Bankensystem	
– Bestand der Bundesbank an Geldmarktpapieren	
– Bestand der Banken an Geldmarktpapieren (ohne Mobilisierungstitel)	

a) *Quelle:* DEUTSCHE BUNDESBANK: „Zentralbankgeldmenge und freie Liquiditätsreserven", S. 17.

Tab. 6: Zentralbankgeldschaffung und freie Liquiditätsreserven der Banken [a]

A. Veränderung der Zentralbankgeldmenge und der freien Liquiditätsreserven (Zunahme: +)
I. Zentralbankgeldmenge
1. Bargeldumlauf
2. Mindestreserve auf Inlandsverbindlichkeiten
nachrichtlich: Saisonbereinigte Veränderung der Zentralbankgeldmenge
II. Freie Liquiditätsreserven
nachrichtlich: Bestand an freien Liquiditätsreserven
Insgesamt (A I + II = B)
B. Bestimmungsfaktoren der Zentralbankgeldmenge und der freien Liquiditätsreserven (expansive Wirkung: +)
I. Brutto-Zentralbankgeldschöpfung bzw. -vernichtung
1. Devisenankäufe (+) bzw. -verkäufe (—) der Bundesbank
2. Veränderung der Nettoguthaben inländischer Nichtbanken bei der Bundesbank (Zunahme: —)
3. „Float" im Zahlungsverkehr mit der Bundesbank
4. Sonstige Einflüsse
5. Offenmarktoperationen (Nettoverkäufe: —)
a) mit Nichtbanken, in N-Papieren und in langfristigen Titeln
b) mit Banken im Rahmen von Rückkaufsvereinbarungen
c) in 5/10-Tage-Schatzwechseln
6. Sonderlombard (Rückzahlungen: —)
II. Angeordnete besondere Reserve- und Depothaltung bei der Bundesbank (Zunahme: —)
1. Veränderung des Mindestreserve-Solls
2. Mindestreserve auf Auslandsverbindlichkeiten
3. Bardepot
III. Netto-Zentralbankgeldschaffung (B I + II)
IV. Unmittelbare Beeinflussung der freien Liquiditätsreserven
1. Veränderung der Rediskontkontingente (Kürzung: —)
2. Geldmarktverschuldung von Nichtbanken gegenüber dem Bankensystem
Insgesamt (B III + IV = A)

a) *Quelle:* ebd., S. 18.

Tab. 7: Zentralbankgeldbedarf aus Änderungen des Bargeldumlaufs 1963–1976 (Veränderungen in Mio. DM)

Jahre \ Monate	Jan.	Febr.	März	Apr.	Mai	Juni	Juli	Aug.	Sept.	Okt.	Nov.	Dez.	Jahres-summen
1963	+1.788	- 226	- 531	- 175	- 63	- 622	- 256	+ 12	-223	+325	-376	-1-260	-1.607
1964	+1.969	- 233	- 671	+ 113	- 815	+ 27	- 607	-258	+276	-101	-278	-1.206	-1.784
1965	+1.338	- 195	- 623	- 433	- 625	- 115	- 614	+285	+336	-276	+ 65	-1.065	-1.922
1966	+1.276	+ 268	- 570	- 647	- 243	+ 20	-1.063	+408	+161	+ 15	+383	-1.285	-1.277
1967	+1.823	+ 293	- 739	- 147	- 280	+ 101	- 828	+530	- 84	+175	+107	-1.980	-1.029
1968	+2.265	+ 86	- 722	- 213	- 26	- 835	- 286	+196	-173	+352	-607	-1.972	-1.936
1969	+2.515	- 182	- 584	- 128	- 490	- 453	- 576	-139	+229	+604	-690	-1.801	-2.195
1970	+2.217	+ 76	- 632	+ 335	-1.029	+ 21	-1.014	-282	+557	+ 50	-337	-1.885	-1.923
1971	+1.780	+ 324	- 425	- 584	-1.027	+ 219	-1.542	-287	+444	-103	- 85	-2.328	-3.614
1972	+1.554	+ 927	- 971	- 946	- 693	- 630	-1.965	-248	-149	+343	-451	-3.300	-6.033
1973	+3.103	+ 470	-1.124	-1.038	+ 389	-1.042	-1.136	+680	+130	+594	-519	-3.503	-2.990
1974	+3.764	+ 873	- 891	- 944	- 287	-1.149	-1.693	-725	+542	+942	-439	-4.448	-4.455
1975	+3.588	+ 840	-1.575	+ 356	-1.577	- 432	-1.775	-317	+454	+237	-822	-4.274	-5.297
1976	+3.441	+1.008	+ 19	-1.229	- 527	- 847	-2.090	+249	+313	-398	-153	-3.880	-4.094

\- Liquiditätsabfluß = Zentralbankgelderhöhung .

Quelle: DEUTSCHE BUNDESBANK: Monatsberichte, verschiedene Jgg., Tabelle I. Bankstatistische Gesamtrechnung, 3. Zur Entwicklung der Bankenliquidität bzw. Zentralbankgeldschaffung und freie Liquiditätsreserven der Banken.

Tab. 8: Zentralbankgeldbedarf aufgrund außenwirtschaftlicher Faktoren 1963–1976 (Veränderungen in Mio. DM)

Jahre \ Monate		Jan.	Febr.	März	April	Mai	Juni	Juli	Aug.	Sept.	Okt.	Nov.	Dez.	Jahres-summen
1963	a	- 579	+ 241	+ 451	+ 171	+ 482	+ 534	+ 79	+ 247	+ 381	+ 494	+ 421	- 126	+ 2.796
	b	- 785	+ 41	+ 413	+ 136	+ 498	+ 317	+ 231	+ 102	+ 137	+ 223	+ 424	+ 683	+ 2.420
1964	a	- 469	+ 632	+ 406	- 412	- 144	+ 378	+ 63	- 223	- 50	+ 106	+ 157	- 38	+ 406
	b	- 810	+ 654	+ 264	- 876	- 346	+ 310	+ 59	- 323	- 4	+ 24	- 430	+ 397	- 481
1965	a	- 4	- 129	+ 117	- 295	- 313	- 404	- 529	- 608	+ 137	+ 425	+ 564	- 212	- 1.251
	b	- 512	- 493	+ 656	+ 8	- 389	- 425	- 4	- 585	+ 209	+ 259	+ 280	- 102	- 1.098
1966	a	- 50	- 408	- 551	- 386	- 150	+ 685	+ 859	+ 375	+ 602	+ 888	+ 712	+ 206	+ 2.782
	b	- 498	- 443	- 84	- 240	- 307	+ 753	+ 923	+ 136	+ 351	+ 351	+ 338	+ 626	+ 1.906
1967	a	-1.015	- 1.217	- 617	- 247	+ 524	- 60	+ 511	+ 229	- 288	+ 808	+ 941	- 412	+ 3.319
	b	- 944	+ 617	+ 343	+ 46	- 211	- 468	- 58	- 65	+ 281	+ 315	+ 463	- 525	- 206
1968+	a	- 400	+ 1.082	+ 714	+ 297	+ 46	+ 471	+ 82	- 554	+1.991	+ 381	+4.577	+ 259	+ 9.746
	b	- 811	+ 541	+2.200	- 199	- 435	+1.419	+ 289	- 754	+1.376	- 108	+4.767	+ 724	+ 9.009
1969	a	-2.464	- 1.869	-2.189	-1.783	+12.716	- 465	- 1.011	- 913	+3.714	+2.675	-8.030	-6.388	- 6.007
	b	-6.653	- 572	-1.168	+ 392	+10.759	-3.568	- 1.339	+1.173	+3.886	+ 713	-8.403	-4.557	- 9.337
1970	a	-4.152	+ 289	+ 930	+ 954	+ 562	+3.108	+ 2.578	+2.323	+3.386	+3.543	+3.227	+3.491	+20.239
	b	-2.698	+ 310	+ 725	+ 721	+ 895	+3.281	+ 3.348	+1.609	+2.489	+.2755	+3.362	+3.127	+19.924
1971	a	+ 23	+ 1.817	+5.299	+4.970	+ 8.013	-2.429	- 3.505	- 631	+ 681	+1.192	- 342	+ 588	+15.676
	b	- 187	+ 2.142	+4.575	+3.902	+ 7.975	-3.687	- 2.540	- 309	+ 356	+ 743	+ 549	+1.264	+14.783
1972	a	+3.321	+ 2.147	+ 455	+ 521	- 198	+3.395	+ 9.994	+1.282	-1.344	-1.025	-1.896	+ 660	+17.312
	b	+2.321	+ 1.876	+ 230	+ 267	+ 409	+3.383	+10.017	+1.637	- 940	- 775	- 972	- 548	+16.905
1973	a	+ 98	+11.617	+8.832										
	b	- 484	+12.288	+8.705	-1.250	- 149	+1.495	+5.200	+ 855	+1.033	+2.825	-1.694	-1.576	+27.248
1974	b	-3.024	- 502	+ 448	+3.236	+ 2.104	+ 273	- 872	-2.655	-2.792	- 803	+1.000	+ 761	- 2.826
1975	b	+ 986	+ 1.843	+1.924	-1.085	- 1.887	- 662	- 924	-1.372	- 94	- 374	- 110	-1.293	- 2.080
1976	b	+ 24	+ 855	+4.553	+3.383	- 1.979	-1.397	- 206	+1.457	+1.878	+3.126	-1.994	-1.423	+ 8.277

a ... Währungsreserven der Deutschen Bundesbank und kurzfristige Geldmarktanlagen der Kreditinstitute im Ausland.
b ... Währungsreserven der Deutschen Bundesbank.
\+ ... statistischer Bruch aufgrund der Umstellung der Bankenstatistik Anfang 1968.

Quelle: DEUTSCHE BUNDESBANK: Monatsberichte, verschiedene Jgg.

Tab. 9: Veränderungen der Nettoguthaben der Nichtbanken bei der deutschen Bundesbank 1963–1976
(Veränderungen in Mio. DM)

Jahre	Monate	Jan.	Febr.	März	April	Mai	Juni	Juli	Aug.	Sept.	Okt.	Nov.	Dez.	Jahres-summen
1963	a	- 418	+ 150	-1.543	- 15	+ 903	- 958	+ 107	+1.283	- 435	+ 71	+1.171	+1.098	+1.414
	b	- 406	+ 120	-1.548	+ 1	+ 905	- 948	+ 98	+1.283	- 441	+ 98	+1.162	+1.100	+1.424
1964	a	- 281	- 118	-1.497	+ 147	+ 811	- 961	+ 650	+ 547	-1.463	- 400	+1.971	+ 903	+ 309
	b	- 279	- 152	-1.471	- 135	+ 830	- 948	+ 630	+ 541	-1.442	- 417	+1.973	+ 912	+ 312
1965	a	- 428	+ 590	- 831	+ 404	+1.285	- 734	- 172	+ 967	-1.417	+ 320	+ 932	+ 336	+1.252
	b	- 462	+ 591	- 789	+ 369	+1.281	- 730	- 174	+ 956	-1.403	+ 315	+ 950	+ 337	+1.241
1966	a	+ 121	- 461	-1.325	+ 650	+1.030	- 910	+ 998	+1.239	-1.760	+ 594	+ 672	- 293	+ 555
	b	+ 97	- 460	-1.315	+ 644	+1.033	- 893	+1.001	+1.227	-1.769	+ 599	+ 687	- 284	+ 567
1967	a	+ 112	- 938	- 692	+ 309	+ 267	- 998	+ 573	+ 580	-1.917	+1.528	+1.175	+ 683	+ 682
	b	+ 77	- 940	- 685	+ 303	+ 270	- 988	+ 568	+ 585	-1.895	+1.547	+1.175	+ 712	+ 729
1968 α)	a	-1.505	-1.364	-1.136	+1.145	+ 711	- 853	+ 113	+ 204	-1.682	- 339	+ 510	+1.482	-2.714
	b	-1.549	-1.401	-1.124	+1.154	+ 707	- 842	+ 113	+ 196	-2.005	- 317	+ 994	+1.746	-2.467
1969	a	+1.243	- 293	-2.144	+ 147	+ 886	-1.271	+1.341	+ 450	-2.609	- 24	+1.348	+1.812	+ 886
	b	+ 592	- 159	-2.451	+ 348	+1.063	-1.589	+1.430	+ 654	-2.840	+ 124	+1.355	+1.942	+ 469
1970	a	+ 201	- 269	-1.952	-1.099	+1.614	-1.545	+1.016	+ 769	-3.307	- 14	+1.832	- 288	-3.042
	b	+ 581	+ 151	-2.131	-1.137	-1.740	-1.871	+1.308	+ 789	-3.083	- 48	+.1777	+ 307	-2.276
1971	a	- 295	-1.786	-3.202	- 295	+ 410	-2.094	+1.642	+1.215	-2.966	+ 219	+.1486	+1.193	-4.473
	b	- 676	-1.517	-3.532	- 289	+ 519	-1.843	+1.680	+1.058	-2.668	- 93	+1.240	+1.395	-4.724
1972	a	- 407	-1.980	-2.712	+1.093	+1.428	- 909	+3.386	+1.189	-1.889	- 669	+2.357	+1.599	+2.486
	b	- 544	-1.986	-2.635	+ 777	+1.531	- 741	+3.997	+1.373	-2.191	- 750	+2.556	+2.534	+3.011
1973 β)	a	+ 515	-1.563	-2.581	+ 394	+ 124	-1.216	- 604	+ 564	-2.842	- 375	+3.063	+3.032	-1.489
	b	- 13	-1.413	-2.895	+ 214	+ 531	-1.101	- 429	+ 311	-2.976	- 601	+3.268	+3.986	-1.118
1974	a	-1.234	+ 464	-2.123	+ 911	+ 531	-2.062	-1.541	+1.999	-3.501	-1.963	+2.455	+3.171	-2.893
	b	-1.803	+ 731	-2.542	+1.363	+ 4	-2.076	-1.218	+1.762	-3.691	-2.219	+3.148	+3.584	-2.965
1975	a	- 159	- 302	+1.099	+1.575	+3.030	-1.966	+ 57	+ 842	-5.181	- 593	- 795	+5.206	+2.813
	b	-1.073	- 318	+1.145	+1.475	+3.166	-2.244	- 43	+ 855	-5.465	- 506	- 645	+5.374	+1.721
1976	a	+ 402	-1.692	-2.985	- 146	+3.501	+ 214	- 701	-1.091	-2.741	+1.608	+5.565	+1.206	+3.140
	b	+ 519	-1.826	-2.849	- 167	+3.544	+ 410	- 590	-1.127	-2.814	+1.691	+5.578	+1.282	+3.651

+) – = Zunahme, + = Abnahme.

a ... Nettoguthaben aller Nichtbanken. – b ... Bund, Länder, Lastenausgleichsfonds; bis August 1968 auch sonstige öffentliche Stellen (insbesondere ERP-Vermögen und Bundespost).

α) Seit August 1968 ohne sonstige öffentliche Stellen. – β) Ab 1973 geringfügige definitorische Abgrenzung. Schwankungen des Münzumlaufs werden seit Umstellung des Liquiditätsschemas zu den sonstigen Faktoren gerechnet.

Tab. 10: Der Einfluß von Mindestreservesatzänderungen auf den Zentralbankgeldbedarf 1971–1976

		Zentralbankgeld-entzug (-)/-freisetzung (+)
1971	Juni	4.o46
	November	- 2.998
1972	Juli	5.674
	August	3.316
1973	März	4.857
	November	976
1974	Januar	- 2.359
	September	- 4.739
	Oktober	- 3.318
1975	Juni	- 2.o15
	Juli	- 3.885
1976	Mai	1.846
	Juni	2.o63

Quelle: DEUTSCHE BUNDESBANK: Monatsberichte, Tabelle „3. Zentralbankgeldschaffung und freie Liquiditätsreserven der Banken".

Tab. 11: Auswirkung der Änderung der Refinanzierungskontingente auf die Freien Liquiditätsreserven

	Januar	Februar	März	April	Mai	Juni	Juli	August	Sept.	Okt.	Nov.	Dez.
1971					+ 92	+ 432	+ 152	+ 154	+15o	- 627[a]	+ 73	+161
1972	+353	+ 364	-2479	+ 112	+161	+ 27	-2536[a]	-1775[a]	+477	+ 114	+ 96	+ 25
1973	+156	-628o[b]	-2468[a]	-17o2[a]	+ 4	-3o11[c]	- 1	+ 112	+ 54	-1177[d]	+ 215	+855
1974	- 25	- 1o5	+ 897[b][e]	+ 45	+ 26	-2527[b]	+2254[b]	+ 534	+2oo	+ 81	+2441[a]	+ 11
1975	+658[a]	+165o[a]	- 165	-2583[a]	- 69	- 8	- 7	+ 153	+ 88	+3o34[a]	+ 11	- 8
1976	- 18	- 174	- 71	- 37	- 23	- 23	- 3	+ 2o8	+ 52	+ 29	+ 1o3	+ 8

a) Kürzung (–) / Erhöhung (+) der Kontingente. – b) Festsetzung (–) / Aufhebung (+) einer Grenze der Inanspruchnahme. – c) Einstellung der Lombardkreditgewährung (Reduzierung des Lombardspielraumes auf „null"). – d) Institutsgrößenbezogene Differenzierung der Ausnutzungsgrenze. – e) Änderung der Bemessungsregeln für die Normkontingente.

Quelle: DEUTSCHE BUNDESBANK: Monatsberichte, Tabelle „3. Zentralbankgeldschaffung und Freie Liquiditätsreserven der Banken".

Tab. 12: Zentralbankgeldbedarf aufgrund des Bardepots

	Januar	Februar	März	April	Mai	Juni	Juli	August	Sept.	Okt.	Nov.	Dez.
1972			- 22	-270	-872	+518	-94	-910	-1369	+ 86	-122	+1568
1973	-312	+216	+421	+347	+258	+ 89	+16	- 8	+ 48	+ 7	+ 13	+ 127
1974	+ 1	-141	+ 5	+104	- 54	+ 3	-37	-126	- 25	+280	+ 55	+ 42
1975	- 25	- 76	-134	- 36	+306	+ 12	± 0	-104	+ 60	-105	- 78	+ 57
1976	-237	+ 52	+343	- 29	- 39	- 74	+97	+ 46	- 87	-679	+467	+ 322

Quelle: DEUTSCHE BUNDESBANK: Monatsberichte, Tabelle „3. Zentralbankgeldschaffung und Freie Liquiditätsreserven der Banken".

Tab. 13: Zentralbankgeldbedarf durch Offenmarktoperationen mit Nichtbanken, mit langfristigen und nicht geldmarktfähigen Titeln

	Januar	Februar	März	April	Mai	Juni	Juli	August	Sept.	Okt.	Nov.	Dez.
1971					- 71	+307	+ 483	- 473	- 220	- 478	- 80	+ 379
1972	-642	- 13	-349	- 628	+237	-301	-1131	- 39	+ 228	+ 21	+ 39	+ 465
1973	+179	-1141	-669	- 214	-131	-952	-1951	- 135	- 713	- 420	-1016	- 513
1974	+588	+ 106	+192	+ 513	+ 59	-241	- 270	- 233	- 275	- 243	- 116	- 108
1975	+571	+ 270	- 68	+ 417	-219	+548	+1922	+1776	+2292	+2232	+ 992	+ 226
1976	+604	+ 38	-877	-1020	- 56	- 72	- 176	- 118	- 224	-1481	-3505	-1464

Quelle: DEUTSCHE BUNDESBANK: Monatsberichte, Tabelle „3. Zentralbankgeldschaffung und Freie Liquiditätsreserven der Banken".

Tab. 14: Liquiditätsanlagen der Kreditinstitute in der Bundesrepublik Deutschland 1971–1976

Monat	1971	1972	1973	1974	1975	1976
Jan.	-	4696	1627	865	1814	4232
Feb.	-	5608	6991	1291	4410	4492
März	-	4675	1054	878	4290	4646
April	-	5430	365	3274	3508	5454
Mai	10738	5000	1159	3611	3380	4734
Juni	6643	6243	787	1071	3244	3435
Juli	5088	4754	1699	665	3590	2431
Aug.	4841	3668	1199	822	4351	1880
Sep.	3812	2353	1652	735	4331	1870
Okt.	4821	2328	1520	712	4392	2794
Nov.	5256	20[illegible]7	805	1588	4701	3041
Dez.	6409	2516	1785	2039	4806	2399

Bis Ende 1973 auf der Basis von Durchschnitten der vier Bankwochenstichtage der Monate; seitdem auf der Basis von Monatsdurchschnitten.

Quelle: Eigenberechnung nach Angaben der Deutschen Bundesbank.

Tab. 15: Regressionsanalyse zur Nachfrage der Kreditinstitute nach Liquiditätsanlagen 1971-1976

	LA	LA	LA	LA	LA	LA	LA	LA	LA
Absolutglied C	6041.9648 (2.3415)	5807.0313 (2.1987)	-1065.7993 (-0.1996)	1004.7644 (0.1791)	4913.7852 (1.78657)	5031.1914 (1.8311)	4720.0391 (1.8196)	4832.2929 (1.8647)	5485.5898 (2.2329)
RA									
RD	-583.4155	-561.0569 (-2.6038)	-860.4553 (-2.3048)	-741.1416 (-1.9205)	-486.5962 (-2.1465)	-494.9313 (-2.1859)	-453.5305 (-2.1190)	-461.6694 (-2.1596)	-142.3896 (-0.6045)
RK									
DRA	-468.1272 (-1.2728)	-513.3093 (-1.3647	-615.9553 (-1.3458)	-464.5725 (-0.9796)	-414.2360 (-1.0783)	-393.01220 (-1.0236)	-461.8723 (-1.2740)	-441.4690 (-1.2183)	
DRD									
DRK									
DRFM									
DRFV									
LAV	0.6023 (5.9878)	0.7534 (11.1751)	0.6985 (8.9847)	0.6120 (5.7119)	0.7745 (11.4149)	0.6912 (6.8145)	0.8379 (12.4106)	0.7589 (7.7113)	0.6005 (5.9181)
LAVQ									
ZBG	0.4683 (6.3484)	0.5023 (6.8321)	0.5548 (7.6179)	0.5403 (7.3333)	0.5138 (7.8154)	0.4894 (7.0684)	0.5799 (8.7938)	0.5565 (8.0396)	0.4594 (6.2976)
KAVQ									

POL V	0.3405	0.3104							0.3390
	(2.8999)	(2.6019)							(2.8666)
POL									
POQ 1									
ESV			30800.2344	19979.6289					
			(1.2324)	(0.7517)					
S 12	-176.0643	-136.1544	-375.3083	-224.0551	51.3294	34.8774	100.5223	-114.7116	-154.2533
	(-0.4462)	(-0.3372)	(-0.6728)	(-0.3925)	(0.1229)	(1.1034)	(-0.2432)	(-0.2893)	(-0.3908)
SW	1049.6804			696.1509				575.3981	1119.4946
	(1.9861)			(1.1693)				(1.1017)	(2.1127)
R^2	0.8613	0.8519	0.8391	0.8428	0.8337	0.8370	0.8546	0.8575	0.8604
DW	1.8673	1.9608	1.6307	1.5347	1.7615	1.6932	2.0621	2.0166	1.8999

Tab. 15: (Fortsetzung)

	LAQ	LAQ	LAQ	LAQ	LAQ	LAQ	LAQ	LAQ	LAQ
Absolutglied C	0.0052 (1.0498)	0.0055 (1.0923)	0.0010 (0.4187)	0.0023 (0.8710)	-0.0002 (-0.0145)	0.0083 (0.6997)	0.0136 (1.1000)	0.0077 (1.6543)	0.0069 (1.4683)
RA									
RD	-0.0005 (-1.3039)	-0.0005 (-1.3206)						-0.0007 (-1.8856)	-0.0007 (-1.7506)
RK									
DRA	-0.0005 (-0.6748)	-0.0005 (-0.6977)	-0.0000 (0.0005)	-0.0002 (-0.4135)	0.0001 (0.2537)	0.0002 (0.3193)	0.0001 (0.3821)	-0.0007 (-1.0703)	-0.0007 (-0.9950)
DRD					-0.0004 (-0.5718)				
DRK						0.0002 (0.3193)	0.0003 (0.3821)		
DRFM									
DRFV			0.0002 (-1.0925)	-0.0003 (-1.4808)					
LAV									
LAVQ	0.8851 (17.5358)	0.8414 (9.1846)	0.9180 (21.7861)	0.8223 (8.6523)	0.8967 (15.6466)	0.8443 (9.1332)	0.7615 (8.145)	0.7399 (8.1192)	0.8710 (17.7854)
ZBG									
ZBGQ	0.5589 (9.4076)	0.5424 (8.1842)	0.5775 (9.9068)	0.5435 (8.2820)	0.5690 (9.4740)		0.5217 (7.0565)	0.5107 (7.1243)	0.5473 (7.8806)

KAVQ					0.0015	-0.0075	-0.0040		
					(0.0290)	(-1,4398)	(-0.0826)		
POL V									
POL Q						0.3879			
						(3.3134)			
POQ 1							0.3846	0.3846	0.3478
							(3.119)	(3.2652)	(2.9573)
ESV						-0.0345	-0.0508		
						(-0.6734)	(-0.9664)		
S 12	-0.0001	-0.0002	0.0000	-0.0000	-0.0000	0.0002	0.0002	-0.0007	-0.0005
	(-0.1484)	(-0.1961)	(0.0158)	(-0.1257)	(-0.0406)	(0.1653)	(0.1840)	(-0.9027)	(-0.7017)
SW		0.0007		0.0015		0.0017	0.0025	0.0020	
		(0.5727)		(1.1231)		(1.1457)	(1.6650)	(1.6957)	
R^2	0.8935	0.8941	0.8927	0.8949	0.8917	0.9092	0.9074	0.9101	0.9057
DW	1.8006	1.7648	1.8730	1.8226	1.8057	1.983	1.9403	1.9554	2.0406

Tab. 15: (Fortsetzung)

	LAQ	LAQ	LAQ	LAQ	LAQ	LAQ	LAQ
Absolutglied C	0.0017 (0.6795)	-0.001 (-0.0575)	0.0066 (1.4991)	0.0021 (0.6094)	0.0160 (1.2103)	0.0001 (0.0113)	0.0103 (0.8017)
RA			-0.0006 (-0.8758)				
RD			-0.0000 (-0.0921)				
RK							
DRA	-0.0000 (-0.0657)	0.0002 (0.4000)		0.0001 (0.3193)	0.0002 (0.3881)	0.0003 (0.6312)	0.0003 (0.6382)
DRD					0.0004 (0.5804)	-0.0003 (-0.4017)	0.0004 (0.4939)
DRK				-0.0003 (-0.8685)			
DRFM							
DRFV	-0.0002 (-1.1827)	-0.0001 (-0.4397)					
LAV							
LAVQ	0.7530 (7.9215)	0.9147 (21.3499)	0.7410 (8.0536)	0.7875 (0.0078)	0.7594 (8. 1727)	0.8814 (15.1959)	0.8429 (9.1609)
ZBG							

ZBGQ	o.5317 (7.4339)	o.5743 (8.286o)	o.5132 (7.o993)	o.5323 (o.ooo4)	o.5217 (7.o744)	o.5236 (8.5851)	o.6632 (9.4553)
KAVQ				-o.oo57 (-o.1156)	-o.oo46 (-o.o942)	o.oo92 (o.1752)	-o.oo79 (-o.1635)
POL V							
POL Q							
POQ 1	o.3348 (2.798o)	o.31o2 (2.5522)	o.3816 (3.2218)	o.3628 (2.9955)	o.3873 (3.1477)		
ESV							
S 12	-o.ooo4 (-o.6o91)	-o.ooo3 (-o.35o5)	-o.ooo6 (-o.841o)	-o.ooo4 (-o.4723)	o.ooo3 (o.3159)	o.oooo4 (o.o386)	o.ooo3 (o.28o6)
SW	o.oo25 (1.8953)		o.oo21 (1.751o)	o.oo17 (1.3566)	o.oo27 (1.7941)		o.oo81 (1.2523)
R^2	o.9o69	o.9o11	o.9o95	o.9o59	o.9878	o.8895	o.9o94
DW	1.8918	2.o162	1.9482	1.9339	1.94oo	1.6518	1.9oo3

Tab. 16: Schätzergebnisse zur Erklärung der Refinanzierungsquote ZB/K_{NB} V. Timmermann

	a_0	D — S	L/E	S_1	S_2	S_3	R
alle Banken							
Gesamtperiode	1,3470	—0,4605	—0,0771	—0,0109	—0,0264	—0,1374	0,805
(n = 56)	(0,210)	(0,118)	(0,012)	(0,080)	(0,080)	(0,080)	
Restriktionsphasen	1,7936	—0,0431	—0,1659	—0,0998	—0,1810	—0,2518	0,885
(n = 22)	(0,224)	(0,233)	(0,028)	(0,142)	(0,137)	(0,138)	
Kreditbanken							
Gesamtperiode	1,5067	—0,3970	—0,0827	—0,0303	—0,0489	—0,1825	0,768
(n = 56)	(0,240)	(0,135)	(0,014)	(0,091)	(0,091)	(0,091)	
Restriktionsphasen	2,0469	0,1500	—0,1905	—0,1344	—0,2448	—0,3147	0,863
(n = 22)	(0,268)	(0,279)	(0,034)	(0,170)	(0,164)	(0,165)	
Großbanken							
Gesamtperiode	1,2258	0,1785	—0,0795	—0,0654	—0,0612	—0,2158	0,664
(n = 56)	(0,272)	(0,153)	(0,016)	(0,103)	(0,103)	(0,104)	
Restriktionsphasen	1,7639	0,1917	—0,1668	—0,1925	—0,2664	—0,4285	0,773
(n = 22)	(0,331)	(0,343)	(0,042)	(0,210)	(0,202)	(0,234)	

Die Werte in den Klammern unter den Regressionskoeffizienten sind die Standardfehler der Schätzungen.

Quelle: Vincenz Timmermann: „Zur Refinanzierung der Banken ...", S. 338.

Tab. 17: Schätzergebnisse zur Umschichtung zwischen Zentralbank- und Geldmarktverschuldung von V. Timmermann

	b_0	D — S	L/E	S_1	S_2	S_3	R
alle Banken							
Gesamtperiode (n = 56)	7,1673 (0,921)	—2,5479 (0,517)	—0,2550 (0,054)	—0,0307 (0,349)	0,0245 (0,349)	—0,6069 (0,351)	0,788
Restriktionsphasen (n = 22)	8,8183 (0,477)	—0,3533 (0,497)	—0,6228 (0,060)	—0,4818 (0,303)	—0,5886 (0,291)	—0,8543 (0,294)	0,960
Kreditbanken							
Gesamtperiode (n = 56)	8,3233 (0,833)	—1,8098 (0,468)	—0,2303 (0,049)	—0,0855 (0,316)	—0,0402 (0,315)	—0,6257 (0,317)	0,753
Restriktionsphasen (n = 22)	9,8504 (0,646)	—0,1132 (0,673)	—0,5409 (0,081)	—0,7231 (0,410)	—0,7504 (0,395)	—0,6602 (0,398)	0,907
Großbanken							
Gesamtperiode (n = 56)	9,8272 (1,245)	—0,5859 (0,698)	—0,2035 (0,073)	—0,2123 (0,471)	—0,1552 (0,471)	—0,2529 (0,474)	0,451
Restriktionsphasen (n = 22)	10,5972 (1,061)	0,1173 (1,100)	—0,3305 (0,133)	—0,8204 (0,674)	—0,9522 (0,649)	—0,1726 (0,654)	0,653

Hierbei bedeuten:
a_0, b_0 ... Absolutglieder
D–S ... Diskontsatz – Schatzwechselsatz
L/E ... Liquiditätsquote (Liquiditätsanlagen/Depositenvolumen)
S_i ... Saisondummy für Quartal i
ZB ... Zentralbankkredit
K_{NB} ... Kurzfristige Kredite an Nichtbanken
K_B ... kurzfristige Interbankkredite

Quelle: Vincenz TIMMERMANN: „Zur Refinanzierung der Banken ...", S. 340.

Tab. 18: Modifizierte Nachschätzung des Timmermannschen Ansatzes des Refinanzierungsverhalten der Banken

	Absolutglied	(M - D)	L	S_{12}	S_1	R^2	DW
Gesamtperiode	5672,2439	3994,1365 (631,o355)	o,1637 (o,19o6)	-5713,4658 (2114,o928)	-951,3993 (1832,91o6)	o,51	1,37
liquiditäts- knappe Phasen	368o3,1172	8o9,23o4 (963,6667)	-1,332o xx (o,372o)	-62o4,4988 (279o,7435)	-1213,5163 (2638,2315)	o,84 xx	1,8o x
liquiditäts- hohe Phasen	-12957,22	58o6,3173 (2485,4528)	o,8666 (1,4875)	-4434,6935 (67o2,1184)	188o,9321 (5246,5859)	o,41	1,49

Hierbei geben an:
M-D Geldmarktzins für Monatsgeld
L Liquiditätsanlagen
S_i Saison
xx Signifikanzniveau 0,01
x Signifikanzniveau 0,05

Quelle: Horst DEGEN: Die Nachfrage der Banken nach Zentralbankkrediten, S. 103 ff.

Tab. 19: Schätzergebnisse zum Refinanzierungsverhalten der Kreditinstitute von H. Degen

Erklärende Variable	Gesamtperiode (Jan. 1969 bis Dez. 1972)			Liquiditätsknappe Phase (Mai 1969 bis Juli 197o)			Liquiditätshohe Phase (April 1971 bis Juni 1972)		
	Regressionskoeffizient	R^2	DW	Regressionskoeffizient	R^2	DW	Regressionskoeffizient	R^2	DW
WR Bargeldumlauf	131,7791 - 11,5952 (5,o634)	o,24	o,86	12o,4o34 - 4,3o64 (16,1881)	o,oo	1,17	7,1755 - o,4o87 (4,1341)	o,oo	1,56*
WR (Kredite minus Spareinlagen)	-129,32o8 + 9,5550 (1,6o25)	o,44	o,98	-118,6312 + 1o,o232** (2,3977)	o,57**	2,33*	-68,5238 + 4,4978 (2,3682)	o,16	1,88*
WR Mindestreserveanforderungen	85,7982 - 1,3186 (o,44o8)	o,16	o,78	168,1511 - 2,77o6** (o,8o63)	o,47**	2,o9*	1o,8267 - o,2355 (o,3365)	o,o4	1,82*
WR Nettokapitalim(ex-)port	66,4279 - o,8846 (o,1257)	o,53	o,97	79,953o - 1,31o5** (o,2832)	o,62**	2,39*	22,155o - o,32o1 (o,1588)	o,24	1,79*
WR Einlagen der öffentlichen Haushalte bei der DB	57,3o23 - o,2744 (o,161o)	o,o6	o,62	81,5729 + o,4523 (o,4743)	o,o6	1,26	27,13o7 - o,2859 (o,15o5)	o,22	1,94*
WR Kredite der DB an Nichtbanken	4o,2538 + o,325o (o,o638)	o,36	o,98	76,4757 + o,221o* (o,o781)	o,38**	1,45*	-o,8547 - o,1561 (o,3o53)	o,o2	1,74*

Tab. 19: (Fortsetzung)

Erklärende Variable	Gesamtperiode (Jan. 1969 bis Dez. 1972) Regressionskoeffizient	R^2	DW	Liquiditätsknappe Phase (Mai 1969 bis Juli 1971) Regressionskoeffizient	R^2	DW	Liquiditätshohe Phase (April 1971 bis Juni 1972)* Regressionskoeffizient	R^2	DW
Tagesgeldsatz minus Diskontsatz	31,5868 + 13,9339 (6,5380)	o,o9	o,59	63,9768 + 27,7273** (7,5999)	o,51**	2,36*	-1,7364 + 7,9254 (5,9667)	o,12	1,57*
Monatsgeldsatz minus Diskontsatz	25,1269 + 12,3849 (8,7176)	o,o4	o,54	42,o955 + 34,2895** (8,6115)	o,55**	1,95*	-9,5626 + 8,4665 (11,1419)	o,o4	1,59*
Dreimonatsgeldsatz minus Diskontsatz	24,2o49 + 1o,3993 (1o,1313)	o,o2	o,56	7,9242 + 44,6475** (11,3652)	o,54**	2,1o*	-24,8981 + 14,o8o1 (13,9o3)	o,o7	1,6o*
Nettozinsdifferenz ausländischer - inländischer Geldmarkt	73,71o9 + 1o,oo44 (3,172o)	o,18	o,61	127,5345 + 12,8812** (3,o6o7)	o,58**	2,45*	12,8572 + 5,8246 (7,8472)	o,o4	1,49*
Dreimonats-Eurodollar-Anlageverzinsung	8,752o + 8,74459 (2,o599)	o,28	o,69	43,8724 + 9,1796** (2,o256)	o,61**	2,52*	2,1868 + o,3o49 (5,o827)	o,oo	1,6o*
Umlaufrenditen festverzinslicher Wertpapiere minus Diskontsatz	119,5821 - 25,69o1 (4,8499)	o,38	1,o2	152,7146 - 4o,6697 (23,6167)	o,1o	1,63*	-72,8875 + 19,o267 (1o,1572)	o,21	1,97*
Emissionsrenditen festverzinslicher Wertpapiere minus Diskontsatz	124,8783 - 1o,3o61 (13,6514)	o,o1	o,59	-245,1763 + 45,1593 (12,9528)	o,23	1,67*	-86,6831 + 11,3994 (33,9594)	o,oo	1,59*

Tab. 19: (Fortsetzung)

Erklärende Variable	Gesamtperiode (Jan. 1969 bis Dez. 1972)			Liquiditätsknappe Phase (Mai 1969 bis Juli 1970)			Liquiditätshohe Phase (April 1971 bis Juni 1972)		
	Regressionskoeffizient	R^2	DW	Regressionskoeffizient	R^2	DW	Regressionskoeffizient	R^2	DW
WR Termingelder vom inländischen Geldmarkt	22,4544 + 0,3562 (0,1761)	0,18	1,10	103,6123 - 0,1309 (0,3505)	0,01	1,03	1,6942 + 0,1765 (0,3634)	0,02	1,76*
WR Schatzwechselbestand	47,3884 - 0,5502 (0,1035)	0,38	0,84	-80,9672 - 3,300** (0,8111)	0,56**	2,14*	15,8438 - 0,2385 (0,1223)	0,23	1,77*
WR Liquiditätsanlagen	53,2278 - 1,7062 (0,2950)	0,42	0,99	65,5972 - 2,2073* (0,7973)	0,37*	2,15*	16,5588 - 0,6549 (0,3654)	0,20	1,81*
WR Lombardkredite	34,2572 + 0,0248 (0,0075)	0,19	1,03	87,2157 + 0,0074 (0,0099)	0,04	1,27	-1,5414 + 0,0977** (0,0224)	0,59**	1,85*
WR befristete Forderungen gegenüber Ausland	47,4058 - 0,1074 (0,2144)	0,00	0,59	115,5988 - 0,5058* (0,2142)	0,30*	1,39*	15,7598 - 1,0755* (0,4947)	0,27*	1,91*
WR Verbindlichkeiten gegenüber ausländischen Banken	7,5684 + 0,9399 (0,1959)	0,33	1,36	106,8492 - 0,1595 (0,5165)	0,00	1,03	16,7872 - 2,6374 (0,6884)	0,53	1,20

\+ ... signifikant bei einer Irrtumswahrscheinlichkeit von 5 v. H.
++ ... signifikant bei einer Irrtumswahrscheinlichkeit von 1 v. H.

Quelle: Horst DEGEN: Die Nachfrage der Banken nach Zentralbankgeldkredit, S. 147, 152 und 155.

Tab. 20: Zentralbankverschuldung der Kreditinstitute

Monatsende		Mio. DM insgesamt	davon angekaufte Geldmarktwechsel	Rediskontkredite	Lombardkredite	Offenmarktgeschäfte mit Rücknahmevereinbarung	Auslandswechsel
1971	Jan.	20 851	506	16 060	1 580	-	2 705
	Feb.	20 013	241	14 025	3 124	-	2 623
	März	18 407	367	14 501	1 124	-	2 415
	April	14 409	65	12 022	207	-	2 115
	Mai	9 819	0	7 908	46	-	1 865
	Juni	21 023	826	16 878	375	-	2 944
	Juli	20 907	298	17 676	67	-	2 866
	Aug.	21 509	1 021	16 876	908	-	2 704
	Sept.	22 667	905	17 392	2 361	-	2 009
	Okt.	22 151	1 066	18 682	643	-	1 760
	Nov.	18 634	407	15 051	1 028	-	1 527
	Dez.	18 810	859	14 943	1 396	-	1 612
1972	Jan.	17 070	983	13 203	1 452	-	1 415
	Feb.	16 810	576	12 431	2 215	-	1 588
	März	19 517	1 065	16 229	547	-	1 676
	April	20 047	1 028	17 273	106	-	1 640
	Mai	20 397	832	17 405	453	-	1 707
	Juni	16 465	641	14 011	101	-	1 712
	Juli	14 055	605	12 017	53	-	1 380
	Aug.	21 200	1 239	15 904	2 860	-	1 197
	Sept.	21 363	1 306	16 730	2 228	-	1 100
	Okt.	20 044	1 371	17 378	285	-	1 010
	Nov.	19 722	1 568	16 941	105	-	1 108
	Dez.	20 178	1 554	16 293	1 146	-	1 185
1973	Jan.	19 324	1 345	15 644	1 320	-	1 015
	Feb.	11 953	1 299	9 908	79	-	667
	März	17 550	1 977	9 861	5 181	-	531
	April	12 674	1 986	9 542	429	174	543
	Mai	12 515	2 144	9 771	86	-	513
	Juni	11 823	2 030	9 331	-	2	460
	Juli	13 621	1 642	7 989	-	3 527	463
	Aug.	14 665	1 678	9 812	-	2 768	407
	Sept.	10 868	1 470	9 027	-	-	371
	Okt.	10 044	1 450	8 280	-	-	314
	Nov.	13 416	1 412	9 251	217	2 185	351
	Dez.	10 649	1 042	9 272	-	-	465

1974	Jan.	10 649	1 042	9 142	-	-	465
	Feb.	9 235	1 805	6 931	-	-	499
	März	14 068	934	10 401	46	2 109	578
	April	7 876	83	7 294	2	5	492
	Mai	13 095	1 203	9 952	1 460	-	480
	Juni	14 511	1 328	7 802	4 968	-	413
	Juli	13 534	1 534	10 127	1 690	-	527
	Aug.	19 711	1 663	10 605	6 880	-	563
	Sept.	18 807	1 643	10 710	5 831	-	623
	Okt.	16 256	1 640	10 992	2 979	-	645
	Nov.	15 001	683	11 558	1 932	-	328
	Dez.	15 516	1 003	11 302	2 334	-	877
1975	Jan.	16 002	945	13 856	267	-	932
	Feb.	12 664	89	8 822	2 952	-	801
	März	9 268	366	8 091	60	-	751
	April	9 849	615	6 552	2 006	-	676
	Mai	11 849	733	7 594	2 857	-	665
	Juni	11 522	1 046	7 153	2 592	-	731
	Juli	7 216	354	5 377	20	807	658
	Aug.	5 501	40	2 873	1 026	1 039	523
	Sept.	10 690	438	4 897	748	4 074	533
	Okt.	7 616	263	4 548	35	2 208	562
	Nov.	7 103	224	4 466	40	1 695	678
	Dez.	8 521	672	5 238	1 703	-	903
1976	Jan.	7 959	450	6 502	63	-	944
	Feb.	5 356	463	3 652	341	-	900
	März	6 517	44	4 429	1 201	-	843
	April	3 646	71	2 770	46	-	759
	Mai	7 902	274	6 497	352	-	779
	Juni	11 016	1 154	8 384	717	-	761
	Juli	18 018	1 744	11 345	3 905	-	1 025
	Aug.	15 206	1 731	11 734	636	-	1 105
	Sept.	19 441	1 659	11 824	4 864	-	1 094
	Okt.	12 830	1 266	10 542	33	-	989
	Nov.	18 465	1 264	10 832	5 219	-	1 150
	Dez.	19 517	2 039	10 146	6 109	-	1 223

Quelle: Deutsche Bundesbank: Moantsberichte. Tabelle „II; 1. Aktiva und Passiva der Deutschen Bundesbank".

Tab. 21: Regressionsanalysen zur Verschuldung der Kreditinstitute bei der Notenbank

	ZBO	ZBO	ZBO	ZBO	ZBO	ZBO	ZBO	ZBO
Absolutglied C	4646.5273	2888.1553	1563.6091	4466.2695	4872.2031	4131.5156	-6616.1328	-13214.8320
	(0.8564)	(0.5427)	(0.5616	(1.4993)	(2.1425)	(1.838)	(0,5489)	(-1.638)
RA								
RD	-409.5347	90.1087					-564.6187	-1398.4573
	(0.8345)	(0.1707					(-0.6181	(-1.9022)
RFM	140.9647	67.3511					112.1857	193.3572
	(0.6840)	(0.3324)					(0.5359)	(0.9454)
DRA	-167.0722	77.5197	232.9242	-128.4391			-390.9959	-918.6738
	(0.2005)	(0.0950)	(0.4069)	(0.2231)			(0.4007)	(0.9977)
DRD					-366.0679	-52.2112		
					(-1.0931)	(-0.144)		
DRK								
DRFM			-112.8565	-85.9550	-142.6534	-124.5222		
			(-0.5622)	(0.4420)	(0.8501)	(0.7597)		
DRFV								
ZBOV	0.7919	0.6551	0.8045	0.6592	0.7786	0.6618	0.6580	0.7438
	(11.4040)	(7.1224)	(12.0990)	(7.2771)	(11.0189)	(7.356)	(7.1348)	(10.1409)
ZBG	-0.7421	-0.7132	-0.7346	-0.7188	-0.7391	-0.7139	-0.7177	-0.7390
	(-4.9737)	(-4.9094)	(-4.961)	(-5.0148)	(-5.1106)	(-5.041)	(-4.9279)	(-5.0433)

ZBGQ								
KAVQ								
POLV								
POLQ								
POQ 1								
ESV							49819.4766 (0.8792)	90039.6875 (1.7813)
S 12	285.9678 (0.3273)	340.1252 (0.4013)	377.9236 (0.4402)	292.9277 (0.2525)	375.3821 (0.4463)	332.4829 (0.4051)	-393.8354 (-0.3307)	-1019.4592 (-0.9334)
SW		2345.8779 (2.1825)		2174.0825 (2.2757)		2052.1616 (2.0170)	1840.9124 (1.5083)	
R^2	0.7482	0.7673	0.7463	0.7668	0.7506	0.7667	0.7704	0.7613
DW	2.6826	2.4483	2.7082	2.4528	2.6638	2.4572	2.4113	2.5380

Tab. 21: (Fortsetzung)

	ZBOQ	ZBOQ	ZBOQ	ZBOQ	ZBOQ	ZBOQ	ZBOQ	ZBOQ
Absolutglied C	0.048 (.0.5403)	0.0028 (0.3358)	-0.0272 (-0.1.4471)	-0.0109 (-0.5732)	0.0039 (1.1509)	0.0091 (1.8405)	0.0013 (0.2831)	0.0045 (1.2646)
RA								
RD	-0.0006 (-0.6890)	0.0004 (0.5136)	-0.0025 (-1.9347)	-0.0005 (-0.3571)				
RFM	0.0002 (0.6622)	0.0002 (0.4934)	0.0004 (1.0367)	0.0002 (0.6688)	-0.0004 (-1.3422)	-0.0003 (-0.8538)	-0.0001 (-0.4177)	-0.0002 (-0.6228)
DRA	-0.0002 (-0.1486)	0.00001 (0.0080)	-0.0017 (-1.0821)	-0.0007 (-0.4271)	0.0002 (0.4086)			-0.0004 (-0.6532)
DRD						-0.0008 (-0.8330)	0.0002 (0.2464)	
DRK								
DRFM								
DRFV								
ZBQ 1	0.8931 (19.4366)	0.6756 (8.3514)	0.8501 (16.9313)	0.6813 (8.3636)	0.6784 (7.9637)	0.6624 (7.5649)	0.9010 (20.9352)	0.8890 (18.8591)
ZBGQ	-0.7492 (-5.8544	-0.7062 (-5.8875)	-0.7411 (-5.9176)	-0.7075 (-5.8793)	-0.6803 (-5.4527)	-0.6917 (-5.5505)	-0.7675 (-5.8788)	-0.7685 (-5.9882)

ZBG								
KAVQ								
KAVQ								
POLV								
POLQ					0.1544 (0.6551	0.1688 (0.7170)	-0.1736 (-0.7834)	-0.1542 (-0.6912)
POQ 1								
ESV			0.1643 (1.9212)	0.0715 (0.8006)				
S 12	0.0002 (0.1432)	-0.000002 (-0.0014)	-0.0023 (-1.1901)	-0.0010 (-0.5612)	-0.0001 (-0.1042)	-0.0003 (-0.2423)	0.0004 (0.3145)	0.0004 (0.2974)
SW		0.0074 (3.1684)		0.0066 (2.5635)	0.0070 (2.8971)	0.0074 (3.0676)		
R^2	0.8936	0.9093	0.9000	0.9103	0.9082	0.9090	0.8943	0.8949
DW	2.7686	2.4617	2.6485	2.4350	2.4367	2.4258	2.8134	2.7815

Tab. 21: (Fortsetzung)

	ZBOQ	ZBOQ	ZBOQ	ZBOQ	ZBOQ	ZBOQ	ZBOQ	ZBOQ
Absolutglied C	0.0009 (0.2031)	0.0084 (1.7531)	0.0049 (1.3895)	0.0036 (1.0941)	0.0045 (1.2556)	0.0038 (1.1109)	0.0010 (0.2332)	0.0087 (1.7744)
RA								
RD								
RFM								
DRA	0.0003 (0.3272)	-0.007 (-0.7783)					0.0002 (0.2960)	-0.0008 (-0.8034)
DRD			-0.0004 (-0.7860)	0.0002 (0.3957)	0.0003 (-0.6524)	0.0002 (0.3770)		
DRK								
DRFM	-0.0001 (-0.5614)	-0.0002 (-0.7207)	-0.0002 (-0.4876)	-0.0003 (-1.2107)	0.0001 (-0.5929)	-0.0003 (-1.2219)	-0.0001 (-0.4224)	-0.0002 (-0.7727)
DRFV								
ZBQ 1	0.9011 (21.0067)	0.6887 (8.6990)	0.8870 (18.9337)	0.7014 (9.0857)	0.8895 (18.8179)	0.6951 (8.5165)	0.9014 (20.9315)	0.6791 (8.0629)
ZBQQ	-0.7448 (-5.8697)	-0.7172 (-6.0054)	-0.7494 (-6.0054)	-0.7044 (-5.9408)	-0.7229 (-5.4470)	-0.7142 (-5.6943)	-0.7137 (-5.3170)	-0.7312 (-5.8006)
ZBG								
ZBGQ								

KAVQ								
POL V								
POL Q								
POQ 1					-0.1446 (-0.6112)	0.0605 (0.2577)	-0.1710 (-0.7331)	0.0839 (0.3573)
ESV								
S 12	0.0003 (0.2365)	-0.0001 (-0.1179)	0.0003 (0.2216)	0.0000 (0.0037)	0.0004 (0.3195)	-0.0000 (-0.0476)	0.0005 (0.3427)	-0.0003 (-0.1920)
SW	0.0065 (3.1167)			0.0063 (2.9300)		0.0065 (2.8455)		0.0069 (3.0084)
R^2	0.8932	0.9082	0.8941	0.9075	0.8947	0.9076	0.8941	0.9084
DW	2.7880	2.4646	2.7574	2.4777	2.7601	2.4747	2.7864	2.4590

Ergänzung der Variablenliste S. 198: ZBO ... Zentralbankobligo der Kreditinstitute.

Tab. 22: Verteilung der Schatzwechsel auf die Bankengruppen

Monatsende	insgesamt	davon Geldmarkt reguliert in %	Kreditbanken	Großbanken	Reg.- u.sonst. Kr.banken	Privatbanken	Girozentralen	Sparkassen	Zentralkassen	Kreditgen.	Priv. Hyp.-banken	Kreditinst. m. Sonderaufg.	Post
1971 M	3133	17,7	154	137	14	3	521	1	441	1	-	396	1619
J	3194	17,8	114	112	2	-	452	3	447	1	-	588	1589
J	3301	17,4	114	112	2	-	412	3	594	1	-	588	1589
A	3169	19,2	57	55	2	-	423	3	509	1	-	587	1589
S	2667	10,4	17	15	2	-	412	3	157	1	-	488	1589
O	2950	5,2	12	10	2	-	402	0	158	1	-	488	1589
N	3057	6,4	7	5	2	-	457	4	214	1	-	485	1589
D	2913	6,4	10	5	5	-	438	-	60	1	-	435	1969
1972 J	2899	4,3	47	30	14	3	438	-	96	0	-	349	1969
F	2804	6,2	46	30	14	2	408	-	130	0	-	251	1969
M	2704	6,3	13	5	8	-	437	-	131	0	-	254	1869
A	2631	6,8	7	5	2	-	437	-	132	1	-	254	1800
M	2695	8,3	2	-	2	-	427	-	211	1	-	254	1500
J	2702	9,4	8	3	5	-	427	-	212	1	-	254	1800
J	2686	9,5	2	-	2	-	417	-	213	0	-	254	1800
A	2658	9,2	2	-	2	-	407	-	214	1	-	234	1800
S	2443	4,3	2	-	2	0	407	-	-	-	-	234	1800
O	2421	0,9	2	-	2	0	337	-	-	-	-	232	1800
N	2329	0,8	2	-	2	0	295	-	-	-	-	232	1800
D	2315	0	2	-	2	-	281	-	-	-	-	232	1800
1973 J	2280	0	2	-	2	-	255	-	-	-	-	223	1800
F	2240	0	2	-	2	-	235	-	-	-	-	203	1800
M	2225	0	2	-	2	-	225	-	-	-	-	198	1800
A	2197	0	2	-	2	-	197	-	-	-	-	198	1800
M	1581	0	2	-	2	-	177	-	-	-	-	191	1211
J	1587	0	2	-	2	-	205	-	-	-	-	169	1211
J	1571	0	2	-	2	-	195	-	-	-	-	163	1211
A	1586	0,1	1	-	1	-	195	-	-	-	10	169	1211
S	1551	0,1	1	-	1	-	175	-	-	-	-	164	1211
O	1643	0	1	-	1	-	165	-	-	-	-	166	1311
N	1725	0	1	-	1	-	145	-	-	-	-	179	1400
D	1727	0	9	8	1	-	125	-	12	-	-	181	1400
1974 J	1790	0	21	17	4	-	255	-	29	-	-	135	1300
F	2337	0	42	33	9	-	515	-	214	-	-	166	1400
M	2230	0	43	34	9	-	435	-	215	-	-	168	1369
A	2624	0	62	53	9	-	635	10	205	-	10	333	1369
M	3031	0	43	34	9	-	1149	12	281	1	10	166	1369
J	3150	0	44	34	9	1	1249	14	295	1	10	168	1369
J	3050	0	47	35	11	1	1099	34	325	1	10	165	1369
A	3034	0	48	35	12	1	974	33	435	2	10	163	1369
S	4192	0	748	735	12	1	986	34	550	5	10	359	1500
O	4858	0	1048	1036	11	1	1029	35	877	6	10	353	1500
N	5358	0	1250	1236	11	3	932	44	1058	19	10	345	1700
D	5513	0	1250	1236	11	3	952	45	1091	20	10	345	1800
1975 J	5641	0	1409	1395	11	3	1011	29	940	31	60	361	1800
F	5675	0	1409	1395	11	3	991	79	946	31	60	359	1800
M	5664	0	1412	1396	13	3	971	90	955	34	60	342	1800
A	5701	0	1426	1396	27	3	961	83	970	37	80	344	1800
M	6126	0	1706	1647	56	3	1016	90	1046	36	80	352	1800
J	6005	0	1686	1647	36	3	916	99	1029	38	100	337	1800
J	6779	0	1963	1947	13	3	976	126	1402	42	100	370	1800
A	9939	0	3493	3348	18	21	1586	146	2324	83	138	369	1800
S	9764	0	3243	3198	18	21	1586	157	2338	81	138	421	1800
O	10148	0	3243	3198	18	21	1891	184	2398	83	138	411	1800
N	10737	0	3287	3199	31	51	2066	238	2559	100	138	549	1800
D	10368	0	3268	3189	23	50	2166	281	2382	112	99	560	1500
1976 J	10174	0	3056	2979	21	50	2116	227	2491	114	104	566	1500
F	9767	0	3007	2959	21	21	1787	214	2479	111	154	515	1500
M	9653	0	2957	2909	21	21	1777	189	2457	111	154	508	1500
A	9475	0	2947	2909	11	21	1777	159	2382	105	134	471	1500
M	9326	0	2948	2910	11	21	1777	92	2356	105	134	414	1500
J	9043	0	2648	2610	11	21	1727	147	2363	104	134	420	1500
J	8523	0	2624	2610	11	3	1977	129	1592	107	135	459	1500
A	8134	0	2619	2610	6	3	1767	53	1527	87	125	456	1500
S	6921	0	2338	2330	5	3	1345	30	1331	84	115	178	1500
O	6460	0	2037	2030	4	3	1148	54	1420	81	45	175	1500
N	7673	0	3151	3124	10	17	1084	120	1488	58	65	207	1500
D	6243	0	2350	2324	10	16	984	120	1030	61	-	198	1500

*geschätzt gemäß den Angaben der Deutschen Bundesbank.

Quelle: Deutsche Bundesbank: Statistische Beihefte zu den Monatsberichten, Reihe 1, Banken nach Bankengruppen, Tabelle „1. Aktiva".

Tab. 23: Verteilung der Mobilisierungs- und Liquiditätspapiere auf die Bankgruppen

Monatsende	insgesamt	davon Geldmarkt regul. in %+	Kreditbanken	Großbanken	Reg.- und sonst. Kred.b.	Privatbanken	Girozentralen	Sparkassen	Zentralkassen	Kreditgen.	Priv. Hypo.-banken	Kreditinst. m. Sonderaufg.	Post
1971 M	5390	70,8	1463	1420	43	0	1914	-	448	0	-	35	1530
J	2571	100,0	460	420	40	0	903	-	243	0	-	35	930
J	3039	52,9	460	420	40	0	903	-	291	0	-	35	1350
A	3279	48,4	260	220	40	0	903	-	381	-	-	35	1700
S	2920	45,8	50	10	40	0	903	-	232	-	-	35	1700
O	3011	40,7	50	10	40	0	903	-	233	-	-	35	1790
N	4125	55,0	940	900	40	0	1165	-	365	-	-	35	1590
D	3265	67,0	1090	1050	40	0	1072	-	186	-	-	14	900
1972 J	4236	53,3	1070	1050	20	0	1170	-	-	1	-	15	1980
F	3881	58,3	1050	1050	-	0	1178	-	247	1	-	25	1380
M	4332	54,5	1050	1050	-	0	1528	-	248	1	-	25	1480
A	4692	49,6	1050	1050	-	-	1528	-	109	-	-	25	1980
M	4336	47,8	950	950	-	-	1448	-	343	-	-	15	1580
J	3902	48,9	600	600	-	-	1873	-	234	-	-	15	1180
J	5809	31,1	900	900	-	-	2373	-	555	-	-	1	1980
A	4013	32,6	200	200	-	-	2153	-	457	-	-	23	1180
S	3571	27,0	200	200	-	-	1903	-	263	0	-	25	1180
O	3072	21,1	200	200	-	-	1403	-	264	0	-	25	1180
N	2662	16,2	-	-	-	-	1282	-	175	0	-	25	1180
D	1455	17,3	250	250	-	-	-	-	-	0	-	23	1180
1973 J	1322	22,7	50	-	50	-	-	1	146	0	-	25	1100
F	1886	2,7	50	-	50	-	600	1	-	0	-	35	1200
M	2032	0,6	-	-	-	-	600	1	-	1	-	30	1400
A	2032	0	-	-	-	-	600	1	-	1	-	30	1400
M	1332	3,8	100	100	-	-	600	1	-	1	20	10	600
J	1964	6,7	-	-	-	-	600	2	-	1	28	33	1300
J	2244	1,1	-	-	-	-	600	2	-	1	28	13	1600
A	2267	0,4	-	-	-	-	1050	1	100	0	8	103	1000
S	2189	0,5	0	-	0	-	645	2	-	1	3	38	1500
O	2219	0,5	-	-	-	-	655	2	o	1	3	58	1500
N	2230	0,4	8	8	0	-	721	4	135	1	3	58	1300
D	2694	0,2	11	9	0	-	895	4	137	1	2	44	1600
1974 J	1781	0	10	8	0	-	915	7	196	3	3	47	600
F	1961	9,0	17	9	0	6	865	6	145	7	3	18	900
M	1290	0	16	8	0	6	795	5	147	7	3	17	300
A	7029	26,0	2037	1759	240	6	3545	13	598	11	13	112	700
M	2052	80,2	17	9	0	6	822	8	154	16	13	22	1000
J	2157	0	19	9	0	6	822	8	156	17	13	22	1100
J	2657	0	19	9	-	6	822	6	157	20	19	14	1600
A	2736	0	19	9	-	6	821	7	149	21	19	-	1700
S	3174	0	19	9	-	6	721	7	142	26	19	-	2240
O	3182	0	19	9	-	6	721	6	143	34	9	10	2240
N	3190	0	19	9	-	6	721	5	144	42	9	10	2240
D	3208	0	20	9	-	7	721	5	163	41	9	9	2240
1975 J	2961	0	20	9	-	7	721	55	165	41	9	10	1940
F	6590	28,0	1268	1259	-	5	2421	4	166	42	9	30	2650
M	3117	18,5	18	9	-	5	321	4	167	38	9	10	2550
A	3020	0	19	10	-	5	321	4	168	39	9	10	2450
M	2809	0	19	10	-	5	321	4	160	36	9	10	2250
J	3529	0	19	10	-	5	321	4	171	45	9	10	2950
J	3530	0	19	10	-	5	321	4	172	44	-	20	2950
A	3119	0	17	10	-	3	321	5	173	33	-	20	2550
S	3492	0	15	10	-	3	286	4	175	32	-	20	2950
O	3469	0	15	10	-	3	266	4	176	28	-	20	2960
N	2944	0	20	-	-	3	240	2	86	36	-	-	2560
D	3106	0	20	-	-	3	-	2	113	11	-	-	2860
1976 J	1550	0	20	-	-	-	-	2	8	10	-	-	1510
F	2528	0	2	-	-	6	-	2	8	6	-	-	2510
M	2426	0	2	-	-	6	-	2	5	7	-	-	2410
A	2372	0	2	-	-	6	-	2	1	7	-	-	2360
M	1871	0	2	-	-	6	-	2	-	7	-	-	1860
J	2671	0	2	-	-	6	-	2	-	7	-	-	2660
J	2370	0	2	-	-	6	-	2	-	6	-	-	2360
A	2418	0	-	-	-	6	-	2	-	6	-	-	2410
S	2768	0	-	-	-	6	-	2	-	6	-	-	2760
O	3198	0	-	-	-	6	200	2	-	6	-	30	2960
N	3306	0	339	250	89	6	470	-	265	12	-	60	2160
D	4352	0	664	250	414	7	632	4	715	18	-	59	2260

+geschätzt gemäß den Angaben der Deutschen Bundesbank.

Quelle: Deutsche Bundesbank: Statistische Beihefte zu den Monatsberichten, Reihe 1; Bankenstatistik nach Bankengruppen, Tabelle „1. Aktiva".

Tab. 24: Zentralbankobligo der Kreditinstitutsgruppen

Mio. DM

Monatsende	insgesamt	Kreditbanken	Großbanken	Reg.b. u. sonst. Kred.b.	Priv. bankiers	Girozentralen	Sparkassen	Zentralkassen	Kred. gen.	Priv. Hypo. bank.	Teilzahl. kred. inst.	Kred.inst. mit Sonderaufgaben
1971 J	20691	9436	3255	3659	1843	2457	4120	2075	512	10	121	1960
F	19220	8254	2556	3202	1787	2241	4304	1962	592	8	164	1695
M	18160	7643	2233	3087	1707	2012	4250	1767	553	9	163	1763
A	14183	9740	1505	2452	1277	1472	3633	1537	485	5	120	1191
M	9667	3306	0497	1531	0925	0972	2858	1241	421	3	126	0740
J	20688	9326	3811	3265	1666	1937	4071	1788	593	9	144	2820
J	20462	8863	3439	3307	1548	1825	4284	1831	639	5	134	2881
A	21097	8928	2980	3624	1621	1871	4665	1955	684	6	167	2801
S	22106	9004	2851	3731	1750	2430	4879	2087	794	9	184	2719
O	21640	8811	3188	3377	1636	1916	4744	2188	818	9	161	2993
N	18400	7842	2468	3050	1655	1590	4183	2156	674	5	158	1792
D	18451	7045	2187	2787	1409	1559	4770	2119	761	8	143	2046
1972 J	16620	6299	1615	2436	1546	1632	4286	1815	637	5	146	1800
F	16263	6856	1964	2455	1581	1705	3991	1755	615	7	167	1167
M	19354	8317	3429	2790	1460	1663	4156	1994	689	8	156	2371
A	19846	8617	3586	2961	1454	1364	4199	2081	692	7	163	2723
M	19971	8668	3595	2787	1569	1660	4251	2193	699	8	151	2341
J	16151	6555	2397	2316	1271	1232	3824	1859	693	6	157	1825
J	13969	5361	2069	1921	936	914	3315	1465	617	7	128	2162
A	20748	9000	3423	3347	1437	2042	3789	2057	692	5	140	3023
S	21259	8763	3448	3768	1440	2392	3716	2223	719	8	146	3292
O	20171	8412	3370	3134	1366	1557	3715	2230	773	8	143	3329
N	19636	8149	3170	3073	1355	1493	3731	2220	827	8	124	3084
D	19664	8087	3253	2926	1309	1399	3964	2245	980	7	145	2837
1973 J	18482	7384	2690	2794	1336	1625	3595	2210	856	11	145	2656
F	11760	4180	1513	1513	748	1004	2205	1327	631	5	106	2303
M	17274	5599	2506	1804	847	2161	2368	2829	697	3	86	3531
A	12428	4227	1648	1517	705	809	1894	1159	592	3	76	3668
M	12103	4052	1573	1458	682	881	1850	1164	544	4	81	3527
J	11454	3817	1403	1423	672	830	1751	1160	455	4	75	3322
J	13171	6290	3493	1677	753	928	2130	1655	636	4	78	1450
A	14072	6127	3558	1536	706	876	1807	1497	516	4	81	3164
S	10625	3516	1257	1328	641	779	1735	1174	497	4	76	2846
O	9876	2928	905	1094	631	615	1648	1077	497	4	79	3028
N	13174	5110	1915	1698	810	027	1893	1378	603	4	80	3079
D	10905	3637	1223	1367	698	559	1921	1274	594	5	81	2832
1974 J	10529	3298	1005	1257	638	543	1891	1194	558	4	86	2955
F	9204	2933	1067	958	603	421	1776	1008	525	3	78	2460
M	13578	5726	2551	1973	822	693	2087	1163	803	4	158	2944
A	7725	2385	524	1036	529	482	1712	819	692	3	149	1482
M	12588	4502	1322	1842	787	836	2190	1370	741	4	195	2748
J	14054	5828	1335	2724	372	1170	1790	1551	636	4	161	2914
J	13426	5456	1470	2379	1110	779	2051	1165	818	5	194	2958
A	18684	8081	2577	3543	1295	2128	2133	1931	875	5	200	3331
S	18241	8666	2950	3643	1363	1449	2281	1550	888	4	219	3184
O	15760	6568	1863	2929	1387	1175	2167	1490	819	4	189	3348
N	14148	6147	1731	2576	1275	730	2394	1356	986	5	253	2377
D	15281	5860	1363	2538	1232	1328	2520	1508	1094	6	239	2726
1975 J	15763	6475	1964	2777	1292	801	2649	1435	1098	6	265	3034
F	12340	4692	740	2523	889	1203	2238	1116	888	6	296	1901
M	8382	3127	626	1478	738	327	1929	909	845	4	221	1020
A	9502	4205	1109	1865	738	870	1470	877	603	3	218	1256
M	11663	5630	1806	2326	860	1525	1223	922	518	3	193	1649
J	11131	5523	1412	2540	952	1045	1311	883	498	7	187	1677
J	7032	3309	1226	1267	616	403	1201	643	387	4	170	915
A	4751	2239	646	955	420	345	682	377	254	3	132	719
S	10311	5695	2082	2441	854	715	1263	1037	444	3	142	1014
O	7638	3411	1066	1543	616	520	1378	998	503	3	168	732
N	7005	3295	794	1629	680	353	1055	947	478	4	172	701
D	8333	3258	405	1455	714	426	1536	1285	569	6	176	1077
1976 J	7768	3208	805	1448	731	459	1337	862	544	5	147	1206
F	5227	1876	429	817	454	459	988	443	481	5	185	790
M	6311	2535	600	1072	549	409	1417	628	528	6	204	584
A	3541	1078	238	449	312	198	876	527	415	6	132	309
M	7899	4161	1546	1636	741	489	1253	756	518	6	115	601
J	10752	4878	1427	2227	913	597	1708	819	780	5	133	1832
J	17709	7628	2678	3325	1032	1962	2371	1158	932	6	252	3400
A	14863	5554	1570	2615	943	930	2613	1131	1029	6	261	3339
S	19136	7393	1880	3507	1186	2124	2970	2164	1265	8	292	2980
O	12780	4377	1345	1955	782	701	2479	1034	1182	6	257	2744
N	17913	8600	2138	3823	1339	1205	2786	1243	1168	3	355	2550
D	19162	7146	1387	3147	1122	2312	3038	3397	1349	6	299	2715

Quelle: Deutsche Bundesbank: Statistische Beihefte zu den Monatsberichten, Reihe 1; Bankenstatistik nach Bankengruppen, Tabelle „10 Forderungen und Verbindlichkeiten der Kreditinstitute untereinander".

Tab. 25: Die monetären Verflechtungen zwischen Sparkassen und Girozentralen

Mrd.DM

Sparkassen									
	Kredite an Kreditinstitute				Verbindlichkeiten gegenüber Kreditinstituten				
Jahres-ende	insgesamt	kurz-fristig	mittel-fristig	lang-fristig	insgesamt	Sicht-gelder	Termingelder insges.	bis 3 Mon.	über 3 Monate
1974	36,7	31,1	4,0	1,7	19,1	2,2	12,1	1,5	10,6
1975	39,5	30,0	6,4	2,5	19,8	2,1	14,3	1,4	12,9

Girozentralen									
	Kredite an Kreditinstitute				Verbindlichkeiten gegenüber Kreditinstituten				
Jahres-ende	insgesamt	kurz- u. mittel-fristig	davon bis 3 Mon.	lang-fristig	insgesamt	Sicht-gelder	Termingelder insgesamt	bis 3 Monate	über 3 Monate
1974	52,2	36,3	17,0	15,8	66,6	13,9	52,7	7,2	45,5
1975	59,2	42,8	15,6	16,4	73,9	15,0	58,9	9,7	49,2
davon an	angeschlossene Kreditinstitute				gegenüber angeschlossenen Kreditinstituten				
1974	7,6	1,4	1,0	6,2	29,8	7,0	22,8	2,9	19,9
1975	7,5	1,3	0,8	6,2	29,2	6,3	22,0	3,5	18,5

Quelle: Deutsche Bundesbank: Statistische Beihefte zu den Monatsberichten, Reihe 1, Bankenstatistik nach Bankengruppen, Tabelle „1. Aktiva, 3. Sparkassen" und Tabelle „10. Inländische Interbankaktiva und -passiva"; Geschäftsberichte für die Jahre 1974 und 1975 der Landesbanken-Girozentralen.

Tab. 26: Die Interbankverflechtungen im Genossenschaftssektor

Mrd. DM	Genossenschaften[1]					
	Forderungen an Kreditinstitute			Verbindlichkeiten gegenüber Kreditinstituten		
1971	11,7			6,6		
1972	12,4			9,3		
1973[2]	17,5			11,1		
1974	23,3			11,1		
1975	25,0			11,6		
	Zentralkassen					
	Forderungen an Kreditinstitute			Verbindlichkeiten gegenüber Kreditinstituten		
	insgesamt	angeschlossene Genossenschaften	DGK (DG Bank)	insgesamt	angeschlossene Genossenschaften	DGK (DG Bank)
1971	13,7	5,1	7,2	19,5	14,0	1,7
1972	15,1	6,5	6,7	21,4	14,4	2,0
1973	18,2	7,8	7,4	24,0	17,9	2,7
1974	22,7	7,7	11,6	29,3	23,0	3,3
1975	24,8	7,9	13,4	32,5	24,6	3,2
	Deutsche Genossenschaftskasse (-bank)					
	Forderungen an Kreditinstitute			Verbindlichkeiten gegenüber Kreditinstituten		
	insgesamt	angeschlossene Zentralkasse	andere Institute	insgesamt	angeschlossene Zentralkasse	andere Institute
1971	4,9	1,7	3,2	8,6	7,2	1,4
1972	5,6	2,0	3,6	8,7	6,7	2,0
1973	6,3	2,7	4,6	9,6	7,4	2,2
1974	9,8	3,3	6,5	15,4	11,6	3,8
1975	14,0	3,2	10,8	18,6	13,4	5,2

1) Teilerhebung – 2) statistischer Bruch infolge der Änderung der Erholungsgrundlagen (Unterschied ca. 1 Mrd. DM sowohl bei Interbankaktiva wie -passiva.

Quelle: Deutsche Bundesbank: Statistische Beihefte zu den Monatsberichten, Reihe 1 Bankenstatistik nach Bankengruppen, Tabelle „10 Inländische Interbankaktiva und -passiva"; Bundesverband der Deutschen Volksbanken und Raiffeisenbanken, Jahresberichte 1972, S. 46 ff.; Jahresbericht 1973, S. 39 ff. Jahresbericht 1975, S. 36 ff.

Tab. 27: Interbankmäßige Gläubiger- und Schuldnerbeziehungen der Kreditbanken 1971-1976

Mio DM		insgesamt	kurzfristig	mittelfristig	langfristig	Wechsel
1971	Jan.	-641	776	-186	3753	2160
	Feb.	303	2003	-210	3712	1993
	März	-595	1093	- 67	3704	797
	April	-2079	492	-371	3679	1386
	Mai	-3483	-700	-367	3765	988
	Juni	-1072	435	-477	3744	2593
	Juli	1117	1911	-311	3905	3080
	Aug.	2337	3305	-267	3982	2851
	Sep.	1740	3126	-352	4067	2609
	Okt.	-91	1064	-377	4229	2770
	Nov.	232	2346	-400	4274	1721
	Dez.	721	2090	-497	5045	1605
1972	Jan.	1032	3389	-538	4538	1972
	Feb.	2002	4989	-613	4748	1073
	März	1630	3461	-689	4881	1792
	April	2135	2448	-752	5561	2453
	Mai	3546	3532	-659	5950	2552
	Juni	4482	5539	-722	5805	1930
	Juli	2335	3045	-819	5965	2280
	Aug.	2837	3661	-874	6084	2293
	Sep.	2218	3063	-791	6228	2276
	Okt.	2656	3431	-935	6335	2272
	Nov.	2950	4228	-1018	6485	2015
	Dez.	3952	5876	-1771	6242	1802
1973	Jan.	2403	3885	-1004	6540	1885
	Feb.	3356	5188	-918	6469	1576
	März	4665	6049	-1210	6725	2426
	April	4619	5610	-1122	6897	2327
	Mai	4203	4659	- 874	7252	2252
	Juni	6525	8232	-1362	7049	2088
	Juli	3087	4411	-1199	7245	2013
	Aug.	5087	6555	-1192	7317	1902
	Sep.	5114	6986	-900	7438	1444
	Okt.	3331	5529	-1031	7354	1342
	Nov.	6290	8688	-1064	7252	1491
	Dez.	6394	9439	-1225	7131	1072
1974	Jan.	3019	6035	-1091	6696	1180
	Feb.	5733	8783	- 981	7223	804
	März	4565	6703	-1084	7482	1772
	April	1772	5038	- 819	7452	378
	Mai	3795	6452	-1105	7559	1383
	Juni	8194	11307	-1161	7528	1235
	Juli	7193	9820	-1222	7640	1499
	Aug.	9163	11423	-1201	7813	1802
	Sep.	8678	10613	-1141	8022	1728
	Okt.	8631	10777	-1349	8255	1655
	Nov.	10215	12736	-1166	8383	1317
	Dez.	9203	12012	-1340	8361	1209
1975	Jan.	7163	9758	-1265	8449	1370
	Feb.	5231	8746	-1124	8376	442
	März	6436	10024	-1233	8777	170
	April	4588	8359	-1431	8800	158
	Mai	4245	7694	-1088	8917	310
	Juni	6546	9986	-1055	8807	505
	Juli	3823	6944	-914	8820	370
	Aug.	2823	5215	-781	8873	976
	Sep.	1382	4687	-979	9014	606
	Okt.	-163	3722	-1021	9014	184
	Nov.	2904	7890	-1256	8952	432
	Dez.	6101	11434	-1789	9013	474
1976	Jan.	2951	6983	-1301	9296	818
	Feb.	2556	6839	-1057	9363	674
	März	-552	4359	-1014	9220	90
	April	-2411	1620	-1084	9733	163
	Mai	-1075	2549	-530	9155	194
	Juni	-73	3082	-642	9160	800
	Juli	1433	4318	-774	8902	1658
	Aug.	4871	7360	-791	9205	2161
	Sep.	2109	5247	-580	9198	1682
	Okt.	-26	3543	-724	9084	1603
	Nov.	1927	6568	-1055	9062	1107
	Dez.	5969	10322	-952	9283	1079

Quelle: DEUTSCHE BUNDESBANK: Statistische Beihefte zu den Monatsberichten, Reihe 1, Bankstatistik nach Bankengruppen, Tabelle 10: Inländische Interbankaktiva.

Tab. 28: Interbankmäßige Gläubiger- und Schuldnerbeziehungen der Großbanken 1971–1976

Mio. DM		insgesamt	kurzfristig	mittelfristig	langfristig	Wechsel
1971	Jan.	-5040	-2169	-556	671	-864
	Feb.	-5104	-1997	-525	647	-1080
	März	-4801	-1831	-504	704	-1004
	April	-6414	-3136	-521	722	-1374
	Mai	-8113	-5091	-506	765	-1248
	Juni	-4731	-2395	-507	761	- 392
	Juli	-4684	-2614	-507	828	-216
	Aug.	-2957	-913	-563	860	-300
	Sep.	-4117	-1875	-600	910	-423
	Okt.	-5495	-3345	-671	925	-277
	Nov.	-6150	-3349	-643	941	-1041
	Dez.	-3636	-654	-667	945	-1309
1972	Jan.	-5215	-2535	-652	1017	-960
	Feb.	-4356	-1326	-681	1119	-1414
	März	-5402	-3102	-684	1273	-1014
	April	-5491	-3904	-708	1378	- 492
	Mai	-4763	-3415	-554	1378	- 410
	Juni	-4825	-3049	-609	1245	- 660
	Juli	-6671	-5364	-552	1347	- 177
	Aug.	-3809	-2520	-551	1432	- 156
	Sep.	-5046	-3707	-534	1432	- 111
	Okt.	-3449	-1954	-596	1456	- 259
	Nov.	-4432	-2423	-636	1418	- 554
	Dez.	-2911	- 675	-621	1292	- 758
1973	Jan.	-5718	-3734	-581	1357	-548
	Feb.	-4312	-2430	-556	1321	-365
	März	-63	-1497	-793	1333	+427
	April	-928	-247	-645	1450	+514
	Mai	-2338	-1285	-588	1640	+400
	Juni	-430	+1231	-949	1497	+316
	Juli	-1605	-251	-871	1572	+480
	Aug.	-1256	+70	-883	1582	+475
	Sep.	3385	-1528	-749	1638	+144
	Okt.	-3499	-1438	-786	1527	+97
	Nov.	-2594	-564	-745	1399	+125
	Dez.	-2928	-429	-852	1251	-179
1974	Jan.	-5879	-3624	-814	1233	99
	Feb.	-4033	-1658	-676	1213	-270
	März	-5738	-4184	-845	1401	473
	April	-8665	-6057	-630	1238	-631
	Mai	-7171	-5156	-691	1263	145
	Juni	-2135	+79	-810	1199	20
	Juli	-3750	-1795	-754	1153	138
	Aug.	-3204	-1381	-730	1149	255
	Sep.	-3347	-1486	-701	1185	135
	Okt.	-4109	-1918	-982	1328	38
	Nov.	-4474	-1844	-892	1260	-230
	Dez.	-2952	+ 421	-1054	1033	-636
1975	Jan.	-3895	-1087	- 935	1145	-347
	Feb.	-4699	-1494	- 948	1202	-745
	März	-5872	-2245	-1071	1284	-1101
	April	-6024	-2542	-1065	1187	- 914
	Mai	-4768	-1516	-1054	1204	- 607
	Juni	-4387	-1033	-1012	1072	- 589
	Juli	-6032	-2686	-1030	1004	- 727
	Aug.	-6332	-3781	-955	966	+2
	Sep.	-6888	-3461	-1054	903	-586
	Okt.	-7171	-3861	-1001	894	-871
	Nov.	-8430	-4066	-1457	792	-795
	Dez.	-6611	-1078	-2150	675	-1081
1976	Jan.	-7719	-3244	-2009	826	-567
	Feb.	-8073	-3645	-1897	905	-543
	März	-8448	-3459	-1985	840	-861
	April	-9190	-4858	-1877	968	-731
	Mai	-8061	-4002	-1952	1042	-642
	Juni	-7618	-4077	-2048	1050	-213
	Juli	-5906	-2307	-2101	781	+208
	Aug.	-4971	-1503	-2140	936	+468
	Sept.	-7815	-3561	-2233	712	-32
	Okt.	-8249	-4027	-2364	798	-85
	Nov.	-8237	-3361	-2338	626	-511
	Dez.	-5199	- 789	-1834	679	-515

Quelle: Deutsche Bundesbank und eigene Berechnungen.

Tab. 29: Interbankmäßige Gläubiger- und Schuldnerbeziehungen der Regional- und sonstigen Kreditbanken 1971–1976

Mio. DM		insgesamt	kurzfristig	mittelfristig	langfristig	Wechsel
1971	Jan.	2408	1736	306	2416	4606
	Feb.	3042	2470	317	2313	1837
	März	2013	1624	452	2241	1641
	April	1896	2027	119	2207	1568
	Mai	2103	2278	118	2282	1379
	Juni	1410	1459	91	2249	1744
	Juli	2914	2743	265	2317	1874
	Aug.	2496	2539	253	2352	[illegible]
	Sep.	3036	3120	249	[illegible]	1692
	Okt.	3065	3054	238	2489	1754
	Nov.	3669	3788	203	2529	1581
	Dez.	2526	1651	161	3326	1792
1972	Jan.	4221	4507	-98	2661	1445
	Feb.	4147	4639	-103	2737	1154
	März	3803	4111	-141	2687	1279
	April	4408	4071	-165	3263	1320
	Mai	5046	4562	-199	3636	1368
	Juni	5308	5138	-206	3619	1131
	Juli	5197	5237	-304	3651	1033
	Aug.	3875	4037	-370	3766	1019
	Sep.	4649	4704	-339	3891	1056
	Okt.	4393	4264	-381	[illegible]	1184
	Nov.	4519	4413	[illegible]	4116	1226
	Dez.	4590	4923	-434	3957	1364
1973	Jan.	4365	4551	446	4157	1023
	Feb.	2832	3199	-418	4114	811
	März	4137	4488	-489	4331	860
	April	4294	4545	-442	[illegible]	760
	Mai	3774	3648	-378	4541	827
	Juni	4942	5207	-436	4506	812
	Juli	4363	4444	-360	4607	775
	Aug.	4987	5172	-327	4673	678
	Sept.	5785	5973	-282	4736	579
	Okt.	4903	5080	-322	4744	591
	Nov.	6032	6343	-350	4750	654
	Dez.	6425	6891	-365	4756	535
1974	Jan.	5425	6030	-313	4819	466
	Feb.	5853	6368	-363	4897	499
	März	6744	7175	-280	4913	537
	April	6173	6723	-232	4940	398
	Mai	7115	7594	-368	5010	548
	Juni	5993	6724	-363	4919	571
	Juli	6823	7290	-343	4955	667
	Aug.	7844	8178	-327	5120	715
	Sep.	6907	7002	-319	5229	740
	Okt.	7538	7610	-247	5190	735
	Nov.	9032	9112	[illegible]	5238	689
	Dez.	7063	6975	-140	5190	845
1975	Jan.	5881	6022	-168	5153	775
	Feb.	4658	5120	-98	5015	490
	März	6135	5972	-82	5237	560
	April	5372	5107	-58	5324	521
	Mai	3725	3754	-31	5321	408
	Juni	4823	4675	-12	5339	561
	Juli	4247	4143	41	5312	504
	Aug.	3090	2966	56	5416	430
	Sep.	3005	2855	20	5559	685
	Okt.	2354	2718	-29	5595	540
	Nov.	4588	5348	26	5562	522
	Dez.	5804	6176	.158	5579	612
1976	Jan.	4062	4155	433	5734	540
	Feb.	4196	4453	451	5662	580
	März	3034	3417	558	5521	411
	April	2164	2402	377	5761	457
	Mai	2353	2650	966	5115	324
	Juni	2220	2717	922	5095	430
	Juli	2757	2947	927	5023	743
	Aug.	4362	4359	968	5150	908
	Sep.	4587	4604	1125	5342	872
	Okt.	2167	2574	1150	5214	832
	Nov.	4215	5029	904	5273	741
	Dez.	5335	6680	582	5460	618

Quelle: Deutsche Bundesbank und eigene Berechnungen.

Tab. 30: Interbankmäßige Gläubiger- und Schuldnerbeziehungen der Privatbankiers 1971–1976

Mio. DM		insgesamt	kurzfristig	mittelfristig	langfristig	Wechsel
1971	Jan.	1991	1299	64	666	1199
	Feb.	2365	1530	- 2	752	1236
	März	2193	1300	5	759	1251
	April	2439	1691	31	750	1192
	Mai	2572	2113	21	738	857
	Juni	2249	1371	39	734	1241
	Juli	2887	1791	31	760	1422
	Aug.	2798	1679	43	770	1451
	Sep.	2821	1881	- 1	776	1340
	Okt.	2339	1355	56	816	1293
	Nov.	2713	1907	40	804	1181
	Dez.	1831	993	9	774	1322
1972	Jan.	2481	1725	18	666	1199
	Feb.	2782	2184	17	752	1236
	März	2972	2058	6	759	1251
	April	3067	2079	- 3	750	1192
	Mai	3033	2046	-27	738	857
	Juni	3221	2387	-25	734	1241
	Juli	2975	2223	-28	760	1422
	Aug.	2536	1812	-30	770	1451
	Sep.	2323	1778	-33	776	1340
	Okt.	1929	1331	-37	816	1293
	Nov.	2136	1544	-47	804	1181
	Dez.	1251	572	-61	774	1322
1973	Jan.	2460	1714	-27	939	1124
	Feb.	2792	2336	-25	903	873
	März	1335	812	- 4	926	874
	April	1209	680	8	941	787
	Mai	1965	1368	38	967	772
	Juni	1788	1312	30	943	723
	Juli	973	448	11	974	712
	Aug.	1573	1052	28	978	703
	Sep.	1948	1418	34	976	678
	Okt.	1499	1029	12	994	647
	Nov.	2076	1592	12	1007	671
	Dez.	1370	936	3	1020	713
1974	Jan.	1912	1559	-10	995	611
	Feb.	2256	1910	14	1015	554
	März	1955	1592	- 3	1040	635
	April	2157	1755	4	1146	571
	Mai	1981	1597	-50	1150	646
	Juni	2162	1801	-40	1181	592
	Juli	2036	1569	-58	1306	646
	Aug.	2655	2078	-87	1327	780
	Sep.	2616	1908	-50	1391	812
	Okt.	2611	1870	-7	1427	837
	Nov.	2960	2193	-10	1480	808
	Dez.	2383	1486	-22	1540	959
1975	Jan.	2869	2144	-59	1530	880
	Feb.	3039	2552	0	1488	650
	März	3351	2743	-10	1590	655
	April	2738	2263	-11	1609	474
	Mai	2658	2103	2	1712	453
	Juni	2611	2058	-15	1717	490
	Juli	2470	1694	- 6	1822	571
	Aug.	2591	1939	- 2	1809	493
	Sep.	2184	1604	-13	1803	483
	Okt.	2023	1612	-76	1777	507
	Nov.	2767	2163	-39	1848	645
	Dez.	2256	1323	-29	1891	891
1976	Jan.	2882	2102	-14	1871	791
	Feb.	2887	2389	72	1912	583
	März	2423	1976	41	1974	484
	April	2861	2341	27	2108	385
	Mai	2118	1445	27	2102	452
	Juni	2844	2040	63	2121	542
	Juli	2702	1754	43	2225	662
	Aug.	3129	2034	58	2244	741
	Sep.	2939	1707	169	2266	807
	Okt.	2850	1773	57	2195	819
	Nov.	2969	1854	17	2207	857
	Dez.	2533	1247	40	2193	972

Quelle: Deutsche Bundesbank und eigene Berechnungen.

Tab. 31: Interbankmäßige Gläubiger- und Schuldnerbeziehungen der Girozentralen (einschl. Deutsche Girozentrale-Kommunalbank) 1971–1976

Mio DM		insgesamt	kurzfristig	mittelfristig	langfristig	Wechsel
1971	Jan.	5531	12930	1605	-1592	-179
	Feb.	5720	12934	1525	-1610	-40
	März	5898	13307	1448	-1483	-84
	April	6094	13909	1511	-1631	-145
	Mai	6347	14570	1344	-1694	-225
	Juni	4403	12537	1401	-1733	-54
	Juli	5162	13171	1428	-1955	92
	Aug.	5981	14113	1174	-1919	53
	Sep.	5384	13745	997	-1894	112
	Okt.	5489	13602	1055	-2010	214
	Nov.	7648	16322	979	-2094	-67
	Dez.	7765	16855	849	-2253	-108
1972	Jan.	5206	14131	995	-2288	-35
	Feb.	3811	12880	1222	-2301	-143
	März	3523	12134	1436	-2398	104
	April	4115	13574	1485	-3147	-48
	Mai	4020	13189	1676	-3214	84
	Juni	3713	12700	1916	-3253	-63
	Juli	4477	13798	1859	-3265	-165
	Aug.	3085	12422	2299	-3344	- 81
	Sep.	2125	11890	2291	-3469	- 11
	Okt.	2110	12103	2343	-3609	- 76
	Nov.	3737	13730	2492	-3641	-139
	Dez.	765	11106	2451	-3746	-121
1973	Jan.	-428	10106	2490	-3820	-214
	Feb.	-1841	9131	2618	-3796	-295
	März	-4612	6607	2298	-3759	-242
	April	-2423	8677	2182	-3907	-201
	Mai	-3271	8013	2892	-4169	-77
	Juni	-5535	6278	1790	-4236	-68
	Juli	-4717	8125	1605	-4833	-72
	Aug.	-3916	9589	1525	-5099	-70
	Sep.	-4192	9870	1402	-5366	-49
	Okt.	-2591	11964	1178	-5640	-73
	Nov.	-1485	13574	1052	-5883	-90
1974	Jan.	-1949	14124	385	-6167	53
	Feb.	-1387	15085	132	-6431	63
	März	-384	14315	80	-4824	226
	April	3337	18057	356	-4977	235
	Mai	1144	16060	359	-5014	259
	Juni	95	15120	255	-4912	194
	Juli	1061	16446	216	-5084	220
	Aug.	563	16219	398	-5179	260
	Sep.	1875	17807	468	-5387	276
	Okt.	2351	18288	631	-5537	315
	Nov.	3624	19730	877	-5598	211
	Dez.	2312	19403	1190	-6028	55
1975	Jan.	845	16887	1453	-5875	311
	Feb.	2364	18374	1574	-5708	[illegible]
	März	777	16717	1495	-5599	196
	April	2227	17920	1653	-5496	92
	Mai	657	16578	1767	-5618	10
	Juni	687	16747	1757	-5619	-8
	Juli	2864	18908	2225	-5489	-564
	Aug.	3488	19170	2466	-5366	-395
	Sept.	2227	17763	2331	-5300	-419
	Okt.	4115	20025	2374	-5290	-613
	Nov.	6152	22001	2837	-5316	-641
	Dez.	5643	21632	3168	-5126	-616
1976	Jan.	1111	17213	3100	-5085	-589
	Feb.	1715	17599	3481	-5060	617
	März	-689	14939	3538	-5001	-589
	April	1261	16359	3818	-5017	-497
	Mai	3000	17809	3831	-4847	-546
	Juni	1328	15183	3806	-4527	- 41
	Juli	1585	15003	3792	-4450	42
	Aug.	1414	15012	3673	-4464	225
	Sept.	1039	15626	3474	-4565	154
	Okt.	2233	17140	3482	-4600	155
	Nov.	4343	19631	3439	-4541	-177
	Dez.	-1903	14450	2972	-4984	- 77

Quelle: Deutsche Bundesbank und eigene Berechnungen.

Tab. 32: Interbankmäßige Gläubiger- und Schuldnerbeziehungen der Sparkassen 1971–1976

Mio. DM		insgesamt	kurzfristig	mittelfristig	langfristig	Wechsel
1971	Jan.	-35515	-9914	-3029	4.839	-990
	Feb.	-36777	-11092	-2945	4.875	-1049
	März	-36310	-10611	-2744	4.916	-1123
	April	-36226	-10526	-2745	4.976	-806
	Mai	-37076	-11348	-2700	5.045	-588
	Juni	-35632	- 9489	-2601	5.053	-1059
	Juli	-36695	-10524	-2505	5.128	-1091
	Aug.	-38043	-11625	-2522	5.212	-1096
	Sep.	-36887	-10631	-2463	5.243	- 987
	Okt.	-36526	-10315	-2382	5.342	- 976
	Nov.	-39993	-13541	-2458	5.446	- 888
	Dez.	-39444	-12523	-2236	5.468	-1222
1972	Jan.	-40041	-12206	-2426	5.346	-1124
	Feb.	-40896	-12586	-2507	5.353	- 938
	März	-39356	-10569	-2571	5.404	-1100
	April	-41411	-12422	-2674	5.452	-1009
	Mai	-41930	-12305	-2841	5.463	-1136
	Juni	-42106	-12394	-2990	5.430	- 896
	Juli	-41816	-12299	-2906	5.502	-1813
	Aug.	-40324	-10617	-3111	5.461	- 490
	Sep.	-39472	- 9676	-3203	5.610	- 505
	Okt.	-40529	-10871	-3165	5.730	- 540
	Nov.	-43043	-13319	-3354	5.845	- 481
	Dez.	-40286	-10694	-3394	5.877	- 493
1973	Jan.	-38892	- 9667	-3417	5.993	- 337
	Feb.	-38574	- 9812	-3283	6.015	- 65
	März	-33678	- 5986	-2997	6.202	+ 82
	April	-35984	- 9142	-2864	6.420	+ 128
	Mai	-35696	- 9210	-2825	6.609	16
	Juni	-35087	- 9103	-2609	6.817	61
	Juli	-36973	-11531	-2379	7.127	10
	Aug.	-37670	-12342	-2389	7.338	15
	Sept.	-37338	-12286	-2237	7.444	- 26
	Okt.	-38524	-13914	-2045	7.625	- 9
	Nov.	-40716	-16095	-2011	7.738	- 53
	Dez.	-43409	-18704	-1750	7.671	- 161
1974	Jan.	-41739	-17540	-1453	7.780	- 93
	Feb.	-43756	-19581	-1468	7.827	- 88
	März	-42406	-18375	-1380	7.853	- 21
	April	-45402	-20990	-1648	7.897	- 24
	Mai	-44254	-19385	-1797	7.905	- 61
	Juni	-45350	-20179	-1815	7.871	+ 21
	Juli	-48416	-22627	-1971	7.903	- 66
	Aug.	-49473	-22360	-2201	7.926	- 100
	Sept.	-51936	-23723	-2342	7.890	- 139
	Okt.	-53284	-24005	-2525	7.953	- 124
	Nov.	-57483	-26564	-2772	7.939	- 151
	Dez.	-57941	-25392	-3327	7.751	- 366
1975	Jan.	-55984	-22879	-3052	7.722	- 300
	Feb.	-58308	-23489	-3210	7.651	- 271
	März	-57907	-22034	-3314	7.643	- 257
	April	-60141	-22495	-3548	7.682	- 51
	Mai	-62000	-22850	-3671	7.657	42
	Juni	-63514	-23116	-3635	7.505	83
	Juli	-66377	-23548	-4054	7.465	36
	Aug.	-68444	-23260	-4442	7.326	128
	Sept.	-67493	-21448	-4539	7.290	204
	Okt.	-68245	-20786	-4766	7.275	74
	Nov.	-72895	-24480	-4980	7.291	107
	Dez.	-73225	-23207	-5128	6.999	-153
1976	Jan.	-70314	-19351	-5063	7.052	- 5
	Feb.	-71532	-19158	-5319	7.013	105
	März	-69936	-16451	-5438	6.943	75
	April	-71017	-17224	-5627	6.882	176
	Mai	-73485	-19435	-5607	6.902	102
	Juni	-71968	-17808	-5568	6.779	145
	Juli	-72923	-18426	-5369	6.728	- 31
	Aug.	-74498	-19722	-5219	6.788	-121
	Sept.	-72068	-17219	-5160	6.771	-139
	Okt.	-73681	-18700	-5205	6.802	-146
	Nov.	-78629	-23029	-5382	6.640	-123
	Dez.	-75714	-19568	-5168	6.258	-169

Quelle: Deutsche Bundesbank und eigene Berechnungen.

Tab. 33: Interbankmäßige Gläubiger- und Schuldnerbeziehungen der genossenschaftlichen Zentralbanken (einschl. Deutsche Genossenschaftsbank) 1971–1976

Mio. DM		insgesamt	kurzfristig	mittelfristig	langfristig	Wechsel
1971	Jan.	1.888	8.515	505	-1.876	- 713
	Feb.	1.943	8.682	497	-1.936	- 706
	März	1.854	8.640	464	-1.971	- 739
	April	2.163	8.951	549	-1.972	- 790
	Mai	2.501	9.409	446	-2.055	- 712
	Juni	1.869	8.818	421	-1.948	- 843
	Juli	2.592	9.467	485	-3.944	- 830
	Aug.	2.284	9.150	558	-2.117	- 847
	Sept.	2.281	9.258	530	-2.189	- 796
	Okt.	2.377	9.442	546	-2.258	- 804
	Nov.	2.691	9.937	490	-2.310	- 749
	Dez.	2.467	9.867	428	-2.252	- 864
1972	Jan.	1.598	8.692	625	-2.078	- 802
	Feb.	1.926	8.986	579	-2.068	- 709
	März	1.549	8.602	567	-2.032	- 880
	April	1.597	8.905	579	-2.063	-1.032
	Mai	1.670	9.194	615	-2.126	-1.204
	Juni	1.955	9.429	642	-2.066	-1.291
	Juli	2.428	9.943	695	-2.125	-1.162
	Aug.	2.331	9.613	706	-2.108	- 962
	Sept.	1.722	9.023	766	-2.201	- 960
	Okt.	1.841	9.170	825	-2.255	- 998
	Nov.	2.773	10.102	823	-2.325	- 926
	Dez.	2.024	9.363	877	-2.334	- 981
1973	Jan.	1.666	9.133	978	-2.476	-1.053
	Feb.	1.855	9.168	962	-2.675	- 729
	März	1.226	8,556	959	-2.788	- 693
	April	2.143	9.345	947	-2.906	- 553
	Mai	2.201	9.406	970	-2.939	- 529
	Juni	1.740	8,880	937	-2.859	- 498
	Juli	2.493	9.816	856	-2.985	- 504
	Aug.	2.081	9.478	863	-3.088	- 506
	Sept.	1.538	9.232	794	-3.174	- 608
	Okt.	3.064	10.853	717	-3.240	- 467
	Nov.	2.741	10.816	640	-3.371	- 485
	Dez.	2.687	10.974	550	-3.270	- 522
1974	Jan.	3.148	11.567	429	-3.359	- 505
	Feb.	3.585	12.001	394	-3.359	- 499
	März	3.237	11.810	356	-3.388	- 495
	April	3.803	12.606	374	-3.395	- 656
	Mai	3.540	11.954	461	-3.374	- 393
	Juni	3,111	11,376	467	-3,235	- 332
	Juli	5.035	13.506	529	-3.293	- 413
	Aug.	5.038	13.742	530	-3.379	- 409
	Sept.	5.317	14.299	480	-3.332	- 409
	Okt.	6.057	15.066	565	-3.355	- 431
	Nov.	7.047	16.614	685	-3.358	- 870
	Dez.	7.434	16.092	681	-3.200	- 333
1975	Jan.	6.171	15.099	663	-3.278	- 333
	Feb.	7.022	16.083	620	-3.233	- 374
	März	6.763	15.518	631	-3.157	- 221
	April	7.560	16.105	643	-3.135	- 98
	Mai	7.686	16.176	749	-3.060	- 84
	Juni	7.445	15.331	888	-2.810	- 107
	Juli	8.539	16.214	985	-2.715	- 109
	Aug.	9.635	16.971	1.200	-2.529	- 175
	Sept.	9.928	17.096	1.277	-2.424	- 153
	Okt.	9.202	15.879	1.505	-2.303	- 119
	Nov.	10.475	16.779	1.759	-2.174	- 153
	Dez.	10.759	16.962	1.735	-1.998	- 112
1976	Jan.	9.717	15.785	1.757	-1.733	- 93
	Feb.	10.018	16.149	1.826	-1.585	- 105
	März	8.988	15.204	1.830	-1.457	- 94
	April	7.845	13.957	1.954	-1.402	- 81
	Mai	8.247	14.322	2.035	-1.516	- 28
	Juni	9.136	14.906	2.129	-1.330	- 63
	Juli	8.184	14.163	2.179	-1.264	- 105
	Aug.	7.969	14.219	2.217	-1.321	- 125
	Sept.	6.631	12.767	2.434	-1.330	- 108
	Okt.	7.901	14.104	2.470	-1.419	- 101
	Nov.	9.353	15.652	2.558	-1.494	- 70
	Dez.	8.227	14.472	2.594	-1.519	- 22

Quelle: Deutsche Bundesbank und eigene Berechnungen.

Tab. 34: Interbankmäßige Gläubiger- und Schuldnerbeziehungen der Kreditgenossenschaften 1971–1976

Mio. DM		insgesamt	kurzfristig	mittelfristig	langfristig	Wechsel
1971	Jan.	8.513	7.321	794	3.402	476
	Feb.	- 8.830	7.613	822	3.446	465
	März	- 8.607	7.414	792	3.485	468
	April	- 8.687	7.458	792	3.525	499
	Mai	- 8.760	7.407	801	3.543	475
	Juni	- 8.118	6.756	804	3.533	555
	Juli	- 9.022	- 7.566	845	3.527	565
	Aug.	- 9.823	- 8.337	- 874	3.600	575
	Sep.	- 9.303	- 7.850	- 873	3.637	634
	Okt.	- 9.331	- 7.955	- 916	3.737	666
	Nov.	- 10.758	- 9.296	- 912	3.771	620
	Dez.	- 10.377	- 8.554	906	3.555	567
1972	Jan.	- 10.454	8.967	- 1.013	3.602	575
	Feb.	- 10.653	7.920	- 1.056	3.636	559
	März	- 9.920	- 7.095	- 1.074	3.681	614
	April	10.219	- 8.402	- 1.090	3.761	668
	Mai	- 10.526	- 7.606	- 1.113	3.844	652
	Juni	- 10.469	- 7.373	- 1.147	3.843	647
	Juli	10.949	7.712	- 1.194	4.411	632
	Aug.	- 10.987	- 7.735	1.184	3.977	697
	Sep.	- 10.064	- 6.872	- 1.206	4.121	736
	Okt.	- 10.621	- 7.605	- 1.230	4.297	811
	Nov.	- 11.716	- 8.692	- 1.253	4.383	809
	Dez.	- 10.431	- 7.309	1.364	4.464	802
1973	Jan.	- 9.853	- 6.899	1.386	4.620	851
	Feb.	10.093	- 7.019	1.383	4.770	651
	März	- 8.337	- 5.606	- 1.313	4.980	700
	April	- 9.415	- 6.316	- 1.282	5.101	585
	Mai	- 9.271	- 6.818	- 1.259	5.207	548
	Juni	- 9.051	- 6.623	- 1.213	5.238	495
	Juli	- 10.045	- 7.822	- 1.102	5.308	524
	Aug.	- 10.651	- 8.488	- 1.115	5.414	502
	Sep.	10.386	- 8.380	- 1.075	5.549	496
	Okt.	- 11.461	9.710	- 989	5.730	476
	Nov.	- 12.662	- 11.106	929	5.845	491
	Dez.	- 12.717	- 11.107	854	5.822	447

1974	Jan.	- 14.019	- 12.537	- 817	6.237	505
	Feb.	- 14.525	- 13.129	- 755	6.281	480
	März	- 14.423	- 13.107	698	6.316	448
	April	- 15.831	- 14.375	- 721	6.365	376
	Mai	- 16.051	- 14.290	859	6.364	386
	Juni	- 15.974	- 13.999	863	6.328	319
	Juli	- 17.465	- 15.340	925	6.352	365
	Aug.	- 17.868	- 15.568	948	6.395	368
	Sep.	- 18.593	- 16.137	1.003	6.436	383
	Okt.	- 19.723	- 17.129	1.065	6.509	413
	Nov.	- 22.060	- 18.862	- 1.263	6.346	351
	Dez.	- 21.650	- 17.858	1.269	6.346	230
1975	Jan.	- 21.337	- 17.105	1.332	6.438	275
	Feb.	- 22.295	- 17.285	- 1.448	6.450	254
	März	- 21.440	15.964	- 1.461	6.465	136
	April	- 23.094	16.863	- 1.548	6.498	139
	Mai	- 23.564	- 16.780	1.598	6.509	115
	Juni	- 23.998	16.540	1.663	6.304	159
	Juli	- 25.800	- 17.794	- 1.817	6.314	156
	Aug.	- 26.799	- 17.715	- 1.981	6.227	189
	Sep.	- 26.423	- 16.692	- 2.066	6.207	138
	Okt.	- 26.807	- 16.456	- 2.204	6.208	198
	Nov.	- 29.222	- 18.447	- 2.341	6.182	213
	Dez.	- 28.720	- 17.240	- 2.519	6.049	120
1976	Jan.	- 27.877	- 15.547	- 2.638	6.020	159
	Feb.	- 28.133	- 15.148	- 2.721	6.037	180
	März	27.417	- 14.030	- 2.781	6.082	160
	April	- 27.470	- 14.017	- 2.809	6.189	189
	Mai	- 28.138	- 14.571	- 2.812	6.265	166
	Juni	27.383	- 13.744	- 2.821	6.233	151
	Juli	- 27.892	- 14.169	- 2.841	6.234	190
	Aug.	28.477	- 14.695	2.856	6.362	197
	Sep.	27.338	13.546	2.873	6.446	170
	Okt.	- 27.736	14.070	2.867	6.583	176
	Nov.	30.527	- 16.723	- 2.901	6.710	133
	Dez.	- 29.496	15.307	2.36	6.708	96

Quelle: Deutsche Bundesbank und eigene Berechnungen.

Tab. 35: Regressionsanalysen zur Nachfrage der Kreditinstitute nach kurzfristigen Interbankaktiva

	K I B	K I B	K I B	K I B	K I B	K I B	K I B
Absolutglied C		-1948.9490 (-0.1966)	17777.2969 (1.3023)	15703.2461 (1.2276)	611.7898 (0.0664)	15420.3711 (1.1155)	21659.4023 (1.6059
RA							
RD							
RK							
DRA	906.4551 (1.0213)	1162.6008 (0.7502)	2233.5903 (1.3975)	1921.8899 (1.2821)	1085.3113 (0.7565)	2210.8333 (1.3843)	
DRD						-202.8663 (-0.1949)	
DRK							
DRFM	-614.3513 (-1.6804)	-666.1000 (-1.7866)	-11.5739 (-0.0174)	-288.7903 (-0.4584)	-807.5625 (-1.4502)	-156.4903 (-0.2301)	114.5594 (0.1555)
DRFV							
KIBV	0.5675 (30.0832)	0.7977 (21.7601)	0.7977 (8.2399)	0.8201 (9.0229)	0.9557 (22.8379)	0.8140 (8.3084)	0.8511 (8.4369)
KIQ 1							
ZBG		0.9212 (2.3113)	0.9170 (2.3884)	0.5190 (1.3447)	0.4878 (1.2463)	1.0119 (2.5391)	0.9302 (2.3231)

ZBGQ							
KAVQ							
POL						0.7144 (1.0472)	0.7391 (1.0623)
POL V				1.994 (3.0624)	2.1724 (3.3196)		
POL Q							
POQ 1							
ESV							
S 12		-2597.1287 (-1.0887)	717.1008 (0.2531)	-922.5637 (-0.3411)	-3569.8113 (-1.6026)	137.4968 (0.0477)	-1027.5388 (-0.36207
SW			-8364.7891 (-2.0457)	-6485.2515 (-1.6737)		-7254.7813 (-1.7188)	-5411.2070 (-1.3311)
R^2	0.9054	0.9145	0.9201	0.9312	0.9279	0.9216	0.9191
DW	2.1835	2.0167	1.9848	2.1653	2.1862	2.1156	2.0870

Tab. 35: (Fortsetzung)

	K I B Q	K I B Q	K I B Q	K I B Q	K I B Q	K I B Q
Absolutglied C	0.0174 (0.7768)	0.0175 (0.7714)	0.0174 (0.7658)	0.0173 (0.7574)	0.0192 (0.9003)	0.0191 (0.9038)
RA						
RD						
RK						
DRA	0.0017 (0.6599)	0.0016 (0.6074)	0.0013 (0.5145)	0.0015 (0.5595)	0.0014 (0.5562)	0.0015 (0.6496)
DRD						
DRFM	-0.0013 (-1.4624)	-0.0013 (-1.4238)	-0.0011 (-1.2124)	-0.0011 (1.2291)	-0.0015 (-1.7408)	-0.0015 (-1.8073)
DRFV						
KIBV						
KIQ 1	0.8739 (10.1480)	0.8749 (10.0227	0.9456 (2.7333)	0.9460 (2.7130)	0.5883 (1.7188)	0.5937 (1.7515)
ZBG						
ZBGQ	1.0685 (3.0523)	1.0706 (3.0288)	0.8831 (10.1472)	0.8805 (9.9716)	0.8706 (10.6104)	0.8683 (10.7268
KAVQ						
POL						
POL V						

POL Q	o.9537 (1.6oo7)	o.9711 (1.5697)			1.9452 (3.2267)	1.9175 (3.2531)
POQ 1						
ESV						
S 12	-o.oo33 (-o.8o14)	-o.oo33 (-o.8o34)	-o.oo28 (-o.6827)	-o.oo27 (-o.6385)	-o.oo46 (-1.1779)	-o.oo45 (-1.1593)
SW		o.ooo4 (o.1184)		-o.ooo8 (-o.26o3)	o.ooo8 (o.2712)	
R^2	o.6892	o.6893	o.6757	o.6761	o.7254	o.725o
DW	2.2467	2.2516	2.o373	2.o377	2.273o	2.27o3

Ergänzung zur Variablenliste S. 149: KIB ... kurzfristige Interbankaktiva.

Variablenliste

LA	=	Liquiditätsanlagen
ZBG	=	Zentralbankgeldbedarf (Nettozentralbankgeldschöpfung)
RA	=	Zins für festverzinsliche Wertpapiere
RD	=	Diskontsatz
RK	=	Kontokorrentsatz
VD	=	Vorratsstellenwechselsatz
RFM	=	Geldmarktsatz Frankfurt/Main
DRD	=	Kontokorrentsatz — Diskontsatz
DRA	=	Zins für festverzinsliche Wertpapiere — Vorratsstellenwechselsatz
DRFM	=	Diskontsatz — Geldmarktsatz Frankfurt/Main
POL	=	Beeinflussung der freien Liquiditätsreserven durch die Bundesbank
ES	=	Einlagenstruktur (Sicht- und Termineinlagen: Gesamteinlagen)
S12	=	Saisondummy zur Erfassung des „window-dressing“ zum Jahresultimo
SW	=	Dummyvariable zur Erfassung des Strukturbruches vom Übergang von festen zu flexiblen Wechselkursen
V	=	bezeichnet die Verzögerung um eine Periode
Q	=	bezeichnet die entsprechend der Homogenitätshypothese durch das verfügbare Depositenvolumen dividierten Variablen
Q1	=	bezeichnet die Zeitverzögerung der Q-Variablen um eine Periode

Abbildungen

Abb. 1: Die Entwicklung der Bargeldkoeffizienten 1960–1976

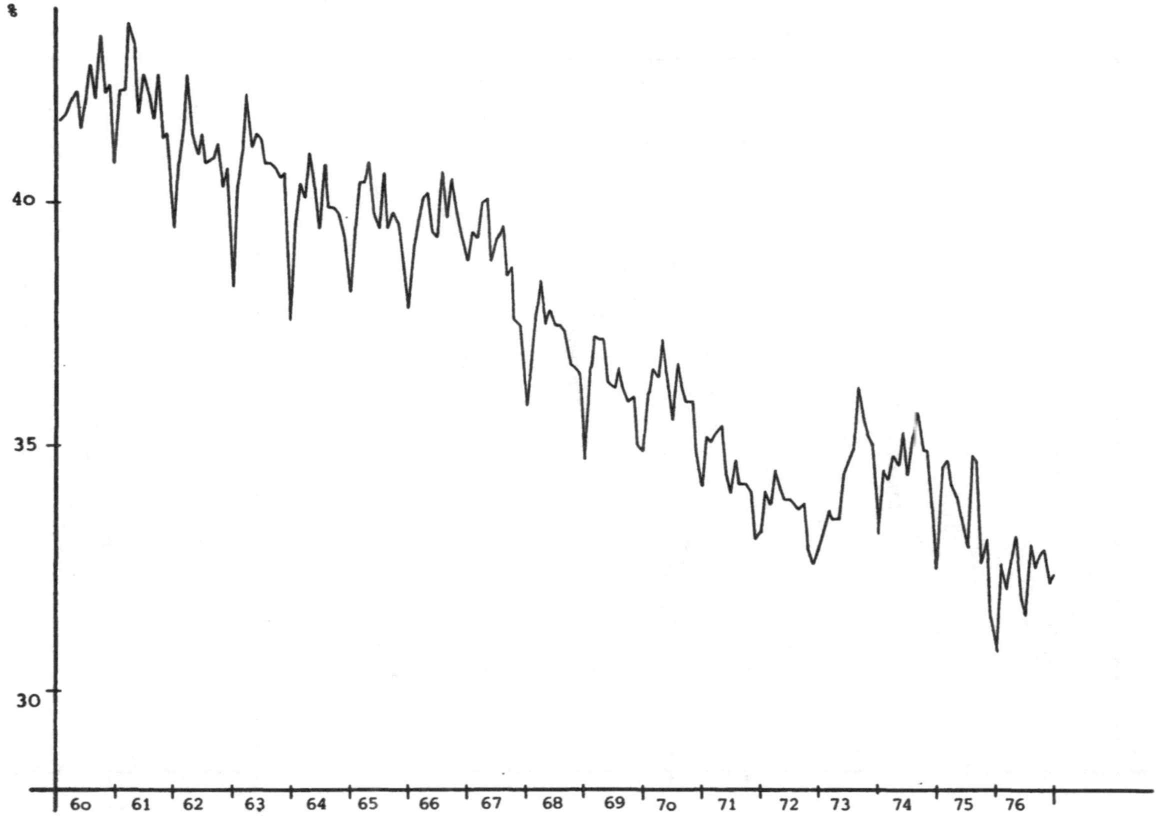

Quelle: Deutsche Bundesbank, Monatsberichte.

Abb. 2: Einlagenstruktur und Zinsentwicklung 1971–1976

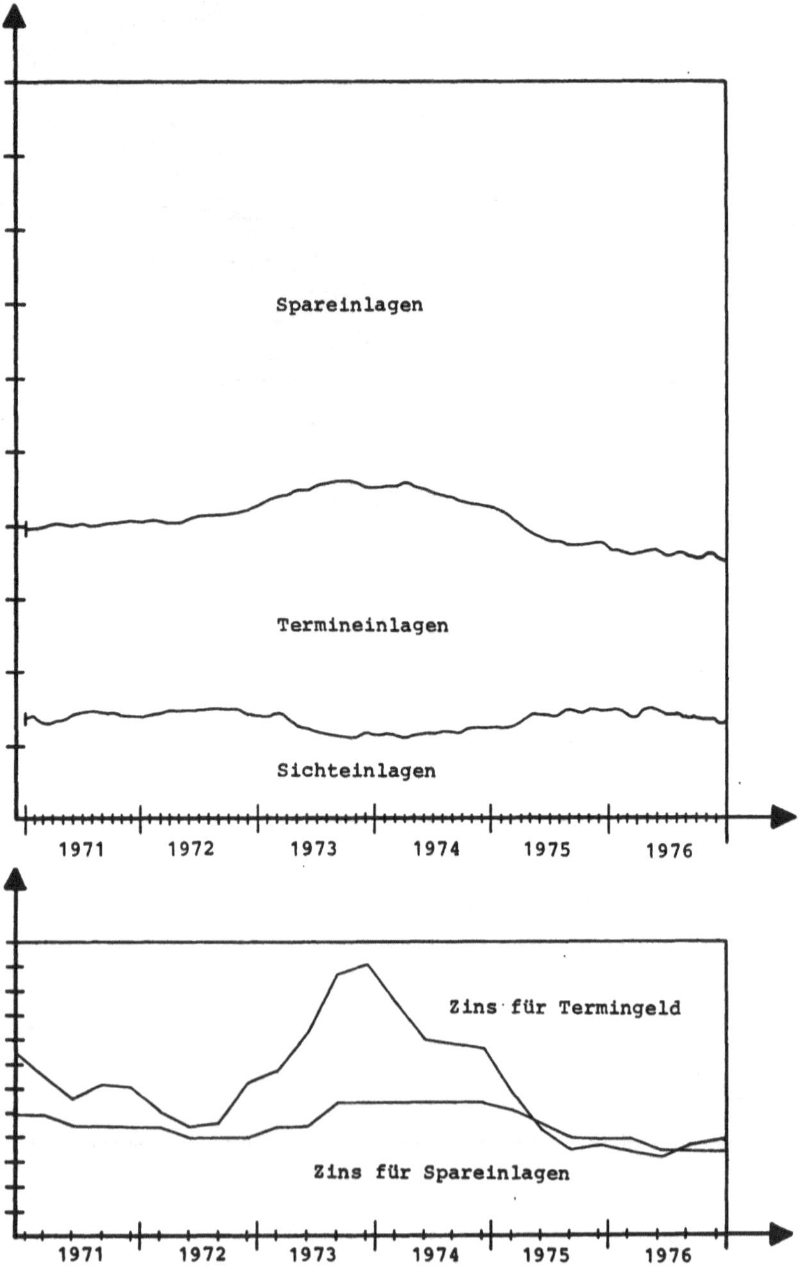

Quelle: Deutsche Bundesbank: Statistische Beihefte zu den Monatsberichten, Reihe 4, Saisonbereinigte Wirtschaftszahlen und Monatsberichte, Zinsstatistik.

Abb. 3: Der Expansionspfad der Zentralbankgeldverschuldung

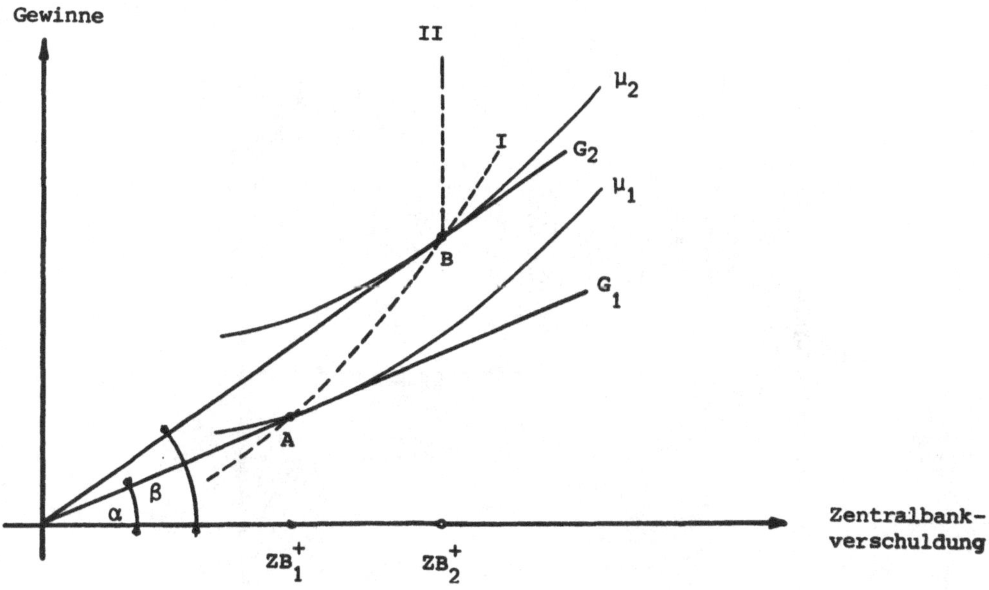

Abb. 4: Die Entwicklung der Liquiditätsanlagen und der inländischen Geldmarktpapiere 1971–1976

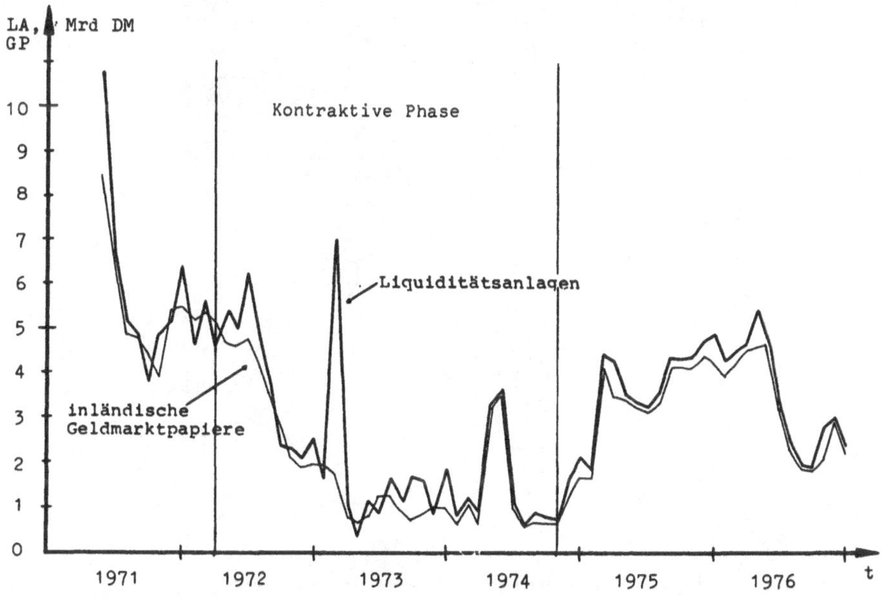

Quelle: Siehe Tabelle 14.

Abb. 5: Die Struktur der inländischen Geldmarktpapiere 1971–1976

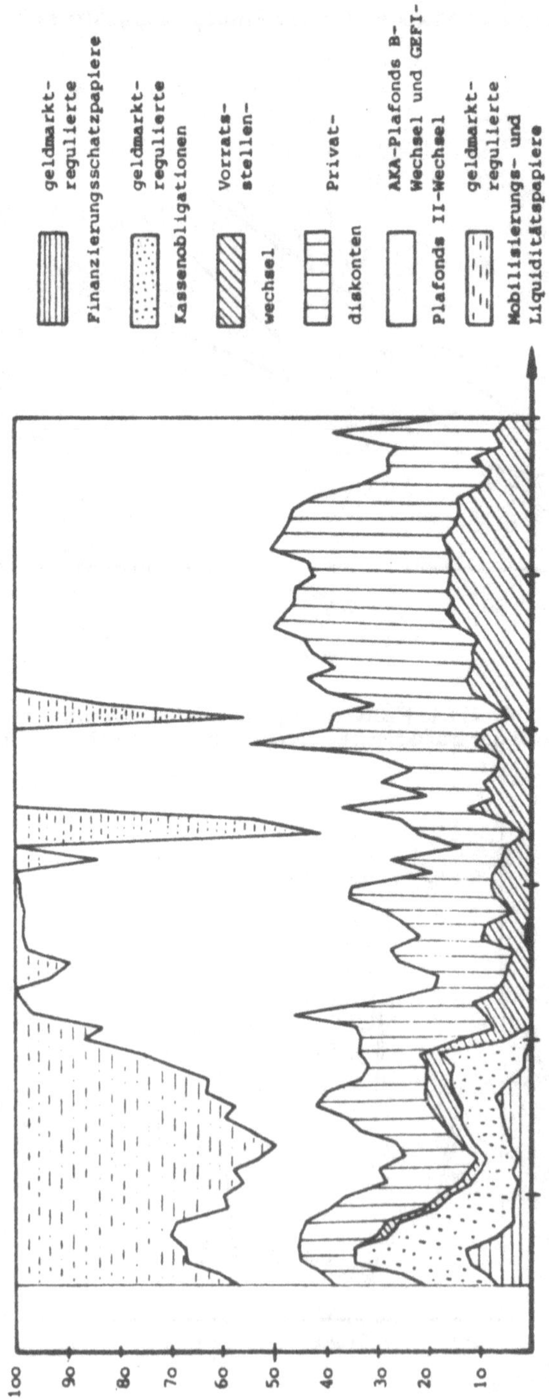

Quelle: Nach Angaben der Deutschen Bundesbank.

Abb. 6: Die Zinsentwicklung von 1971–1976

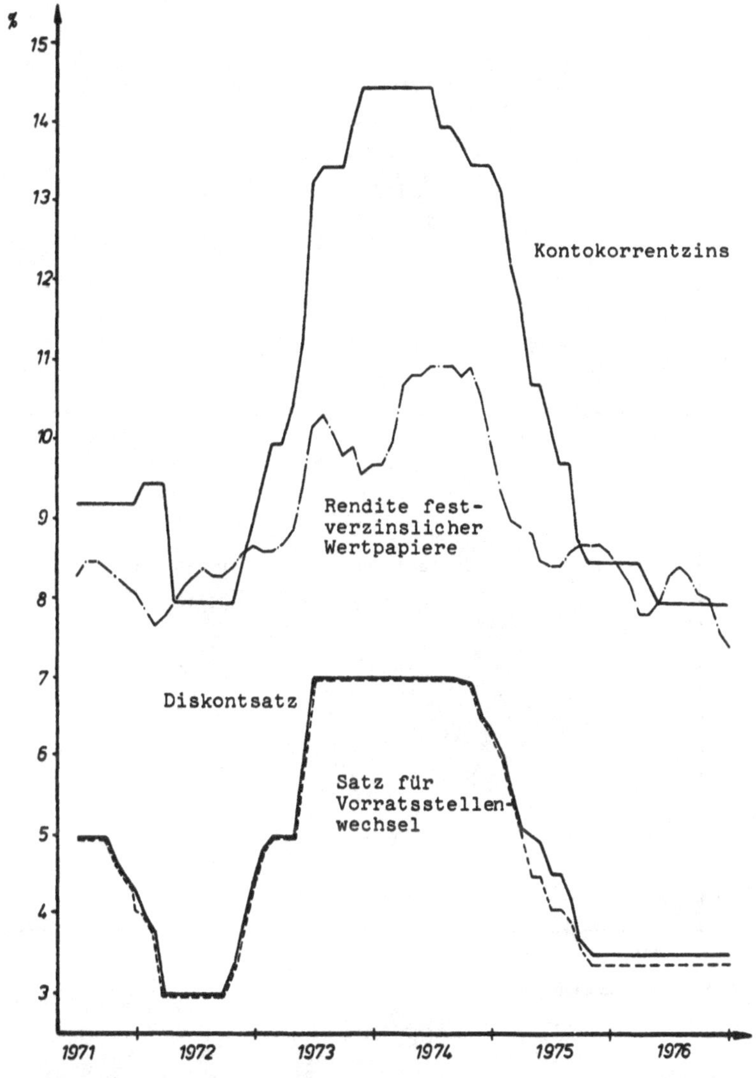

Quelle: DEUTSCHE BUNDESBANK: Monatsberichte, Zinsstatistik und Angaben eines Kreditinstituts.

Abb. 7: Die Entwicklung der Zinssatzdifferenzen von 1971–1976

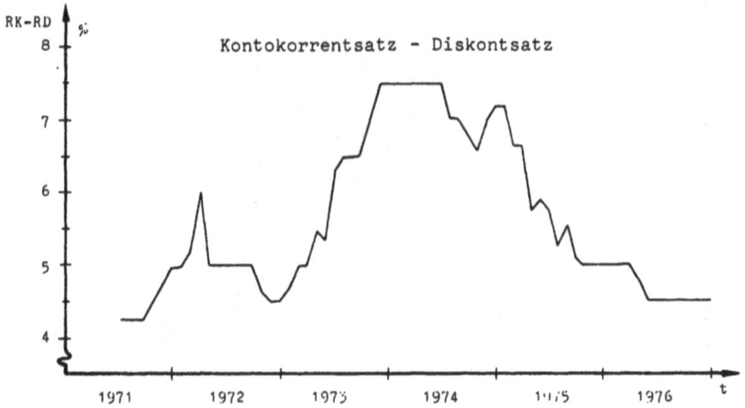

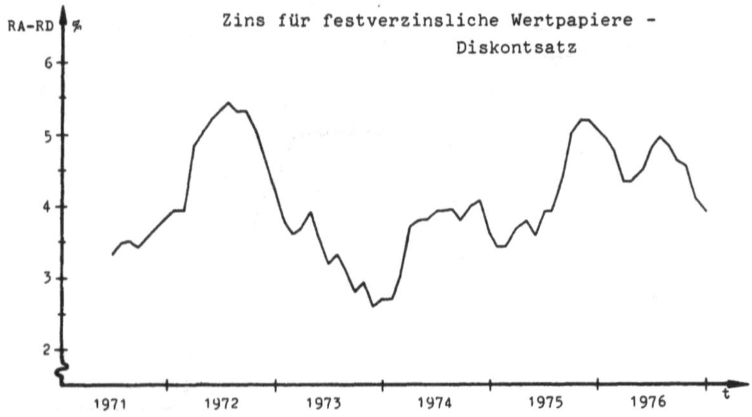

Quelle: Siehe Abbildung 6.

Abb. 8: Der Auslastungsgrad der Rediskontkontigente

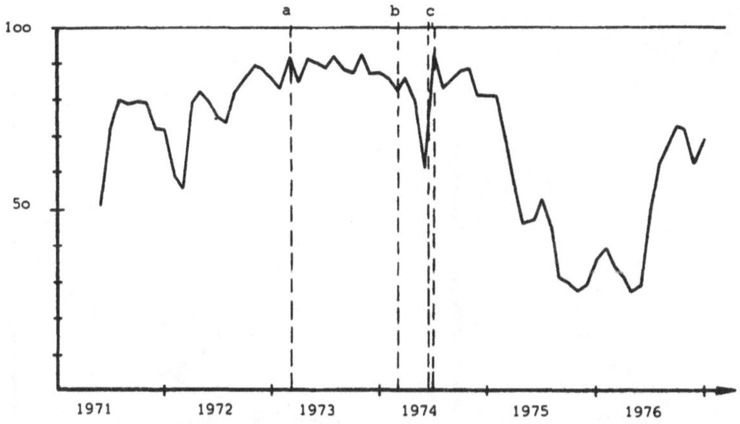

a ... Beschränkung der Auslastung auf 60 v. H.
b ... Änderung der Bemessungsgrundlage der Kontigente
c ... Beschränkung der Auslastung auf 75 v. H.

Quelle: Nach Angaben der Deutschen Bundesbank.

Abb. 9: Entwicklung des Zentralbankobligos des Sparkassen- und Genossenschaftssektors in der liquiditätsknappen Phase 1973 bis Oktober 1974

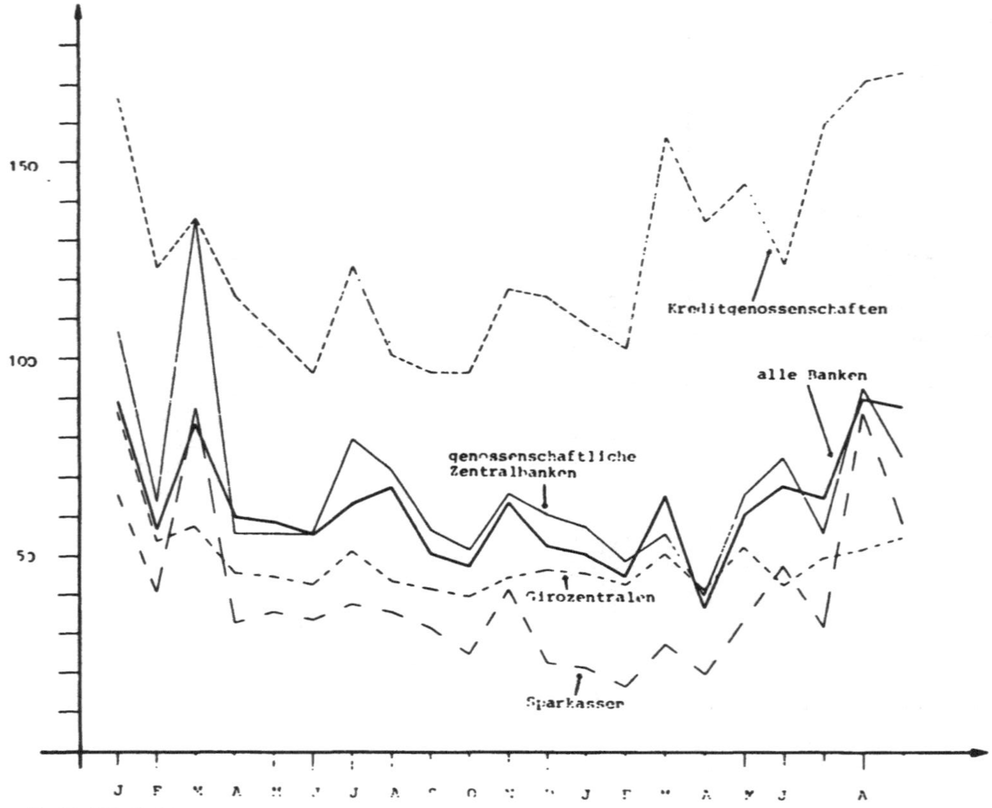

Quelle: Tabelle 24.

Abb. 10: Entwicklung des Zentralbankobligos der Kreditbanken in der liquiditätsknappen Phase 1973 bis Oktober 1974

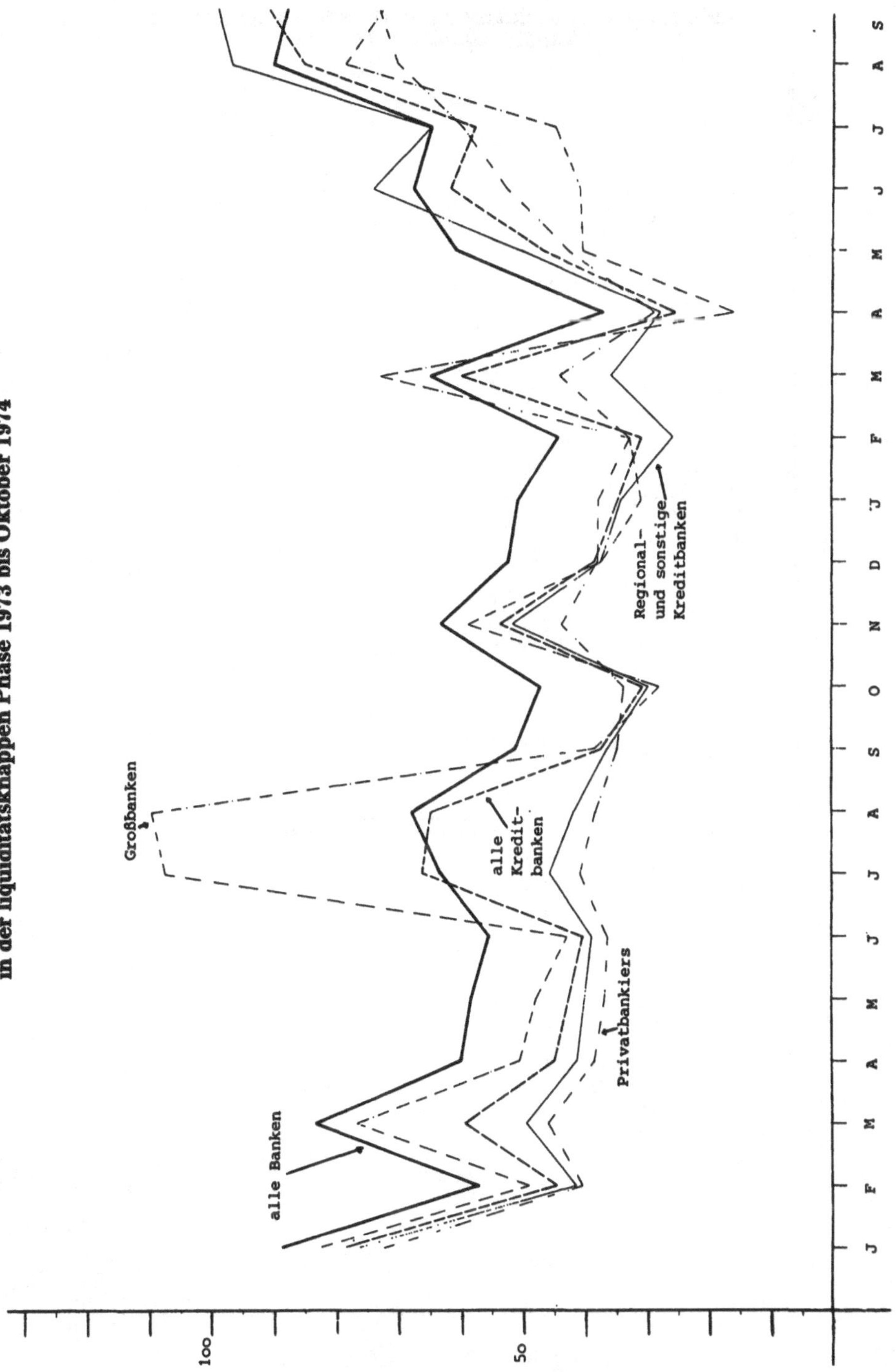

Quelle: Tabelle 24.

Abb. 11: Die Entwicklung unterschiedlich abgegrenzter Liquiditätsquoten 1971–1976

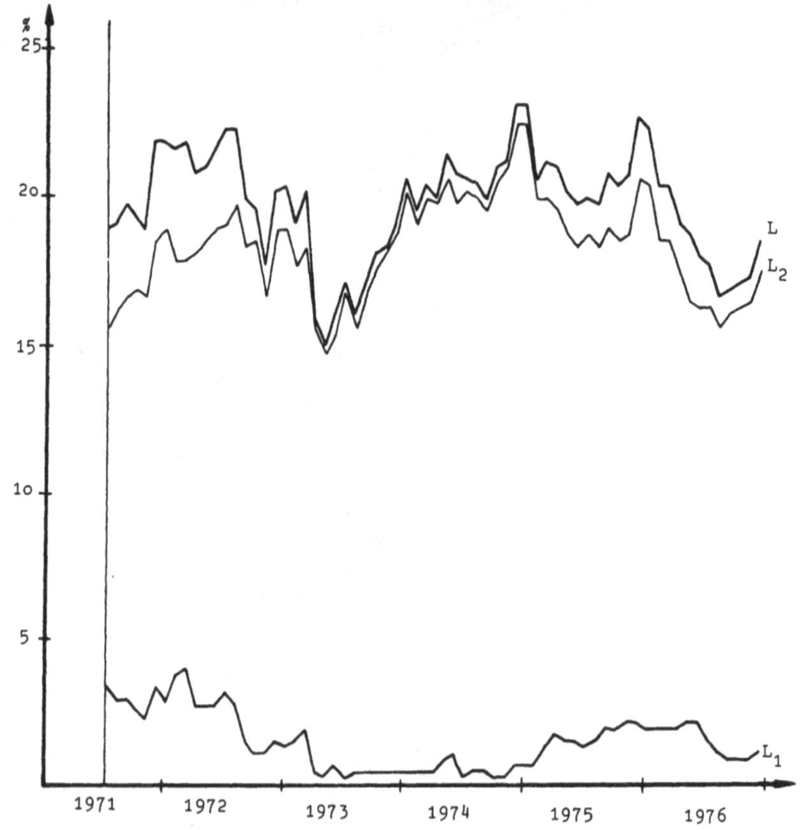

L_1 Freie Liquiditätsreserven/Einlagevolumen
L_2 kurzfristige Interbankaktiva/Einlagevolumen
L Freie Liquiditätsreserven + kurzfristige Interbankaktiva/Einlagevolumen ($L_1 + L_2$)

Quelle: Tabellen 14 und 27; DEUTSCHE BUNDESBANK: Monatsberichte, versch. Jgg.

Abb. 12: Die Entwicklung der kurzfristigen Interbankaktiva und freien Liquiditätsreserven (Mai 1971 = 100)

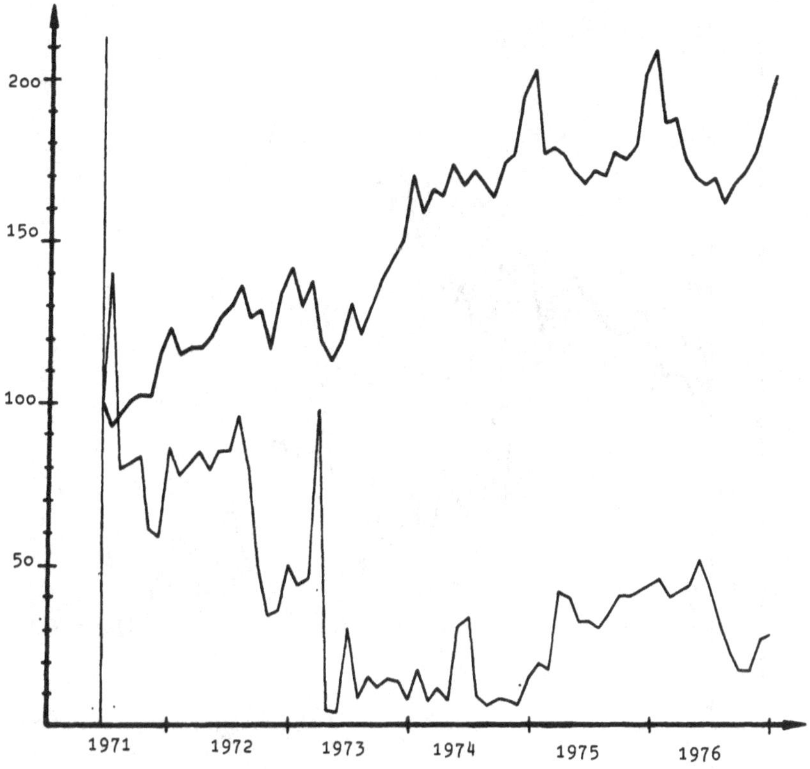

Quelle: Tabellen 14 und 27.

Abb. 13: Die Entwicklung der kurzfristigen Interbankverschuldung und des Zentralbankobligos de Kreditinstitute (Mai 1971 = 100)

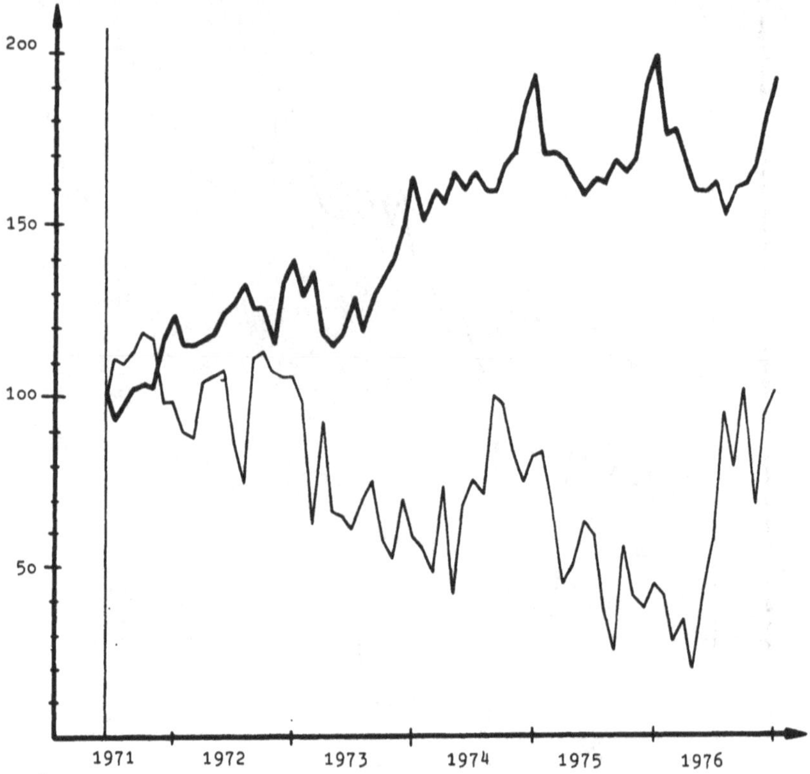

Quelle: Tabellen 20 und 27.

Literaturverzeichnis

Aigner, Dennis J. / *Bryan,* William R.: „A model of Short-run Bank Behavior", in: Quarterly Journal of Economics, Vol. LXXXV (1971), S. 97 - 118

Alexander, Volbert: Geldangebot und Geldbasiskontrolle in der Bundesrepublik Deutschland, Berlin 1975

Allen, W. R.: „Interbank Deposits and Excess Reserves", in: Journal of Finance, Vol. 11, 1956, S. 68 - 73

Armbruster, Dirk: Portefeuilleverhalten einzelner Bankgruppen, Diss. Mannheim 1971

Andreas, K.: „Die theoretischen Grundlagen der Geldpolitik", in: Bank-Betrieb, 9. Jg. (1969), S. 204 - 209, S. 237 - 243, S. 281 - 291

Badische Kommunale Landesbank — Girozentrale: Geschäftsbericht 1974, Geschäftsbericht 1975

Bähre, Inge Lore / *Schneider,* Manfred: KWG-Kommentar, 2. neubearbeitete Aufl., München 1976

Bank Deutscher Länder: Geschäftsbericht 1950, Geschäftsbericht 1955

Basevi, Giorgio: „Vault Cash and the Shift in the Desired Level of Free Reserves", in: Journal of Political Economy, Vol. 71 (1973), S. 408 - 412

Baumann, Horst / *Falkenstein,* Lorenz: Die Volksbanken und Raiffeisenbanken, Frankfurt a. M. 1976

Baumol, William J.: „The Transactions Demand for Cash: An Inventory Theoretic Approach", in: Quarterly Journal of Economics, Vol. 66 (1952), S. 545 - 556

Bayerische Landesbank Girozentrale: Geschäftsberichte 1974 und 1975

Beazer, William F.: Optimization of Bank Portfolios, Lexington/Mass., Toronto, London 1975

Becker, Jürgen: Die kontinuierliche Liquiditätsversorgung des Bankensystems, Berlin 1969

Beckerath, Herbert von: Kapitalmarkt und Geldmarkt, Jena 1916

Bellinger, Bernhard: „Liquidität der Banken", in: Handwörterbuch der Finanzwirtschaft, hrsg. von Hans E. Büschgen, Stuttgart 1976, Sp. 1301 - 1313

Bockelmann, Horst: „... Charting monetary policy", in: Sparkasse, 92. Jg. (1975), S. 36 - 41

— „Die Rolle der Banken in der Geldpolitik", in: Kredit und Kapital, 7. Jg. (1974), S. 145 - 165

Brehmer, Ekhard: Struktur und Funktionsweise des Geldmarktes der Bundesrepublik Deutschland seit 1948, 2. Aufl., Tübingen 1964

Bremer Landesbank: Geschäftsbericht 1974, Geschäftsbericht 1975

Brunner, Karl: Targets and Indicators of Monetary Policy, San Francisco 1969

Brunner, Karl / *Meltzer,* Allan H.: „Genesis and Development of the Free Reserve Conception of Monetary Processes“, in: Readings in Money, National Income, and Stabilization Policy, ed. by Warren L. Smith and Ronald L. Teigen, Homewood (Ill.) 1965, S. 197 - 210

Brunner, Karl / *Neumann,* Manfred J. M.: „Analyse monetärer Hypothesen des Sachverständigenrates zur Begutachtung der gesamtwirtschaftlichen Entwicklung“, in: Kyklos, Vol. XXIV (1971), S. 223 - 239

— „Monetäre Analyse des Sachverständigengutachtens: Ein Kommentar“, in: Kyklos, Vol. XXV (1972), S. 128 - 132

Brunner, Karl / *Monissen,* Hans G. / *Neumann,* Manfred J. M. (Hrsg.): Geldtheorie, Köln 1974

Büschgen, Hans E.: Bankbetriebslehre, Wiesbaden 1972

— Der deutsche Geldmarkt, Wien 1969

Bundesverband der Deutschen Volksbanken und Raiffeisenbanken: Jahresbericht 1972, Jahresbericht 1973, Jahresbericht 1975

Burchardt, Michael: „Die Stellung der einzelnen Bankengruppen am deutschen Geldmarkt“, in: Kredit und Kapital, 6. Jg., 1973, S. 220 - 249

— „Zur Charakteristik des deutschen Geldmarktes“, in: Zeitschrift für das gesamte Kreditwesen, 25. Jg. (1972), S. 95 - 97

Burgess, W. Randolph: Die Reserve Banken und der Geldmarkt in den Vereinigten Staaten, Berlin o. J. (1927)

Caesar, Rolf: „Die Rolle der Mindestreservepolitik im Rahmen der Geldbasiskonzeption der Bundesbank“, in: Jahrbücher für Nationalökonomie und Statistik, Bd. 191 (1976), S. 229 - 250

— „Zentralbankgeldschöpfung und Zentralbankgeldmenge“, in: Wirtschaftsdienst, 55. Jg. (1975), S. 267 - 272

Cagan, Phillip: Determinants and Effects of Changes in the Stock of Money, 1875 - 1965, New York 1965

— „Interest Rates and Bank Reserves — A Reinterpretation of the Statistical Association“, in: Essays in Interest Rates, Vol. I, ed. by Jack M. Guttentag and Phillip Cagan, New York 1969, S. 223 - 268

— „The Demand for Currency Relative to the Total Money Supply“, in: Journal of Political Economy, Vol. LXVI (1958), S. 303 - 328

Cezanne, Wolfgang: Gleichgewichtstheorie und Wechselkurse, Meisenheim/Glan 1974

Cezanne, Wolfgang / *Welcker,* Johannes: „Geldstromanalyse und Zahlungsbilanztheorie“, in: Konjunkturpolitik, 22. Jg. (1976), S. 226 - 246

Currie, Lauchlin: „Member Bank Indebtness and Net Deposits in the Federal Reserve System“, in: Quarterly Journal of Economics, Bd. 46 (1931/33), S. 509 - 525

— The Supply and Control of Money in the United States, Cambridge, Mass. 1934

Degen, Horst: Die Nachfrage nach Zentralbankkrediten (Theoretische Überlegungen und empirische Untersuchungen für die BRD), Diss. Bochum 1974

Deutsche Bundesbank (Hrsg.): Deutsches Geld- und Bankwesen in Zahlen 1876 - 1975, Frankfurt a. M. 1976

— Geschäftsbericht 1957, Geschäftsbericht 1958, Geschäftsbericht 1959, Geschäftsbericht 1960, Geschäftsbericht 1962, Geschäftsbericht 1966, Geschäftsbericht 1967, Geschäftsbericht 1969, Geschäftsbericht 1972, Geschäftsbericht 1973, Geschäftsbericht 1974, Geschäftsbericht 1975, Geschäftsbericht 1976

— Monatsberichte, verschied. Jgg. Statistische Beihefte zu den Monatsberichten, Bankenstatistik nach Bankengruppen, Reihe 1, versch. Jgg. Reihe 4, Saisonbereinigte Wirtschaftszahlen, versch. Jgg.

— „Die Kreditbeziehungen der deutschen Banken untereinander", in: Monatsberichte, 22. Jg., Nr. 12 (Dez. 1970), S. 23 - 36

— „Die Neufassung des Grundsatzes III über die Liquidität der Kreditinstitute gemäß § 11 des Gesetzes über das Kreditwesen", in: Monatsberichte, 25. Jg., Nr. 4 (April 1973), S. 11 - 15

— Die währungspolitischen Institutionen und Instrumente in der Bundesrepublik Deutschland, Sonderdruck des Kapitels „Bundesrepublik Deutschland" der von der EWG herausgegebenen Studie „Die Währungspolitik in den Ländern der Europäischen Wirtschaftsgemeinschaft — Institutionen und Instrumente —", Frankfurt/M. o. J. (Stand: 1. 7. 1971)

— Die währungspolitischen Institutionen und Instrumente in der Bundesrepublik Deutschland, 2., überarb. Auflage des Kapitels „Bundesrepublik Deutschland" der von der EWG herausgegebenen Studie „Die Währungspolitik in den Ländern der Europäischen Wirtschaftsgemeinschaft — Institutionen und Instrumente —", Frankfurt/M. o. J. (Stand: 1. 6. 1975)

— „Die Wirtschaftslage des Bundesgebietes im Frühjahr 1960", in: Monatsberichte, 12. Jg. Nr. 4 (April 1960), S. 3 - 41

— „Die Wirtschaftslage im Sommer 1967", in: Monatsberichte, 19. Jg., Nr. 8 (Aug. 1967), S. 3 - 58

— „Die Wirtschaftslage im Herbst 1967", in: Monatsberichte, 19. Jg., Nr. 10 (Okt. 1967), S. 3 - 45

— „Die Wirtschaftslage im Frühjahr 1968", in: Monatsberichte, 20. Jg., Nr. 5, (Mai 1968), S. 3 - 51

— „Die Wirtschaftslage im Frühjahr 1974", in: Monatsberichte, 26. Jg., Nr. 6 (Juni 1974), S. 5 - 45

— „Die Wirtschaftslage im Herbst 1976", in: Monatsberichte, 28. Jg., Nr. 12 (Dez. 1976), S. 5 - 42

— „Die Wirtschaftslage um die Jahreswende 1976/77", in: Monatsberichte, 29. Jg., Nr. 2 (Febr. 1977), S. 5 - 40

— „Erläuterungen zur Liquiditätsanalyse der Bundesbank", in: Monatsberichte, 22. Jg., Nr. 7 (Juli 1970), S. 28 - 37

— „Methodische Erläuterungen zur Analyse der Bankenliquidität", in: Monatsberichte, 17. Jg., Nr. 4 (April 1965), S. 26 - 37

— „Neuabgrenzung der freien Liquiditätsreserven" der Banken, in: Monatsberichte, 25. Jg., Nr. 6 (Juni 1973), S. 47 - 48

— „Neue liquiditätspolitische Maßnahmen", in: Monatsberichte, 12. Jg., Nr. 2 (Febr. 1960), S. 3 - 8

Deutsche Bundesbank (Hrsg.): „Neuere Geschäftsentwicklung der Bankengruppen“, in: Monatsberichte, 26. Jg. (Nr. 5), S. 24 - 50

— „Regelungen für die Bemessung von Rediskont-Kontingenten“, in: Monatsberichte, 27. Jg., Nr. 4 (April 1975), S. 21 - 28

— „Zentralbankgeldmenge und freie Liquiditätsreserven der Banken — Erläuterungen zur Liquiditätsrechnung der Bundesbank“, in: Monatsberichte, 26. Jg., Nr. 7 (Juli 1974), S. 14 - 23

Dick, Adalbert: Die Verflechtung zwischen Sparkassen und Girozentralen, Berlin 1959

Dickertmann, Dietrich: „Freie Liquiditätsreserven und Zentralbankgeld“, in: Wirtschaftsdienst, 54. Jg. (1974), S. 485 - 492

Dickertmann, Dietrich / *Siedenberg,* Axel: Geldpolitische Lenkungsinstrumente in der BRD, 2. Aufl., Tübingen, Düsseldorf 1975

Dieckheuer, Gustav: Wirkung und Wirkungsprozeß der Geldpolitik, Berlin 1975

Dudler, Hermann-Josef: Diskont- und Terminkurspolitik, Frankfurt/M. 1966

— Kurzfristige internationale Kapitalbewegungen, Frankfurt/M. 1966

Duwendag, Dieter: „Die neue Geldpolitik der Deutschen Bundesbank: Interpretation und kritische Anmerkungen“, in: Konjunkturpolitik, 22. Jg. (1976), S. 265 - 306

Duwendag, Dietrich / *Ketterer,* Karl-Heinz / *Kösters,* Wim / *Pohl,* Rüdiger / *Simmert,* Diethard B.: Geldtheorie und Geldpolitik, Köln 1974

Ehrlicher, Werner: „Zur Stellung der Kreditgenossenschaften im Geld- und Kapitalmarkt“, in: Zeitschrift für das gesamte Genossenschaftswesen, 4. Jg. (1954), S. 259 ff.

Emminger, Otmar: „The Role of the Central Banker“, in: Deutsche Bundesbank, Auszüge aus Presseartikeln, Nr. 86 vom 19. 12. 1975, S. 1 - 5

Europäische Gemeinschaften — Währungsausschuß: Die Währungspolitik in den Ländern der Europäischen Gemeinschaft, Institutionen und Instrumente, Brüssel 1972

Europäische Wirtschaftsgemeinschaft: Die währungspolitischen Instrumentarien in den Mitgliedstaaten der Europäischen Wirtschaftsgemeinschaft, Brüssel 1962

Falter, Manuel: Die Praxis des Kreditgeschäftes bei Sparkassen und anderen Kreditinstituten, 8., neubearb. Aufl., Stuttgart 1974

Faßbender, Heino: „Ein Beitrag zur Theorie des Anlageverhaltens von Banken“, in: Probleme der Wirtschaftspolitik, Beiträge zu einer erklärunggsrelevanten Ökonomie, hrsg. von S. Jokl, M. Schönemann, F. Walcher, Berlin 1975, S. 209 - 228

Fautz, Wolfgang M.: „Analyse einer geld- und kreditpolitischen Konzeption der Deutschen Bundesbank für die Jahre 1958 bis etwa 1970“, in: Kredit und Kapital, 8. Jg. (1975), S. 450 - 472

— „Eine Liquiditätshypothese der Deutschen Bundesbank für die Jahre 1970 bis 1975“, in: Konjunkturpolitik, 22. Jg. (1976), S. 81 - 105

Fautz, Wolfgang M.: „Geldbasis und Liquiditätsbasis“, in: Kredit und Kapital, 8. Jg. (1975), S. 245 - 270

Floss, Eberhard: Anlage- und Liquiditätsrichtlinien im Sparkassenwesen, Diss. Tübingen 1956

Francke, Hans-Hermann: Bankenliquidität und Zins als Orientierungsvariable der Geldpolitik, Berlin 1975

— „Die Neuorientierung des geldpolitischen Konzepts der Deutschen Bundesbank“, in: Quartalshefte der Girozentrale, 10. Jg., Heft 1 (1/1975), S. 11 - 21

Gaude, Bernhard: Die Mechanismen der Zentralbankgeldschöpfung und ihre Kontrollierbarkeit durch die Zentralbank, Berlin 1969

Geiger, Helmut: Bankpolitik, Stuttgart, Berlin, Köln, Mainz 1975

Gestrich, Hans: Kredit und Sparen, Jena 1944

Goldfeld, Stephen M.: Commercial Bank Behavior and Economic Activity, Amsterdam 1966

Gollnick, Heinz: Einführung in die Ökonometrie, Stuttgart 1968

Graebner, Wolfgang: Die Wirkungsgrenzen der amerikanischen Notenbankpolitik, Frankfurt/M. 1966

Grunwald, Jorg-Günther: Untersuchungen der Wirkungsverzögerungen von konjunkturpolitischen Maßnahmen unter besonderer Berücksichtigung der geld- und kreditpolitischen Maßnahmen, Forschungsbericht im Auftrag der Gesellschaft zur Förderung der wissenschaftlichen Forschung über das Spar- und Girowesen e. V., unveröffentl. Manuskript, Bonn 1977

Güde, Udo: Geschäftspolitik der Sparkassen, Grundlagen und aktuelle Probleme, Stuttgart 1975

Gutowski, Armin: „Brauchen wir neue Instrumente der Kreditpolitik?“, in: Währungsstabilität in einer integrierten Welt, Beiträge zur Geldtheorie und Geldpolitik, Festgabe für Otto Veit, Stuttgart, Berlin, Köln, Mainz 1974, S. 13 - 37

Haag, Ernst Willi: Beziehungen zwischen dem Geld- und Kapitalmarkt in der Bundesrepublik Deutschland unter besonderer Berücksichtigung der Aktivitäten von Institutionen, Diss. Mannheim 1971

Hagen von dem, Kurt: Kreditschöpfung unter Unsicherheit, Berlin - New York 1975

Hamburgische Landesbank — Girozentrale: Geschäftsbericht 1974, Geschäftsbericht 1975

Hardy, Charles O.: Credit Policies of the Federal Reserve System, Washington 1932

Hartmann, Manfred: Ökonomische Aspekte der Reform des KWG, Stuttgart 1977

Häselbarth, Volker: Der Geldmarkt der Bundesrepublik, Berlin 1970

Hein, Manfred: Die internationalen Geldmarktgeschäfte westdeutscher Banken, Berlin 1966

Heinevetter, Klaus: Sparkassengesetz in Nordrhein-Westfalen, Köln 1971

Helliwell, John F. / *Shapiro,* Harold T. / *Sparks,* Gordon R. / *Stewart,* Jan A. / *Gorbet,* Frederick W. / *Stephenson,* Donald R.: The Structure of RDX2, Part 1, Bank of Canada, Staff Research Studies No 7, 1971

Henschel, Helmut: Die Versorgung der Volkswirtschaft mit Zentralbankgeld, WestLB Informationen, S. 2/1976, Düsseldorf 1976

Henschel, Helmut / *Rust,* Irgeen: „Zentralbankgeld — ein möglicher Engpaßfaktor?", in: Sparkasse, 93. Jg. (1976), S. 390 - 396

Hessische Landesbank — Girozentrale: Geschäftsbericht 1974, Geschäftsbericht 1975

Hester, Donald D. / *Pierce,* James L.: Bank Management and Portfolio Behavior, New Haven, London 1975

Hieber, Manfred: Die zentralbankpolitische Kontrolle der Geldmenge in der Bundesrepublik Deutschland, Habil. Hamburg 1971 (unveröffentlicht)

Hochgesand, Helmut: Theorie der Devisenspekulation, Berlin 1974

Hoffmann, Horst: Dispositionsregeln zur Solvenzsicherung von Depositenbanken, Diss. Saarbrücken 1967

Honeck, Gerhard: Friedman-Plan und potentialorientierte Kreditpolitik, Berlin 1974

Hübl, Lothar: Bankenliquidität und Kapitalmarktzins, Berlin 1969

Irmler, Heinrich: „The Deutsche Bundesbank's Concept of Monetary Theory and Policy", in: Proceedings of the Fist Konstanzer Seminar on Monetary Theory and Monetary Policy, ed. by Karl Brunner, Beihefte zu Kredit und Kapital, Heft 1, Berlin 1972, S. 137 - 164

Issing, Otmar: Einführung in die Geldtheorie, Heidelberg 1974

Jarchow, Hans-Joachim: „Der Bankkredit in einer Theorie des Portefolio Selection", in: Weltwirtschaftliches Archiv, Bd. 104 (1970 I), S. 189 - 210

— Theorie und Politik des Geldes, I. Geldtheorie, 3. neubearb. u. erw. Aufl., Göttingen 1976

— Theorie und Politik des Geldes, II. Geldmarkt und geldpolitische Instrumente, 2. neubearb. u. erw. Aufl., Göttingen 1976

— Theoretische Studien zum Liquiditätsproblem, Tübingen 1966

Johnson, Harry G.: Beiträge zur Geldtheorie und Währungspolitik, Berlin 1976

— „Die Keynesianische Revolution und die monetaristische Gegenrevolution", in: Der neue Monetarismus, hrsg. von Peter Kalmbach, München 1973, S. 196 - 216

Kartsaklis, Georg A. B.: Theoretische Untersuchungen zum mikro- und makroökonomischen Kreditangebot, Berlin 1970

Kath, Dietmar: „Das monetäre Interpretations- und Steuerungskonzept der Deutschen Bundesbank", in: Wirtschaftswissenschaftliches Studium, 5. Jg. (1976), S. 356 - 362

Kenen, Peter B.: „Assessing Experience with Floating Exchange Rates: A Comment", in: Institutional Arrangements and the Inflation Problem, ed. by Karl Brunner and Allan H. Meltzer, Carnegie-Rochester Conference Series on Public Policy, A Supplementary Series to the Journal of Monetary Economics, Vol. 3, Amsterdam, New York, Oxford 1976, S. 115 - 121

Ketterer, Karl-Heinz: „Deutliche Wirkungen der expansiven Bundesbankpolitik", in: Ifo-Schnelldienst vom 28. 1. 76, S. 3 - 10

— „Ein Indikator für die Stärke und Wirkungsrichtung monetärer Impulse", in: Konjunkturpolitik, 17. Jg. (1971), S. 349 - 362

— Probleme der Neo-Quantitätstheorie und der Geldmengenpolitik, Berlin 1975

Ketzel, Eberhart: „Neues Liquiditätsschema verrät Optimismus", in: Deutsche Sparkassenzeitung, Nr. 47, vom 22. 6. 1973

— „Praktische Fragen zum Geldmengenkonzept", in: Sparkasse, 92. Jg. (1975), S. 3 - 4

— „Verdächtige Liquiditätspositionen?", in: Deutsche Sparkassenzeitung, Nr. 73 vom 22. 9. 1972

Ketzel, Eberhart / *Köser*, Reinhard / *Pfisterer*, Hans: Die Notenbank-Zentralbankpolitik und Weltwährungsorganisation, 2. Aufl., Stuttgart 1976

Klasen, Karl: „Grenzen der Geldpolitik", in: Deutsche Bundesbank, Auszüge aus Presseartikeln, Nr. 69 vom 2. 10. 1975, S. 1 - 3

— „Probleme der Währungspolitik an der Jahreswende 1975/76. Die neue Geldpolitik der Bundesbank ist als ein Experiment zu verstehen", in: Deutsche Bundesbank, Auszüge aus Presseartikeln, Nr. 1 vom 5. 1. 1976, S. 1 - 5

Klein, Manfred: Komponenten des Geldangebotes. Eine Untersuchung über neuere Entwicklungen in der Geldangebotstheorie, Diss. Köln 1971

Kloten, Norbert: „Erfolg und Mißerfolg der Stabilisierungspolitik (1969 - 1974)", in: Währung und Wirtschaft in Deutschland 1876 - 1975, Hrsg. Deutsche Bundesbank, Frankfurt/M. 1976, S. 643 - 690

Köhler, Claus (Hrsg.): Geldpolitik — kontrovers, Köln 1973

— Geldwirtschaft, 1. Bd., Geldversorgung und Kreditpolitik, Berlin 1970, 2. veränderte Auflage, Berlin 1977

— Orientierungshilfen für die Kreditpolitik, Berlin 1968

— „Probleme der Kreditpolitik", in: Deutsche Bundesbank, Auszüge aus Presseartikeln, Nr. 7 vom 24. 1. 1975, S. 1 - 7

— Probleme der Zentralbankgeldmengensteuerung, Berlin 1976

König, H. / *Gaab*, W. / *Wolters*, J.: An Econometric Model for the Financial Sector of the Federal Republic of Germany, Part I, Discussion Paper No. 38, Mannheim 1973, Part II, Discussion Paper No. 39, Mannheim 1974

Köppen, Horst: Die kurzfristige Refinanzierung der Kreditinstitute, Diss. Hamburg 1963

Krelle, Wilhelm: Erfahrungen mit einem ökonometrischen Prognosemodell für die Bundesrepublik Deutschland, Meisenheim/Glan 1974

Krelle, Wilhelm / *Beckerhoff*, Dieter / *Langer*, Horst G. / *Fuss*, Hans: Ein Prognosesystem für die wirtschaftliche Entwicklung der Bundesrepublik Deutschland, Meisenheim/Glan 1969

Krümmel, Hans-Jacob: „Liquiditätssicherung im Bankwesen (I)", in: Kredit und Kapital, 1. Jg. (1968), S. 247 - 307

— „Liquiditätssicherung im Bankenwesen (II), Liquiditätssicherung als Teil der Unternehmenspolitik der Banken", in: Kredit und Kapital, 2. Jg. (1969), S. 60 - 108

Landesbank Rheinland-Pfalz — Girozentrale: Geschäftsbericht 1974, Geschäftsbericht 1975

Landesbank Saar — Girozentrale: Geschäftsbericht 1974, Geschäftsbericht 1975

Landesbank Schleswig-Holstein — Girozentrale: Geschäftsbericht 1974, Geschäftsbericht 1975

Leeuw de, Frank: „A Condensed Model of Financial Behavior", in: The Brookings Model: Some further Results, ed. by James S. Duesenberry, Gary Fromm, Lawrence R. Klein, Edwin Kuh, Amsterdam, London, Chicago 1969, S. 270 - 315

— „A Model of Financial Behavior", in: The Brookings Quarterly Econometric Model of the United States, ed. by James S. Duesenberry, Gary Fromm, Lawrence R. Klein, Edwin Kuh, Chicago, Amsterdam 1965, S. 465 - 530

Liedschulte, Werner: Internationale Geschäftsbeziehungen der Kreditinstitute aus währungspolitischer Sicht, Frankfurt/Main, Zürich 1975

Lorz, Gertrud: Der betriebswirtschaftliche und der volkswirtschaftliche Liquiditätsbegriff, Diss. Nürnberg-Erlangen 1967

Louda, Dieter E.: Das Verhalten der Banken im Geldangebotsprozeß und seine Kontrollierbarkeit durch die Zentralbank, Diss. Erlangen-Nürnberg 1975

Lutz, Friedrich A.: „Die Liquidität des Banksystems und die Zinssätze", in: Geld- und Bankpolitik, 2. Aufl., hrsg. von Ernst Dürr, Köln, Berlin 1971, S. 208 - 235

— „Geldschaffung durch Banken", in: Weltwirtschaftliches Archiv, Bd. 104 (1970 I), S. 3 - 19

Markowitz, Harry M.: „Portfolio Selection", in: Journal of Finance, Vol. 7 (1952), S. 77 - 91

Martiensen, Jörn: Ein ökonometrisches Vierteljahresmodell des Geld- und Kreditsektors für die Bundesrepublik Deutschland, Meisenheim/Glan 1975

Matusza, Manfred: Entscheidungstheoretische Grundprobleme optimaler Kassenhaltung, Diss. Tübingen 1974

McKinnon, Ronald J.: „Floating Foreign Exchange Rates 1973 - 74: The Emperor's New Clothes", in: Institutional Arrangements and the Inflation Problem, ed. by Karl Brunner and Allan H. Meltzer, Carnegie-Rochester Conference Series on Public Policy, A Supplementary Series to the Journal of Monetary Economics, Vol. 3, Amsterdam, New York; Oxford 1976, S. 79 - 114

Meigs, A. James: Free Reserves and the Money Supply, Chicago 1962

Menrad, Siegfried: „Der Eurodollarmarkt als Instrument internationaler Geldschöpfung?", in: Kredit und Kapital, 9. Jg. (1976), S. 220 - 237

Morrison, George R.: Liquidity Preference of Commercial Banks, Chicago 1966

Mülhaupt, Ludwig: Einführung in die Betriebswirtschaftslehre der Banken, Struktur und Grundprobleme des Bankbetriebes, Wiesbaden 1977

— Strukturwandlungen im westdeutschen Bankwesen, Wiesbaden 1971

Mülhaupt, Ludwig / *Küllmer,* Hermann: „Probleme der Entscheidungsfindung im Bankbetrieb", in: Kredit und Kapital, 4. Jg. (1971), S. 171 - 194

Müller, Heinz: Die Politik der deutschen Zentralbank 1948 - 1967. Eine Analyse der Ziele und Mittel, Tübingen 1969

Müller, Heinz / *Westphal,* Uwe: „Der kurzfristige internationale Kapitalverkehr der Kreditinstitute der Bundesrepublik Deutschland 1960 - 1970", in: Weltwirtschaftliches Archiv, Bd. 105 (1970), S. 395 - 429

Mussa, Michael: „Our Experience with Fixed and Flexible Exchange Rates: A Comment", in: Institutional Arrangements and the Inflation Problem, ed. by Karl Brunner and Allan H. Meltzer, Carnegie-Rochester Conference Series on Public Policy, A Supplementary Series To the Journal of Monetary Economics, Vol. 3, Amsterdam, New York, Oxford 1976, S. 123 - 142

Mussel, Gerhard: „Die ‚neue' Politik der Deutschen Bundesbank", in: Das Wirtschaftsstudium, 5. Jg. (1976), S. 241 - 243

— Freie Liquiditätsreserven und Geldbasis als Indikatoren der Zentralbankpolitik, Diss. Hohenheim 1974

— „Zur Beurteilung der Zentralbankpolitik", in: Konjunkturpolitik, 22. Jg. (1976), S. 61 - 80

Neldner, Manfred: Die Bestimmungsgründe des volkswirtschaftlichen Geldangebots, Berlin, New York 1976

Neubauer, Werner: Strategien, Techniken und Wirkungen der Geld- und Kreditpolitik, Eine theoretische und empirische Untersuchung für die Bundesrepublik Deutschland, Göttingen 1972

Neumann, Manfred J. M.: „Bank Liquidity and the Extended Monetary Base as Indicators of German Monetary Policy", in: Proceedings of the First Konstanzer Seminar on Monetary Theory and Monetary Policy, ed. by Karl Brunner, Beihefte zu Kredit und Kapital, Heft 1, Berlin 1972, S. 165 - 218

— „Konstrukte der Zentralbankgeldmenge", in: Kredit und Kapital, 8. Jg. (1975), S. 315 - 345

— „Stabilisierungspolitik in monetaristischer Sicht", in: Stabilisierungspolitik, WSI-Forum vom 5. - 7. Dezember 1973, Köln 1974, S. 75 - 102

— „Zwischenziele und Indikatoren der Geldpolitik", in: Kredit und Kapital, 4. Jg. (1971), S. 398 - 420

Neumann, Manfred J. M. / *Hamann,* Detlev: „Inflation, Inflationserwartung und die Geldpolitik", in: Sparkasse, 93. Jg. (1976), S. 381 - 383

Norddeutsche Landesbank — Girozentrale: Geschäftsbericht 1974, Geschäftsbericht 1975

Oberhauser, Alois: „Die Zentralbank als Geschäftsbank des Staates", in: Finanzarchiv, N. F. Bd. 26, S. 377 - 400

— „Geld- und Kreditpolitik bei weitgehender Vollbeschäftigung und mäßigem Preisanstieg (1958 - 1968)", in: Währung und Wirtschaft in Deutschland 1876 - 1975, Hrsg. Deutsche Bundesbank, Frankfurt a. M. 1976, S. 609 - 642

OECD: Monetary Policy in Germany, Paris 1973

Pfleiderer, Otto: „Die Notenbank im System wirtschaftspolitischer Steuerung", in: Planung III, Mittel und Methoden planender Verwaltung, hrsg. von Joseph H. Kaiser, Baden-Baden 1968, S. 409 - 427

Pfleiderer, Otto: „Mindestreservepolitik", in: Handwörterbuch der Sozialwissenschaften, Bd. 7, Tübingen 1961, S. 349 - 359

Pierce, James L.: „Commercial Bank Liquidity", in: Federal Reserve Bulletin, Vol. 52 (1966), S. 1093 - 1101

— „An Empirical Model of Commercial Bank Portfolio Management", in: Studies of Portfolio Behavior, ed. by Donald D. Hester and James Tobin, New York, London, Sidney 1967, S. 171 - 190

Pohl, Reinhard: „Ein Jahr ‚neue' Geldpolitik", in: DIW-Wochenberichte, 41. Jg. (1974), S. 165 - 169

— „Zwischenbilanz der Geldpolitik", in: DIW-Wochenberichte, 43. Jg. (1976), S. 339 - 344

Pohl, Reinhard / *Svindland*, Eirik: „Bundesbankgesetze und aktuelle Geldpolitik", in: DIW-Wochenberichte, 40. Jg. (1973), S. 201 - 208

Pohl, Rüdiger: Geldkreislauf und Einkommenskreislauf, Berlin 1976

— „Für mehr Liquidität bei den Banken — Geldstromanalyse für den Sommer und Herbst 1974", in: WSI-Mitteilungen, 27. Jg. (1974), S. 462 - 471

— „Geldbasis versus Liquiditätssaldo — Ein Vergleich zweier geldpolitischer Konzepte", in: WSI-Mitteilungen, 25. Jg. (1972), S. 282 - 290

— „Grundzüge einer liquiditätstheoretischen Konzeption für die Zentralbankpolitik", in: Geldpolitik — kontrovers, hrsg. von Claus Köhler, Köln 1973, S. 21 - 39

— „Monetäre Analyse des Sachverständigengutachtens: Ein Kommentar", in: Kyklos, Vol. XXV (1972), S. 119 - 127

Polakoff, Murray: „Federal Discount Policy and its Critics", in: Banking and Monetary Studies, ed. by Deane Carson, Homewood (Ill.) 1963, S. 190 - 212

— „Reluctance Elasticity, Least Cost and Member Bank Borrowing: A Suggested Integration", in: Journal of Finance, Vol. XV (1960), S. 1 - 18

Polakoff, Murray / *Silber*, William L.: „Reluctance and Member-Bank Borrowing: Additional Evidence", in: Journal of Finance, Bd. 22 (1967), S. 88 - 92

Porter, Richard C.: „A Model of Bank Portfolio Selection", in: Yale Economic Essays, Vol. 1 (1961), S. 323 - 359, reprint in: Financial Markets and Economic Activity, ed. by Donald D. Hester and James Tobin, New York, London, Sidney 1967, S. 12 - 54

Prall, Otto: „Liquiditäts- und Anlagepolitik der Kreditbanken", in: Enzyklopädisches Lexikon für das Geld-, Bank- und Börsenwesen, Bd. II, Frankfurt/Main 1967/68, S. 1152 - 1156

Priester, Hermann: Kurzfristige zwischenstaatliche Kapitalbewegungen in der Bundesrepublik Deutschland 1960 - 70. Eine theoretische und empirische Analyse, Berlin 1972

Rabich, Hartmut: Refinanzierungsentscheidungen und Refinanzierungsquellen deutscher Banken unter besonderer Berücksichtigung des Eurogeldmarktes, Diss. Würzburg 1972

Reischauer, Friedrich / *Kleinhaus*, Joachim / *Meyer*, Heinz E.: Kreditwesengesetz (KWG), Berlin 1963 (Loseblattkommentar)

Richter, Rudolf / *McMahon,* Patrick C. / *Regier,* Hans-Jürgen: Determinants of Free Liquidity Reserves — The West German Example, Paper prepared for the Eigth Konstanz Seminar on Monetary Theory and Monetary Policy, June 8 - 10, 1977

Richter, Rudolf / *Schlieper,* Ulrich / *Friedmann,* Willy: Makroökonomik, Berlin, Heidelberg, New York 1973

Riedel, Wolfgang: „Die Bardepotpflicht — Erfahrungen mit einem Instrument zur außenwirtschaftlichen Absicherung", in: Probleme der Wirtschaftspolitik, Beiträge zu einer erklärungsrelevanten Ökonomie, hrsg. von S. Jokl, M. Schönemann, F. Walcher, Berlin 1975, S. 229 - 255

Riefler, Winfried W.: Money Rates and Money Markets in the United States, New York 1930

Roskamp, Karl W. / *Laumas,* Gurcharon S.: „The Demand for Monetary Assets in the West German Economy: Evidence from Short-run Data", in: Zeitschrift für die gesamte Staatswissenschaft, 126. Bd. (1970), S. 468 - 483

Ruffin, Roy J.: „Vault Cash and Portfolio Behavior of Banks", in: Journal of Political Economy, Vol. 75 (1967), S. 889 - 892

Rühl, Frank Eduard: Zur Nachfrage der Schweizer Banken nach Liquiditätsreserven, 1959 - 1970, Zürich 1974

Sachverständigenrat zur Begutachtung der gesamtwirtschaftlichen Entwicklung: Gleicher Rang für den Geldwert, Jahresgutachten 1972/73, Stuttgart, Mainz 1972

— Mut zur Stabilisierung, Jahresgutachten 1973/74, Stuttgart, Mainz 1973

— Vollbeschäftigung für Morgen, Jahresgutachten 1974/75, Stuttgart, Mainz 1974

Salomo, Wolfgang: Geldangebot und Zentralbankpolitik, Eine Studie zur Theorie des Geldangebots, Tübingen 1971

Saving, Thomas R.: „Monetary — Policy Targets and Indicators", in: Journal of Political Economy, Vol. 75 (1967), S. 446 - 456

Schlesinger, Helmut: „Chancen der Geldpolitik", in: Deutsche Bundesbank, Auszüge aus Presseartikeln Nr. 25 vom 12. 4. 1976, S. 1 - 4

— „Die Geldpolitik als Mittel der Inflationsbekämpfung", in: Deutsche Bundesbank, Auszüge aus Presseartikeln Nr. 54 vom 19. Juli 1973, S. 1 - 8

— „Die Rolle der Geldpolitik im Rahmen der Stabilisierungspolitik", in: Stabilisierungspolitik, WSI-Forum vom 5. bis 7. Dezember 1973, Köln 1974, S. 177 - 191

— „Neuere Erfahrungen der Geldpolitik in der Bundesrepublik Deutschland", in: Kredit und Kapital, 9. Jg. (1976), S. 433 - 454

Schmid, Günter: Der Deutsche Bankengeldmarkt heute. Eine Untersuchung unter besonderer Berücksichtigung des Bankplatzes Frankfurt am Main, Diss. Tübingen 1965

Siebke, Jürgen / *Willms,* Manfred: „Das Geldangebot in der Bundesrepublik Deutschland", in: Zeitschrift für die gesamte Staatswissenschaft, 126. Bd. (1970), S. 55 - 74

— „Geldpolitik und Konjunktur", in: Wirtschaftsdienst, 50. Jg. (1970), S. 329 - 334

— „Theorie der Geldpolitik", Berlin, Heidelberg, New York 1974

Sohmen, Egon: Wechselkurs und Währungsordnung, Tübingen 1973

Spindler, Joachim v. / *Becker*, Willy / *Starke*, O.-Ernst: Die Deutsche Bundesbank, 4. Aufl., Stuttgart, Berlin, Köln, Mainz 1973

Stirnberg, Ludwig: Geldtheoretische und geldpolitische Probleme der potentialorientierten Kreditpolitik, Berlin 1975

Stützel, Wolfgang: „Ist die ‚Goldene Bankregel' eine geeignete Richtschnur für die Geschäftspolitik der Kreditinstitute?", in: Vorträge für Sparkassenprüfer, Kiel 8. - 11. Sept. 1959, Stuttgart 1959, S. 34 - 51

Szagunn, Volkhard: „Liquiditätsgrundsätze", in: Handwörterbuch der Finanzwirtschaft, hrsg. von Hans E. Büschgen, Stuttgart 1976, Sp. 1313 - 1322

Timmermann, Vincenz: „Interbankkredite und Geldpolitik", in: Kyklos, Vol. 29 (1976), S. 495 - 526

— „Zur Refinanzierung der Banken beim Zentralbanksystem. Eine empirische Analyse für die Bundesrepublik Deutschland, 1955 - 1968", in: Jahrbücher für Nationalökonomie und Statistik, Bd. 185 (1971), S. 328 - 344

Tobin, James: „The Interest-Elasticity of Transactions Demand for Cash", in: Review of Economics and Statistics, Vol. 38 (1956), S. 241 - 247

Trapp, Peter: Geldmenge, Ausgaben und Preisanstieg in der Bundesrepublik Deutschland, Tübingen 1976

Traut, Günter: Das Geldangebotsverhalten der Kreditinstitute in der Bundesrepublik Deutschland 1957 bis 1970, Bern, Frankfurt/M. 1972

Turner, Robert C.: Member Bank Borrowing, Columbus 1938

Westdeutsche Landesbank — Girozentrale: Geschäftsbericht 1974, Geschäftsbericht 1975

Westphal, Uwe: Theoretische und empirische Untersuchungen zur Geldnachfrage und zum Geldangebot, Tübingen 1970

Whalen, Edward L.: „A Rationalization of the Precautionary Demand for Cash", in: Quarterly Journal of Economics, Vol. 80 (1966), S. 314 - 324

Willms, Manfred: „An Evaluation of Monetary Indicators in Germany", in: Proceedings of the First Konstanzer Seminar on Monetary Theory and Monetary Policy, ed. by Karl Brunner, Beihefte zu Kredit und Kapital, Heft 1, Berlin 1972, S. 219 - 242

— „Bankenverhalten und Offenmarktpolitik", in: Jahrbücher für Nationalökonomie und Statistik, Bd. 184 (1970), S. 159 - 172

— „Recent Experiences with Monetary Policy in Germany", in: Deutsche Bundesbank, Auszüge aus Presseartikeln, Nr. 34 vom 27. 5. 1975, S. 6 - 8

— „Sind 8 % Geldmengenwachstum adäquat?", in: Wirtschaftsdienst, 56. Jg. (1976), S. 71 - 74

Wittgen, Robert: Die Geldpolitik der Geschäftsbanken, Frankfurt/Main 1965

Wittstock, Jan: Eine Theorie der Geldpolitik von Kreditinstituten, Berlin 1971

Wolff, Heide: „Bundesrepublik Deutschland und Großbritannien: Währungsreserven und Bankenliquidität", in: Kredit und Kapital, 7. Jg. (1974), S. 374 - 488

Wolff, Heide: Die Liquiditätsversorgung des schweizerischen Bankensystems, Berlin 1969

Woll, Artur: „Die Theorie der Geldnachfrage: Analytische Ansätze und statistische Ergebnisse für die Bundesrepublik Deutschland, in: Zeitschrift für die gesamte Staatswissenschaft, 125. Bd. (1969), S. 56 - 81

Württembergische Kommunale Landesbank — Girozentrale: Geschäftsbericht 1974, Geschäftsbericht 1975

Wyk, Wolfgang von: Die Gelddisposition der Kreditbanken, Frankfurt/Main 1966

Zweig, Gerhard: „Grenzen der ‚neuen' Geldpolitik — ein Diskussionsbeitrag", in: Sparkasse, 92. Jg. (1975), S. 110 - 113

— „Praktische Probleme der Geldmengensteuerung", in: Sparkasse, 93. Jg. (1976), S. 428 - 430

Sachwortverzeichnis

Kolibri 360 GmbH
Ferdinand-Jühlke-Straße 7
99095 Erfurt, Deutschland
produktsicherheit@kolibri360.de

Druck:
CPI Druckdienstleistungen GmbH
im Auftrag der
Kolibri 360 GmbH
Ferdinand-Jühlke-Str. 7
99095 Erfurt